WORLD WAR TWO FROM ABOVE

AN AERIAL VIEW OF THE GLOBAL CONFLICT

空战图文史

从闪电战到原子弹，用图片和文字记录二战空中战争全历程

1939—1945年的空中冲突

[英] 杰里米·哈伍德（Jeremy Harwood）◎著

陈烨◎译　孟林◎校译

金城出版社
GOLD WALL PRESS
·北京·

图书在版编目（CIP）数据

空战图文史：1939—1945 年的空中冲突：彩印精装典藏版 /（英）杰里米·哈伍德（Jeremy Harwood）著；陈烨译 .—北京：金城出版社有限公司，2023.1
（二战文史眼丛书 / 朱策英主编）
书名原文：World War Two from Above: An Aerial View of the Global Conflict
ISBN 978-7-5155-2300-2

Ⅰ. ①空… Ⅱ. ①杰… ②陈… Ⅲ. ①第二次世界大战－空战－史料－1939—1945 年－图解 Ⅳ. ① E195.2-64

中国版本图书馆 CIP 数据核字（2021）第 259674 号

空战图文史
KONGZHAN TUWENSHI

作　　者　[英] 杰里米 · 哈伍德
译　　者　陈　烨
校　　译　孟　林
策划编辑　朱策英
责任编辑　李晓凌
责任校对　李凯丽
责任印制　李仕杰
开　　本　710 毫米 ×1000 毫米　1/16
印　　张　26.5
字　　数　355 千字
版　　次　2023 年 1 月第 1 版
印　　次　2023 年 1 月第 1 次印刷
印　　刷　小森印刷（北京）有限公司
书　　号　ISBN 978-7-5155-2300-2
定　　价　158.00 元

出版发行　**金城出版社有限公司**　北京市朝阳区利泽东二路 3 号　邮编：100102
发 行 部　(010) 84254364
编 辑 部　(010) 64271423
投稿邮箱　jinchenglxl@sina.com
总 编 室　(010) 64228516
网　　址　http://www.jccb.com.cn
电子邮箱　jinchengchuban@163.com
法律顾问　北京市安理律师事务所　(电话)18911105819

1943年9月7日，德国上空，美国第8陆军航空队的一个B17“空中堡垒”中队飞往斯图加特滚轴厂实施轰炸。当时，美国最高统帅部坚持进行日间精确轰炸，认为美军轰炸机全副武装，可以独自打败纳粹德国空军的战斗机。事实证明，他们错了。最后，依靠远程战斗机的护航，美国陆军航空队才得以逆转不断上升的损失率。

目录
CONTENTS

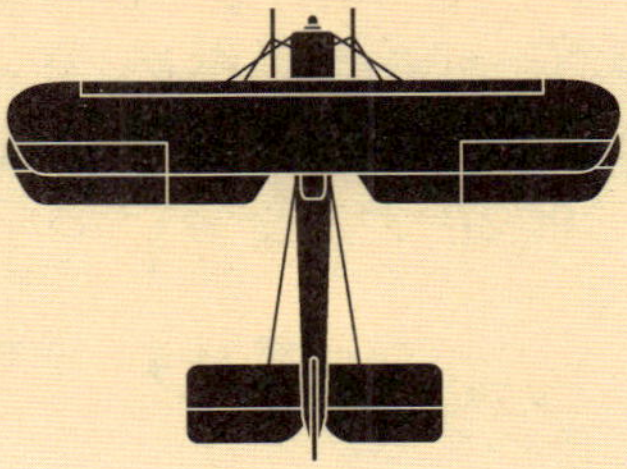

第三部分 战争早期 /127

第四部分 战争转折 /201

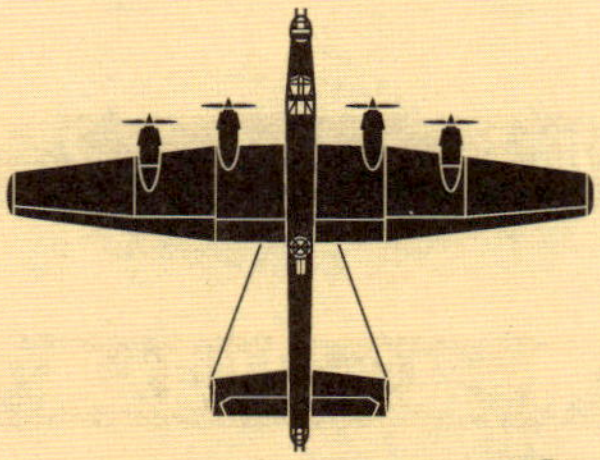

第五部分 战争落幕 /315

前言

如果从 21 世纪的视角审视空中力量，我们就会发现它在现代战场上发挥的关键作用似乎不言而喻。但如果我们回顾过去，就会惊讶地发现人们是在经历了相对较长时间之后，才完全认识到这一点。研究空中力量的知名历史学家塔米·比德尔曾在书中写道："实际上，早在 1914 年至 1918 年期间（也就是说，在一战期间），20 世纪的空中力量发展已然初现端倪，至少已经略具雏形。"

正因如此，本书虽然主要讨论二战，却将"结束战争的战争"[1] 作为开篇。我们再次引用比德尔的话："人们想要了解飞机在后续冲突中的作用，最好回望历史，研究这次伟大战争的经验，因为从中可以探索到现代空中力量发展实践的根源。"

历史上，飞机第一次彰显其重要性是充当侦察工具。以一战初期的第一次马恩河战役和坦能堡战役为例，无论是前者中的协约国，还是后者中的德国，如果没有航空侦察提供的情报，战果都将有很大的不同。飞机很快便在炮火侦察方

1943年底，一位美国摄影师成功拍下炸弹落在意大利工业城市特尔尼时的壮观景象。参与这次空袭的轰炸机来自美国第12陆军航空队，他们的目标是该市的钢铁厂和铁路调车场。意大利境内的其他目标，包括米兰、福贾、那不勒斯、巴勒莫、特雷维索以及都灵均遭到重创，只有罗马得以幸免，因为罗马教皇庇护十一世请求罗斯福总统不要轰炸这座首都城市。

面发挥了极其重要的作用。事实证明，航空摄影也发挥了关键性作用，可以针对战壕里以及“山背后”敌人防线后方所发生的一切情况，提供综合性全景。夺取制空权的需求催生了战斗机，而紧随其后的则是战术轰炸机和远程战略轰炸机。到 1918 年，空中力量已经渐趋成熟。

由此，我们毫不意外地发现，两次世界大战之间，人们对于飞机拥有巨大破坏力的恐惧感与日俱增。人们坚定地认为“轰炸机无所不能”。空中力量的拥趸，诸如意大利的空中力量战略家朱利奥·杜黑以及美国飞行员威廉·比利·米切尔，都助长了这种恐惧感。20 世纪 30 年代，戈林 [2] 还曾鼓吹称，自己新建立的纳粹德国空军是当时世界上最强大的空军，“随时待命，将以闪电般的速度和意想不到的力量，执行元首 [3] 的每一道命令”。

但真相绝非如此。二战期间，空中力量的确是主要的战略要素，

轴心国的扩张

到 1942 年，希特勒的千年帝国已将领土扩张到极致。纳粹军队几乎占领了整个西欧大陆，且已经深入到苏联；而在北非，纳粹军队已打到阿拉曼。

芬兰
列宁格勒
爱沙尼亚
瑞典
波罗的海
丹麦
拉脱维亚
莫斯科
立陶宛
东普鲁士
汉堡
苏联
柏林
德国
波兰
法兰克福
捷克斯洛伐克
慕尼黑
维也纳
布达佩斯
奥地利
匈牙利
罗马尼亚
普罗耶什蒂
意大利
南斯拉夫
布加勒斯特
塞巴斯托波尔
保加利亚
罗马
索菲亚
黑海
阿尔巴尼亚
希腊
安卡拉
土耳其
西西里岛
突尼斯
马耳他
克里特岛
塞浦路斯
叙利亚
地中海
突尼斯
黎巴嫩
的黎波里
托布鲁克
班加西
巴勒斯坦
阿拉曼
利比亚
埃及
开罗
盟军占领区
纳粹占领区
中立国

但仅仅依靠空中力量无法赢得战争。这场战争表明，在作战行动中空中力量与其他武装力量密切配合，才是赢得战场胜利的关键要素。无论是在西线还是在东线，空中力量对地面力量提供补充支持，才使得盟军最终打败纳粹德国；在远东地区，空中力量与水面部队开展合作，推动了日本帝国最后的溃败。

实际发生的空战就是一个个引人入胜的故事。本书的重点在于生动描述重大的战略轰炸攻势，从纳粹德国空军试图迫使英国屈服的闪电战，到英国皇家空军将德国主要城市夷为平地的强大区域轰炸攻势，到美国陆军航空队[4]对德国重要目标的精确打击，再到 1945 年对日本发动的火攻突袭，以及拉下战争帷幕的原子弹轰炸广岛和长崎。本书同样也关注这些故事中本来应该广为人知、但却鲜为人知的另外一面，即那些“空中间谍”在获取精准航空情报方面的默默付出，这种情报战甚至早在交战之前就已经开始。

无疑，空中摄影人员和照片判读人员对于战争结果的影响，甚至要大于布莱切利园[5]中的密码破译人员。的确，某些评论者认为，如果没有这些人员的努力，盟军很可能输掉这场战争。航空侦察发现希特勒所吹嘘的“复仇武器”[6]，正是印证上述观点的主要例证。如果这些复仇武器没有被发现，而是如德国所计划的那样投入作战，就会产生一个开放式的问题：若是最好的结果，盟军在诺曼底取得胜利的时间是否将会延后？若是最坏的结果，盟军是否将会遭遇羞辱般的惨败？

注释

[1] 这里指的是一战。如无特别说明，本书注释皆为译者所注。

[2] 赫尔曼·威廉·戈林（1893—1946），纳粹德国的一位政军领袖，与阿道夫·希特勒关系极为亲密，在纳粹党内有相当大的影响力。

[3] 这里指希特勒。

[4] 美国陆军航空队，美国空军的前身。1941 年由美国陆军航空兵改组而成。二战期间，该部队成为世界上规模最大的空中武装力量。

[5] 布莱切利园，又称 X 电台，是一座位于英格兰米尔顿凯恩斯的布莱切利镇内的宅第。二战期间，英国政府曾在这里开展密码破译工作。

[6] 又称“V 型武器”，即 V1 和 V2，V 即德语“复仇”的首字母。

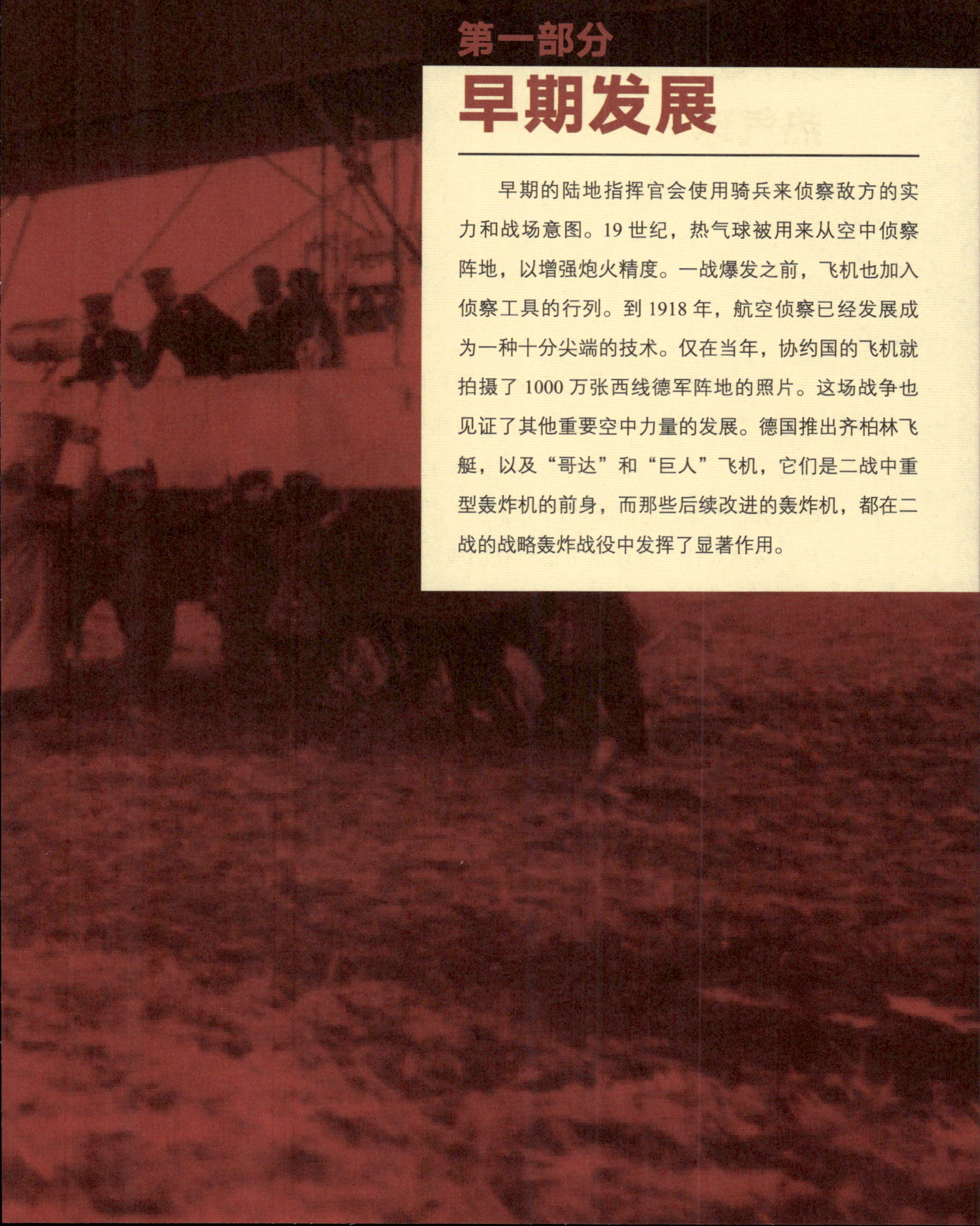

第一部分

早期发展

早期的陆地指挥官会使用骑兵来侦察敌方的实力和战场意图。19 世纪，热气球被用来从空中侦察阵地，以增强炮火精度。一战爆发之前，飞机也加入侦察工具的行列。到 1918 年，航空侦察已经发展成为一种十分尖端的技术。仅在当年，协约国的飞机就拍摄了 1000 万张西线德军阵地的照片。这场战争也见证了其他重要空中力量的发展。德国推出齐柏林飞艇，以及“哥达”和“巨人”飞机，它们是二战中重型轰炸机的前身，而那些后续改进的轰炸机，都在二战的战略轰炸战役中发挥了显著作用。

第 1 章
热气球

法国是热气球飞行的先驱。1783 年 10 月 15 日，法国人让－弗朗斯瓦·皮里亚特·德·罗齐尔的系留热气球升至巴黎上空，他也因此成为第一个乘坐热气球上天的人。同年 12 月 1 日，两名法国人（姓名不详）更胜一筹，他们乘坐热气球飞行了 27 英里（43.5 公里）。1785 年 1 月，法国人让－皮埃尔·布兰查德成功地飞越英吉利海峡。就在 1784 年 5 月，英国也见证了本国首次热气球飞行获得成功。当时，意大利籍热气球飞行先驱文森佐·路纳尔迪，从位于伦敦穆尔菲尔兹区[1]的荣誉射击连[2]基地出发，乘坐热气球飞行了 20 英里（32 公里）。

当年（1784 年）6 月之后，英国又进行了一次 20 英里（32 公里）的军事测试飞行，但英国认为热气球飞行对于战争毫无裨益。许多军官都对热气球持有偏见，认为利用热气球进行观察很不公平，他们武断地称，打仗不是在“做游戏”。

然而，法国人却有不同的想法。18 世纪 90 年代法国大革命期间，在对抗奥地利和普鲁士的战役中，他们首次使用热气球进行空中军事侦察。不过，在 1798 年的尼罗河河口海战中，英国战役指挥官纳尔逊摧毁了一艘载有一支热气球飞行连的法国舰船。自那之后，法国在空中力

让－弗朗斯瓦·皮里亚特·德·罗齐尔和吉鲁·德·维莱特两位航空先驱，于 1783 年 10 月 19 日在巴黎乘坐一个系留式热气球升空。他们飞行的最大高度为 330 英尺（100 米），在空中停留了 9 分钟。之后，法国成为世界上第一个利用热气球进行军事侦察的国家。

量建设方面的热情似乎遭到了打击。

第一批照片

虽然摄影技术是在 19 世纪 30 年代晚期发明的，但那时不可能在空中使用早期相机。因为这些相机太大，太笨重。它们依赖的玻璃底片也很脆弱，不仅在曝光前必须涂上感光乳剂，还必须在热气球飞行期间进行冲洗。否则，热气球升空所需的氢气将会破坏图像。

直到 1858 年，以笔名“纳达尔”扬名的巴黎摄影师、漫画家、记者加斯帕德·费利克斯·图尔纳雄，成功地拍摄到第一批空中照片。两年后，美国热气球飞行者塞缪尔·金和詹姆斯·布莱克乘坐系留式热气球，在美国波士顿上空1200英尺（365米）的高度拍摄到第一批空中照片。在美国内战期间，北方军队曾经利用热气球进行侦察；在普法战争期间，法国也在巴黎被普鲁士围困之时广泛使用热气球。但是，两者似乎都没有在热气球上拍摄照片。

1871年出现了一个重要突破。当时，英国医生理查德·马多科斯发明了明胶干底片以代替胶棉底片，由此空中摄影才真正变成现实。马多科斯发明的底片比之前的胶棉底片更敏感，可以在热气球返回地面后而非飞行中冲洗。1896年，一本军用热气球飞行手册中自信地宣称：“任何没有装备热气球的现代军队都是不完备的。”

动力飞行

显然，使用热气球进行空中侦察有一个很大的缺陷——系留式热气球机动能力不足。但

早期的“齐柏林”飞艇在它的创造者斐迪南·冯·齐柏林伯爵和德国王储等观众的注视下，安全着陆。1915年，军用“齐柏林”飞艇成为世界上首批战略轰炸载具。当时，它们针对英国目标，发动一场历时18个月的恐怖战役，目的在于击垮平民的士气，通过轰炸迫使这个国家屈服。飞艇指挥官彼得·斯特拉瑟直截了当地说：“不再有任何非战斗性质的东西了。现代战争就是全面战争。”

德国人坚信动力飞艇可以解决这个问题。1900 年，斐迪南 · 冯 · 齐柏林伯爵设计的首艘硬式飞艇升空。1903 年，在北卡罗来纳州海岸的基蒂霍克，威尔伯 · 莱特和奥维尔 · 莱特成功地让比空气还重的双翼飞机升空。革命性的动力飞行时代已经来临。

从最开始，飞机就被认为是一种具有潜在价值的观察工具，因此各国军队都将其置于首要位置。该领域的技术进步也非常迅速。1912 年，在英国陆军夏季军事演习中，詹姆斯 · 格里尔森将军率部彻底战胜对手道格拉斯 · 海格将军，原因主要在于前者使用了航空侦察。这预示着两年之后，也就是世界陷入战争之际将会发生的事情。

注释

[1] 穆尔菲尔兹区，是伦敦市内的一块开阔地。

[2] 荣誉射击连，是英王亨利八世于 1537 年建立的军事组织，被认为是世界上最古老的军事组织。“Artillery” 这个词与现代英语不同，指的并不是“火炮”，所以如果这个组织的名称用现代语言来表示，可以说成是“荣誉步兵连”或“荣誉军事连”。

第 2 章

飞机和照相机

无疑，格里尔森很有远见。1912 年的军事演习结束之际，他总结道 ："从个人角度来看，我认为毫无疑问的是，在陆地战争开始之前，我们必须要攻击敌人的飞机，并将其摧毁……除非我们能够掌握制空权，否则无法打赢战争。"但其他的军事权威人士并不同意这个观点。法国将军斐迪南 · 福煦就是其中最有声望的一位。据说，他曾经认为"飞行是一种非常好的体育运动，但对于军队来说毫无用处"。另外一位就是俄国将军亚历山大 · 萨姆索诺夫。1914 年，坦能堡战役爆发后，他完全无视己方侦察飞行员所提供的信息。他的德国对手保罗 · 冯 · 兴登堡将军却刚好相反，在获得压倒性的胜利后，这位德国指挥官承认 ："如果没有飞行员，也就不可能有坦能堡战役的胜利。"结果，萨姆索诺夫战败，在战场上自杀。

从技术角度来看，这些战争在初始阶段所使用的飞机都不是很先进。当时，新近成立的英国皇家航空兵的 4 个中队与英国远征军[1]一起去了法国。他们所装备的飞机全都动力不足，易于损坏，稳定性差，一阵狂风就可以让这些飞机不停摇晃，在热气流中颠簸不断，如果遇到强风，则会寸步难行。这些飞机也没有装备任何武器，飞行员和空中观

英国皇家航空兵成立于 1912 年 5 月。其陆军航空兵曾在一战爆发时派出 63 架飞机到法国。这支部队迅速发展壮大，到 1916 年的索姆河战役爆发之时，已经有 27 个中队、共计 421 架飞机在西线服役。到战争结束时，1918 年 4 月皇家陆军航空兵与皇家海军航空局合并成立的皇家空军，已经拥有约 22000 架飞机。皇家空军也成为当时世界上最强大的空军。

察员都退而求其次地选择携带来复枪、猎枪和左轮枪，应对四处横行的德国侦察机。新式飞机显然成为飞行部队的首选。

就在西线战势蜕变成为壕沟战，陷入僵局之际，英国人很快发现，他们需要一种镜头更长、性能更好的照相机，而A型相机正好可以部分满足这个要求。这种照相机的主要缺陷就是使用5英寸 ×4英寸（12.5厘米 ×10厘米）的玻璃底片，这种底片需要逐张手动进行安装或取出。尽管这种相机拍摄出的照片质量上乘，但拍摄过程却极其烦琐，需要耐心和高超的技术。此后的B型相机和WA型相机都有所改进，体积也比A型相机更大一些。后来的C型相机还配备两个半自动胶卷盒，使底片更换变得更容易。

1916年投入使用的E型相机与前几代相机都不相同，它是用金属而非木头制成。这种相机一般被安装在飞机外部，位于空中观察员的旁边或者其座位后面，镜头通过机身上的一个小洞，向下聚焦。之后出现的L型相机超越了E型相机，既可被安装在驾驶舱外，也可被安装在驾驶舱内；可以手动操作，也可以自动操作。后来的LB型和BM型相机则有了更多的重大改进。

齐柏林飞艇、“哥达”飞机和“巨人”飞机

在战壕上方肆虐的空战里，德军和协约国几乎是在相互竞逐，难分先后。在某个方面，德国人一马当先，他们是率先蓄意对平民进行战略轰炸的交战国之一，由此开启了一个全新的战争时代。德国齐柏林空中编队的指挥官是性格狂热的彼得·斯特拉瑟，他曾坚定地告诉手下的飞行人员说：“在敌人心脏地带发起进攻的我们，已经被诽谤成‘婴儿屠夫’[2]。当今，就连动物都要加入这场战斗。现代战争就是全面战争。”

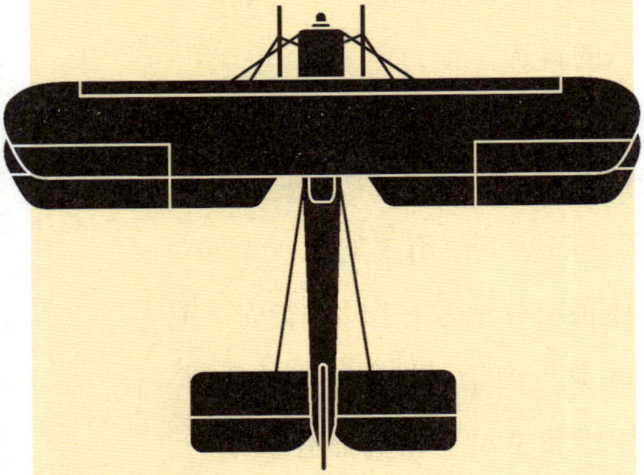

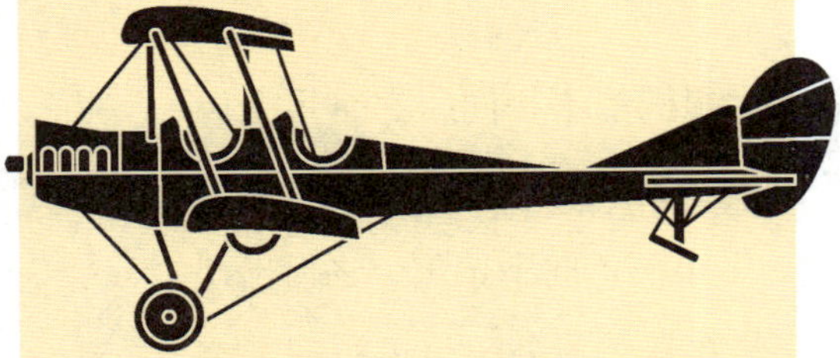

BE2C飞机

型号：侦察轰炸机和轻型轰炸机

机组成员：2人

长度：27英尺3英寸（8.3米）

翼展：37英尺（11.28米）

速度：每小时72英里（116公里）

航程：3.25小时

一战的头几年里，BE2C飞机是英国皇家陆军航空兵的主力机型。该机型的一名驾驶员曾说："它像是可以完成所有工作的女仆，一个多功能的工具，可以用于开展侦察、炮兵观察、航空摄影、间谍空投或其他任何工作。"

斐迪南·冯·齐柏林伯爵的巨型飞艇，是德国最高统帅部用于攻击英国的首款轰炸武器。1915年1月19日晚间，2艘飞艇轰炸了位于北海港口的英国大雅茅斯镇和金斯林镇。5月31日，英国首都首次遭到轰炸。

在2万英尺（6096米）或更高的高空之上，德国的飞艇似乎所向披靡。直至1916年9月2日，英国飞行员利夫–罗宾逊中尉才成功击落了一艘。他之所以成功，并不仅仅因为飞行技术高超，也是因为他的机载机枪装填了两种新型子弹。而且，它们是按照一定次序发射的：第一种子弹含有极易爆炸的硝酸甘油，在飞艇的蒙皮和气囊上打出大洞；第二种是燃烧弹，生成的氢氧混合物引发了火灾和爆炸。

德国人并未因此战败。他们转而研发重于空气的轰炸机，并达成他们想要的结果。1917年5月25日，22架双引擎"哥达"轰炸机针对英格兰东南部的目标实施了一次大规模日间空袭。6月12日，这些轰炸机再次在日间飞行，空袭伦敦。自 9 月起，它们开始实施夜间空袭。当年秋季，在夜间空袭的队伍中，又加入一款四引擎重型轰炸机，其名“巨人”，恰如其分。该轰炸机由齐柏林公司生产，也是整个一战期间体型最大的飞机。

注释

[1] 英国远征军，英国陆军部队，一战期间被派往西部前线协助法国与德军作战。曾参加马恩河战役、伊普尔战役、康布雷战役等。

[2] 婴儿屠夫，是越战期间反战人士对与战美方人员的称呼。

第 3 章

拍摄战壕

航空摄影一般是垂直向下拍摄或斜角拍摄，这样可以让相机“看到”敌人防线后方更远的地方。这些照片的用途不同，但都同样重要。最重要的作用就在于，这些照片都是交战双方制作敌方前线详细地图的基础。这些照片还可以用来精确定位炮火阵地，因为飞行员和空中观察员会对进入前线的人员和物资等增援力量进行侦察和记录。

英国是首先使用协同航空摄影 [1] 的国家。在 1915 年 3 月 10 日的新沙佩勒战役 [2] 爆发之前，英国皇家航空兵派出 2 个侦察中队，成功拍摄到德军在此的整个防御系统，其凸出部向外延伸，切入英国远征军与法军汇合地点附近的英方阵地里。照片拍到的敌方战壕被制成一张轮廓图，图上还重叠绘制了英军进攻计划的细节。此举开启照片判读这门新科学的发展历程，这门科学的发展也将在改变未来战争走向方面发挥主要作用。

照片判读

新沙佩勒战役中航空摄影的成功促使英国做出决定，加速扩充皇家航空兵，加强其摄影能力。1915 年 8 月，休·特伦查德中校奉命担任皇家航空兵的新晋指挥官。特伦查德性格强势，声音如雾号[3]般尖锐洪亮，因此获得绰号“轰隆隆”，而他本人也是空中力量最热情的拥趸。很快，他就开始计划大规模扩充皇家航空兵的规模，积极引进配备更强大发动机、装备更先进武器、飞行速度更快的飞机。同时，他也倡议发展轰炸机。

有效航空侦察是特伦查德宏伟蓝图中不可或缺的部分。他很快就让约翰·穆尔－布拉巴宗负责皇家航空兵的航空摄影任务。此人现年32岁，于1909年成为第一个乘坐飞机飞行的英国人。皇家航空兵唯一一位有经验的摄影专家梅杰·维克托·劳斯中士，被派去与布拉巴宗一同执行这项任务。9月份，劳斯返回英国，在法恩伯勒[4]新成立一所隶属皇家航空兵的摄影学校。2个月后，他成为这所学校的校长。

在法恩伯勒的摄影学校里，受训人员要接受有关航空摄影的全方位培训，学习如何冲洗和复印玻璃底片，如何放大照片，维修航空摄影相机，以及使用照片制作地图。他们也要学习借助阴影来测算地面物体的大小，发现敌人的机枪和炮火阵地，以及定位军事单位的总部并分析部队调动情况。培训结束后，他们被派回法国，编入摄影分队，不久后便跟随前线各个飞行中队行动。

这些举措的效果日益彰显。在1916年7月索姆河战役爆发之前，皇家航空兵已经拍到德军所有阵地的照片，还根据这些照片制作了详细的地图。法国人因为有摄影侦察的“总体计划”，所制地图中详细信息的总量甚至超过了皇家航空兵。他们不断地搜集信息，初衷主要是为协助法国炮兵部队，但却清楚地发现了敌人防线中的最关键之处。

在法军控制的前线中，每段都有一位“制图负责人”，他们都是经过挑选、具有特定领域专业知识的人员。一位美国飞行观察员曾说过，

判读制图工作“不仅要深入到最前沿的观察哨所，甚至还要深入‘无人区’[5]，另外还要对手头所有航空照片和其他情报进行分析”。在整个战争进程中，交战双方出现许多航空照片判读领域的先驱，法国的尤金·马里·埃德蒙·派平上尉就是其中最厉害的一个。

千万照片

到 1917 年 12 月，协约国历尽艰辛，终于制作出一张整个西线的巨型照相地图，并且不断获取新照片，修改这张地图。由于获取的照片数量不断增加，协约国的指挥官最终确认德国将于 1918 年 3 月大举进攻，并在当年夏季组织了一场反攻，最终赢得战争的胜利。德军与协约国大规模的摄影工作虽然不可同日而语，但到 1917 年中期，德国

这台 C 型相机被安装在 BE2C 侦察机的后座舱。空中观察员只要拉动系在扳机上的拉绳，就可以操纵相机快门。C 型相机使用前代 A 型相机的机身，增加了胶片更换陀螺仪和第二个胶卷盒。第一个胶卷盒装有 18 张底片，正面朝下叠放在相机的焦平面上。每张底片曝光之后，便会滑入第二个胶卷盒里的相框中，顺势固定。

帝国航空局一天能够拍摄大约4000张航空照片，以大致每月两次的频率，拍摄整个西线。

从1918年1月到同年11月的停战期间，协约国飞机在法国和比利时上空拍摄了1000多万张航空照片。彼时，美国已经加入协约国，加强了英法空中摄影工作的力量。自参战以来，美国快速吸取前人经验。在弗吉尼亚州的兰利机场、纽约州伊萨卡的康奈尔大学、俄克拉荷马州的西尔堡试验场、纽约市的麦迪逊兵营、纽约州罗切斯特市的伊斯曼柯达公司等地，美国飞行观察员都在接受航空摄影技术的培训。法国图尔市还新建了一个航空摄影中心，供新来的美国观察员直接学习英法经验。

美国很快认识到，开展全面的照片判读工作很重要。1918年官方发表的美国陆军手册明确指出，航空摄影已经成为指挥官可以使用的“最为重要的信息来源之一”。手册指出：“事实上，仅凭照片判读，就可以精确定位敌人的防御工事，并开展详细研究。敌人也认识到这项工作的重要性，试图增加我方开展这种研究的难度。他们会采取巧妙伪装，大量部署防御

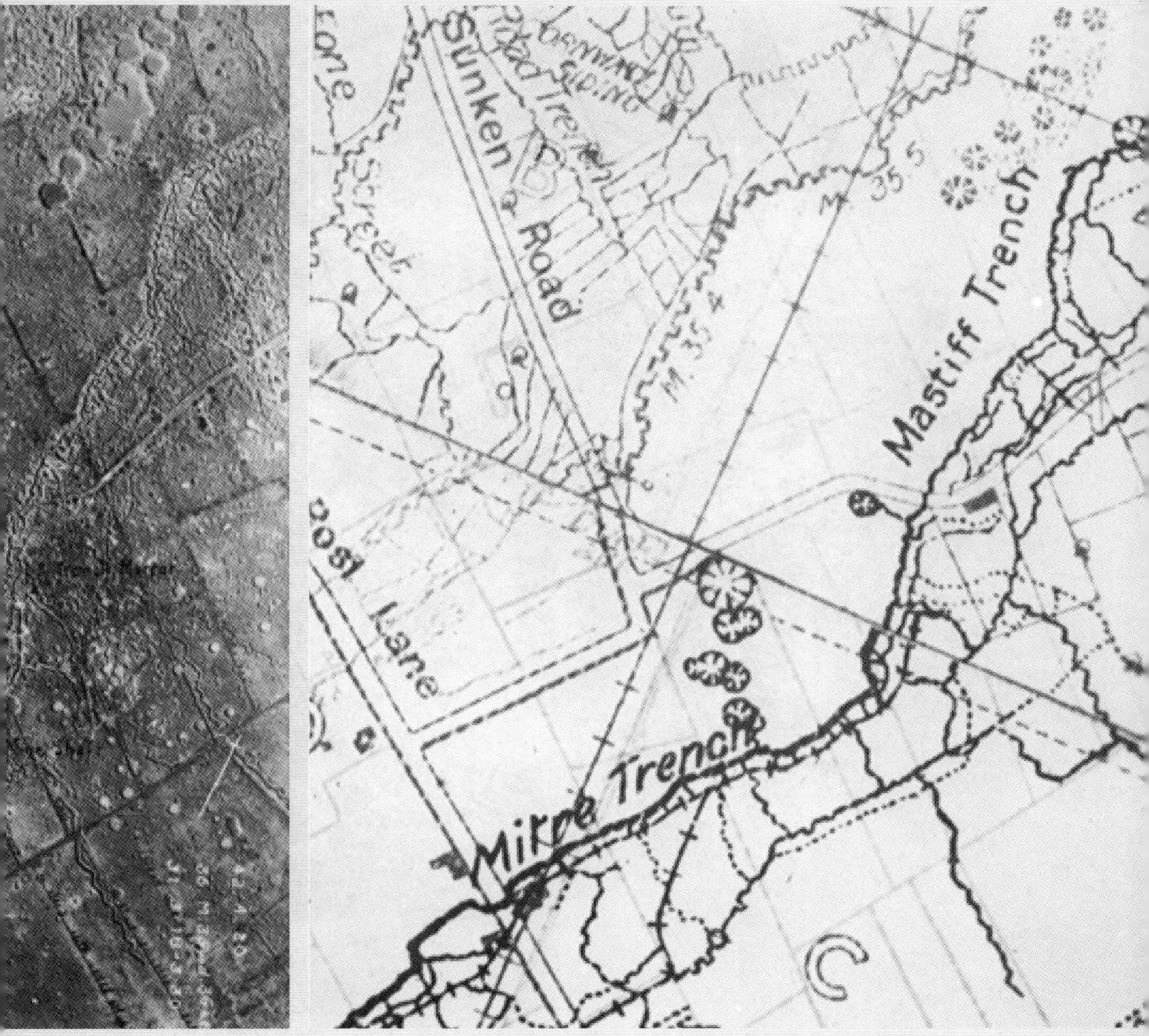

1915 年 3 月 10 日新沙佩勒战役爆发之前，皇家航空兵第 2 和第 3 中队的侦察机，在敌方凸出部伸入到英国前线的位置上（如左图所示），成功拍摄到整个德军防御阵地的照片。通过照片发现的德军战壕，被仔细地绘制在一张轮廓图（如右图所示）中，图上还绘制了英国进攻计划的细节。这份图的复印件被分发给发动进攻的步兵和提供支援的炮兵，作为英国突袭准备工作的一部分。

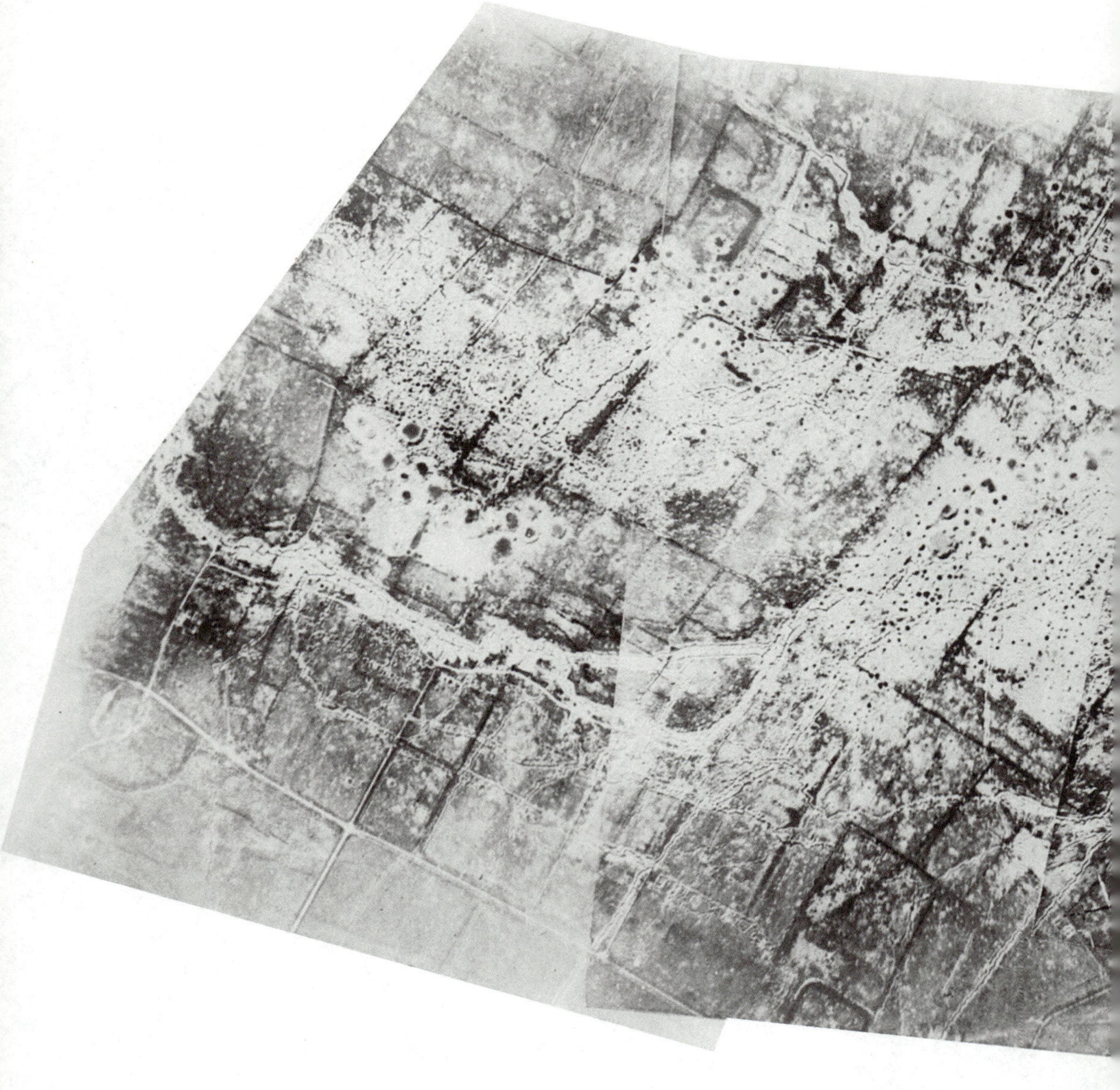

这是一张令人印象深刻的照片拼接图，是将拍摄到的位于新沙佩勒的德军和英军阵地的侦察照片累积起来，制作而成。到 1918 年，英国已经将法军前线的整个防御区都制作成巨大的照相图，几乎每天都会补充新的照片，不断更新该图。在 1918 年 1 月至第二年 11 月的休战期间，协约国的摄影侦察机拍摄了超过 1000 万张西线的照片。德国帝国航空局也不甘落后，在 1917 年之前，德军侦察机一直都是每月两次，拍摄整个前线。

和模拟工事等多种方法。由此，航空照片的研究工作必须交由专业人员来做，且必须向这些人员提供所有可能的验证手段。”美国的照片判读人员因此被赋予相应的职责，研究德国防御工事、部队结构以及德军组织进攻和防御的方式等细节信息。

摄影侦察在远离西线的战争区域也发挥了作用。1915 年，英国皇家海军航空局的飞机来到加里波利半岛，为英军和澳新军团[6]实施侦察。当时，在德属东非（今坦桑尼亚）爆发的战役中，皇家陆军航空兵和皇家海军航空局的航空摄影设备从刚果出发，为英国、南非和比利时军队提供支持。同年 4 月，在鲁菲吉河三角洲，皇家海军航空局的水上飞机发现潜伏于此的德国巡洋舰“柯尼斯堡”号，并拍下它的照片。这也是他们成功实施的侦察行动之一。

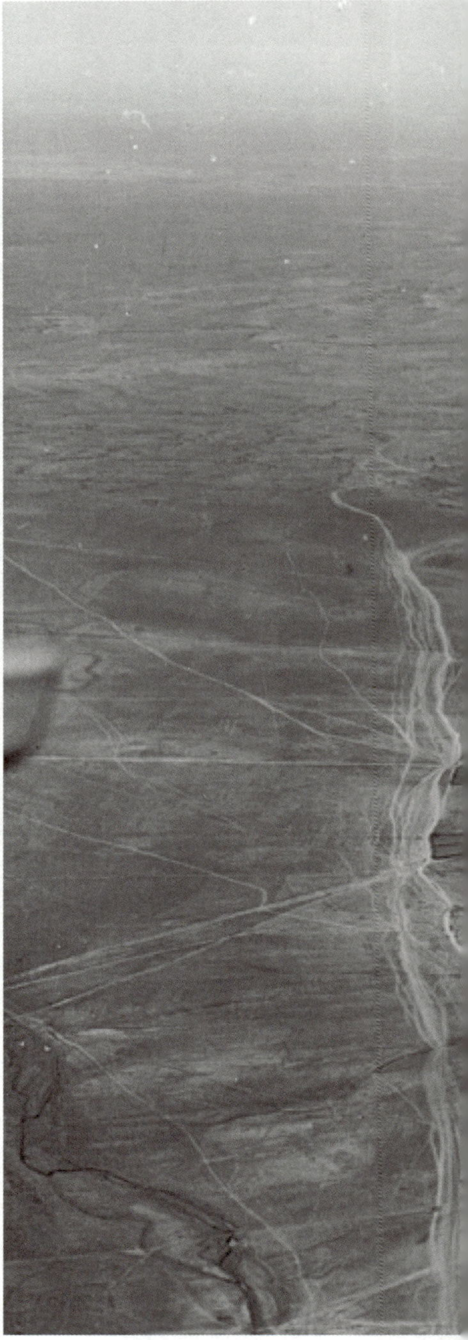

这是加沙和周边乡村地带的航拍图，由一名澳大利亚飞行员于 1918 年初拍摄。此前一年，在英国与土耳其作战时，皇家航空兵已经开始对交战整个区域进行航空摄影。航空侦察发挥了重要作用，为英国和英联邦国家实现突破奠定了基础。

一架肖特184型水上飞机[7]正在进行起飞前的水面滑行。这款肖特飞机为双座折叠翼，自1915年服役以来直至战争结束，一直充当英国皇家海军航空局的侦察机、轰炸机和鱼雷机。1915年8月12日，一架肖特飞机成为世界上第一架利用鱼雷攻击敌舰的飞机。三天后，英国空军中校查尔斯·埃德蒙兹驾驶肖特飞机，在达达尼尔海峡以北几英里处，用鱼雷成功击沉一艘土耳其运输船，使得该飞机成为第一架成功击沉敌舰的飞机。

7月5日，“柯尼斯堡”号被英国的小型浅水重炮舰重创。一周之后，它最终沉没。皇家海军航空局一架飞机发现它后实施精确打击，这是该巡洋舰最终被毁的关键所在。

除西线外，在巴勒斯坦和西奈沙漠等其他地区，也有大量航空侦察活动。这些航空侦察始于1915年初，当时土耳其军队在西奈半岛横渡苏伊士运河，结果被英法飞机发现，之后土耳其人被击退。两年后，同样的事情反向发生，埃德蒙·艾伦比将军指挥着一支数量庞大的英澳联军，跨越西奈半岛，在加沙战役中击溃土耳其人。然后艾伦比向北推进，夺取了耶路撒冷，占领了巴勒斯坦。到战争结束之际，协约国已经控制叙利亚的大部分地区。

艾伦比率部穿越的地方，大多从未进行过彻底的勘测或制图，皇家航空兵的摄影侦察将改变所有这一切。1916年底，摄影官休·哈姆肖－托马斯受命开展航空侦察。他曾是剑桥大学的古生物学家，当时人在埃及，他以之前发现侏罗纪化石时的勤奋态度，开展这项摄影工作。他所属的分队构建了巨大的马赛克式照片拼图（也就是粘贴在一起的多组照片），以制作广阔区域的航拍图。哈姆肖 – 托马斯还利用这些拼图，制作出有关埃及、巴勒斯坦和叙利亚的详细地图，总范围超过 500 平方英里（1295 平方公里）。他的辛勤努力再次显示了航空摄影在辅助军事情报方面的重要性。

注释

[1] 这里的“协同航空摄影”是指多个飞行中队合作完成航空摄影任务，而非单架次侦察机独立完成。

[2] 新沙佩勒战役，一战期间英国为突破德国防线，在法国的阿图瓦地区发动攻势，并在德军驻守的新沙佩勒村取得了突破。

[3] 雾号，救生艇或海岸服务船只在大雾或黑暗中发出警告信号的号角。

[4] 法恩伯勒，是英国汉普郡东北部的一个城镇。

[5] 无人区，特指战争期间两军阵地间的无人地带。

[6] 澳新军团，是一战中的一个地中海远征军团。该军团于 1914 年 12 月在埃及建立，1916 年解散，包括第 1 澳大利亚帝国军和第 1 新西兰远征军。后在 1941 年重建。

[7] 肖特 184 型水上飞机，是（1908 年建立的）英国肖特兄弟公司生产的一款双座水上飞机，可以实施侦察、轰炸并携带鱼雷弹。

第 4 章
两次大战之间

在为期四年的第一次世界大战中，航空技术的进步日新月异。1918 年时的飞机比之前的飞机速度更快、动力更强、性能也更稳定。这些未经武装的侦察机器已成为武装战争的侦察力量，而轻型、中型和重型轰炸机也都已研制出来。

航空侦察也实现了意想不到的全新发展。这些先进相机的镜头性能更加优异，可以从 20000 多英尺（6100 多米）的高空捕获大面积地域的细节信息。脆弱的玻璃底片被灵活方便的胶卷所取代。回到地面，深入幕后，可以看到照片判读工作日臻完善，因为根据飞行员搜集照片来制作详细地图的技术也已完善。总而言之，飞行的时代已经到来。

“制空权”

几乎就在战争刚刚结束之际，英国皇家空军便开始逐步瓦解，从大约 200 个飞行中队快速缩减到只有 33 个。事实上，如果不是时任空军参谋长的特伦查德力保，皇家空军早已不再是英国武装部队的独立军种。特伦查德说服当时英国政府的重要人物，最著名的就是时任陆军和空军大臣的温斯顿 · 丘吉尔。特伦查德称“制空权”是应对大英帝国国

20 世纪 20 年代晚期，一架美国 B4A 侦察机[1] 在菲律宾上空飞行。当时的 B4A 和类似机型都被派往这片区域和美国本土，进行航空勘测和摄影制图。美国人还研发了一系列专门用于地形测量的相机。这些相机上装有多个镜头，可以覆盖更广的地面区域，还可以同时拍摄多条平行地带，既可倾斜拍摄，也可垂直拍摄。

内起义和叛乱活动的最为经济的方法。

特伦查德及其部下坚称，事实将会证明，比起依赖昂贵的常备驻军或陆地远征军，利用轰炸和低空扫射迫使叛乱分子投降，才是更加廉价、迅速和有效的方式。在石油资源丰富的伊拉克，英国将“制空权”落于实处。根据国联[2]条约的授权，当时的英国已经控制了英属索马里兰，以及常年混乱的印度西北前线。这一显著成功证实了特伦查德的理念，即轰炸机才是赢得未来战争的利器。但当时的政府过于悭吝，使得他的想法只能停留在梦想的层面。

美国也有着以威廉·“比利”·米切尔为代表的空中力量拥护者。但不同于特伦查德，米切尔的军旅生涯后来戛然而止，自己也名誉扫地。到 1925 年，他不仅与陆军部和海军部的上司关系疏离，与柯立芝总统也格格不入。他后来公开攻击上述两个部门，称其“对航空力量的管理简直丢人现眼”时，柯立芝总统下令将其带上军事法庭受审。他最后被

勘察和制图

20 世纪 20 年代，由于细致的航空勘测以及由此制作出的新地图和海图，英国皇家空军名声大振，而且的确实至名归。1924 年，皇家空军部署在伊拉克舍尔邦基地的一架 DH9A 飞机[3]，应英伊石油公司[4]的要求，对伊朗阿巴丹油田附近的区域进行了勘察。这张照片就是它后来对沙普尔港进行航空勘测时拍摄的。之前，皇家空军还曾派遣飞机，为埃及政府勘测尼罗河沿岸 618 英里（994.5 公里）长的区域，随后的勘测活动覆盖俾路支省的广袤区域[5]、与阿富汗接壤的印度边境地区以及印度河的某段流域。皇家空军还曾派遣飞机勘测英属索马里兰的边境地区，那里白天十分炎热，只有在夜间才有可能对胶卷进行加工处理。

判犯有严重抗令罪。为表抗议，他选择退役。

《凡尔赛条约》相关条款禁止德国拥有空军，因此德国就没有这样公开支持空中力量发展的人员。但意大利有。他就是伊塔诺·巴尔博。他被墨索里尼擢升为意大利空军元帅，并以提高意大利的空中实力为己任。而此时的德国正竭尽全力地规避《凡尔赛条约》条款的约束，例如，1926 年至 1933 年，成群的年轻德国军官被秘密派往苏联利佩茨克市，与苏联空军一起接受秘密飞行训练。

注释

[1] B4A 侦察机，是（1920 年建立的）美国启斯东飞机公司生产的一款双翼飞机。

[2] 国联，即国际联盟的简称，是《凡尔赛条约》签订后组成的国际组织，成立于 1920 年 1 月 10 日，解散于 1946 年 4 月，拥有 58 个成员国。该组织的宗旨是减少武器数量、平息国际纠纷、提高民众的生活水平，以及促进国际合作和国际贸易。

[3] DH9A 飞机，是（1912 年建立的）英国飞机制造有限公司生产的一款单引擎轻型轰炸机。

[4] 英伊石油公司，1908 年在伊朗发现大油田后建立的英国公司，是第一个在伊朗开采石油的公司。

[5] 俾路支地区，是亚洲西南的一片干旱荒漠地带和山区，包括巴基斯坦的俾路支省，伊朗的锡斯坦 – 俾路支斯坦省，以及阿富汗南部区域。

第 5 章
绝密任务

后来，希特勒掌握了德国的最高权力，宣布重新武装德国，战争阴云又开始聚集。此时的英国和法国虽然并不情愿，也逐渐意识到必须实现军队现代化，必须扩充军队。英国因此取消了所谓的“十年规则”[1]。这项规则于 20 世纪 20 年代初颁布，要求英国在至少十年内不要参与大规模战争。法国则加速建造“马奇诺防线”。这是旨在确保法德前线安全的大规模防御系统，预计将于 1935 年前完成。

法国斥巨资建造完成马奇诺防线，因此没有余钱可以做任何其他事情。特别是在经济衰退之时，大多数政客，尤其是左翼政客，都吝于拨出经费用于装备建设，他们留下空军主要用于自我防卫。而英国也同样不愿意面对这样令人不快的事实，但面对势不可挡的空中轰炸威胁，英国还是决定尽快扩大皇家空军的规模。

就在欧洲的政治天空阴云密布之际，英国政府于 1934 年 7 月宣布了 A 计划，但不久之后，该计划就被 C 计划、F 计划、H 计划和 J 计划取代。后来，因为关于应该首选轰炸机还是战斗机的问题，空军元帅和时任国防协调部部长的托马斯 · 英斯基普爵士之间出现争执。之后，英国又于 1938 年 4 月颁布了 L 计划，该计划要

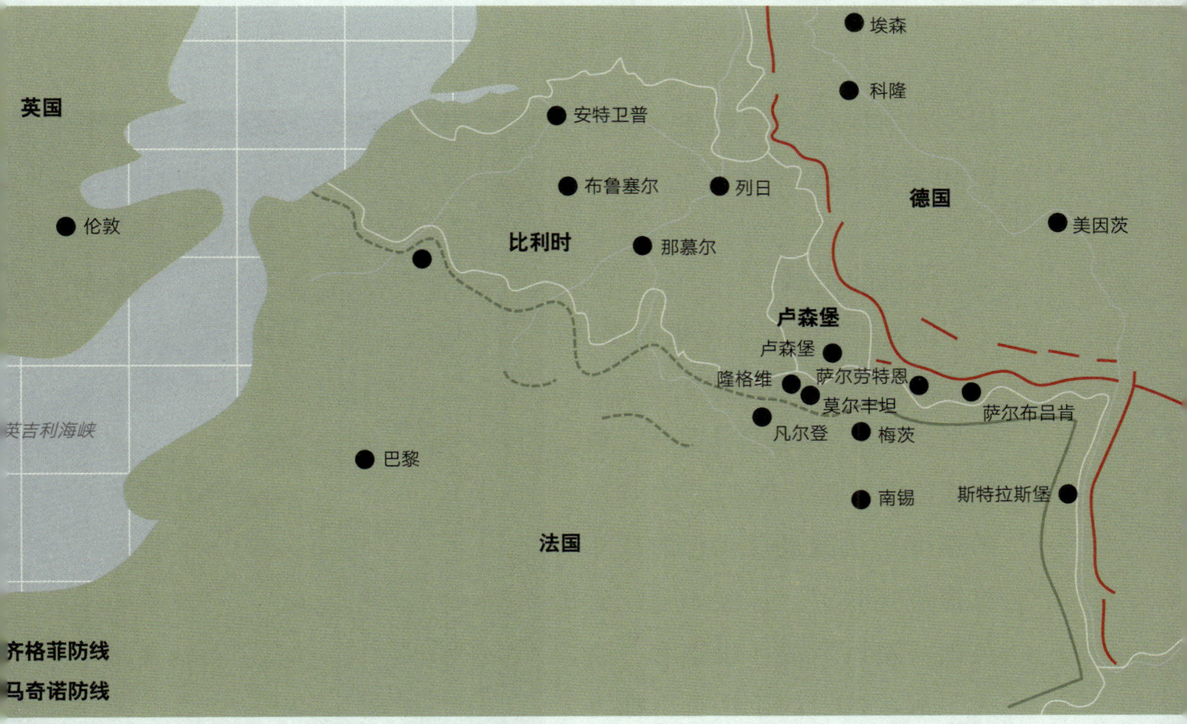

齐格菲防线

20 世纪 30 年代初，法国建造“马奇诺防线”以应对德国入侵；希特勒对此的回应是建造“齐格菲防线”[2]，又称“西墙”。齐格菲防线始于与荷兰接壤的克莱沃市，止于与瑞士接壤的莱茵河畔魏尔城，全长 390 多英里（630 多公里）。纳粹的宣传机器曾宣称该防线牢不可破，但事实上，德国将军阿尔弗雷德·约德尔后来承认，在战争爆发时，这个防线“不过就是个建筑工地”。据说，陆军元帅格尔德·冯·伦德施泰特视察该防线时曾大笑。自 1939 年春起，特立独行的秘密特工西德尼·科顿秘密拍摄该防线各段的情况，这项工作先是服务于法国总参谋部二局[3]，后来又服务于英国军情六处（又称秘密情报局）。

求皇家空军在 1940 年 4 月时，须拥有 1352 架轰炸机和 608 架主力战斗机。紧接着在 1938 年秋天颁布的 M 计划更加雄心勃勃。最后，英国没有实现任何一项计划目标。到 1939 年 9 月战争爆发之时，英国共计拥有 608 架主力战斗机和仅仅 536 架轰炸机，纳粹德国空军则拥有 1215 架战斗机和 2130 架轰炸机。

飞机的发展

比飞机数量更为关键的是，从绘图板落实到生产线上的飞机类型。例如，当法国人发现，纳粹德国空军新型 Do17 [4] 轰炸机的速度比法国最现代化的战斗机速度还快时，惊骇不已。而英国“飓风”战斗机 [5] 和“喷火”战斗机 [6] 的生产也一拖再拖。1934 年 12 月，英国航空部发布了这两种战斗机需要达到的技术参数。1935 年 11 月，“飓

道尼尔公司 Do19 [7] 战略轰炸机原型机飞行时的照片。该机型于 1936 年底首飞，比英美同款四引擎飞机要早很多年，但自纳粹空军首任参谋长瓦尔特·韦弗死于空难后，戈林就下令放弃重型轰炸机的研发项目。他说，纳粹空军将成为一种战术空中力量，与陆军密切配合，并表示应该制造更多的中型轰炸机而非重型轰炸机。但道尼尔公司这款飞机的载弹量却与戈林的想法相悖，它最多只能携带 3527 磅（1600 公斤）炸弹。

Ju89 [8] 被纳粹空军中的支持者称为“乌拉轰炸机”[9]，1937 年初，它的原型机首次升空。此时恰巧是其劲敌 Do19 首飞的几个月后。相比 Do19，Ju89 的速度更快，武器装备更精良，载弹量更大。就在该战略轰炸机首飞后 3 周不到的时间里，其研发合同被纳粹空军废止。戈林宣称，飞机制造工业无法提供建造这种机型所需数量的铝材。

风”原型机试飞。1936 年 3 月，“喷火”原型机试飞。但到 1938 年 1 月底，只有 20 架“飓风”在皇家空军服役。至于“喷火”，1937 年 12 月，航空部停止在进度表上明确交付时间，因为“企业目前无法预测何时能够交货”。直到 1938 年夏末，也只有少数几架“喷火”服役。

英国后来的得分项在于研发出四引擎重型轰炸机。1936 年，英国航空部发布相关技术参数，并最终生产出“斯特林”[10]、“哈利法克斯”[11] 和“兰开斯特”[12] 等飞机。相反，德国却放弃了自己的四引擎重型轰炸机原型机。1936 年，道尼尔公司 [13] 已经测试飞行了三架 Do19 和两架 Ju89，此时戈林 [14] 却开始介入。他的两名心腹，纳粹德国新任空军参谋长阿尔贝特 · 凯塞林和空军作战研发联队指挥官汉

照片中是一架正在飞行的 He177 [15] 重型轰炸机，机身涂有英国皇家空军的标记。该飞机由恩斯特·亨克尔设计，以满足纳粹空军对轰炸机的要求，即时速达到 335 英里（539 公里）、可携带 4400 磅（1995 公斤）炸弹、航程至少 1000 英里（1609 公里）。该机型的双引擎存在技术问题，非常容易起火，另外纳粹空军最初的要求是必须能够进行俯冲轰炸，这些因素都延缓了该机机型的研发工作，而且它其实永远无法实现上述期待。

斯·耶顺内克都向他建议称，鉴于原始材料匮乏，重型轰炸机项目应该被终止。戈林立刻询问："利用每生产一架四引擎飞机所需的资源，我们能制造出多少架双引擎飞机？"他得到的回答是"大约两架半"。戈林迅速下令取消重型轰炸机项目。他说："元首不会问我轰炸机究竟有多大，而是会问轰炸机究竟有多少架。"

直到 1938 年，戈林经人劝说，改变了想法。他与一战著名"里希特霍芬联队"[16] 的老兵、现任纳粹空军航空技术局局长的帝国元帅恩斯特·乌德特，共同决定继续研发 He177 轰炸机。他们的目的在于研发纳粹空军缺少的远程重型战略轰炸机，但乌德特就技术参数方面额外增加了一个要求：He177 必须能够实施俯冲轰炸。

结果是灾难性的。达到乌德特的要求，意味着该飞机的四个发动机

英国皇家空军发动轰炸突袭后，从空中拍摄了位于罗斯托克的亨克尔飞机制造厂。该制造厂和位于奥拉宁堡的亨克尔飞机制造厂都被认为是德国最现代化的飞机制造厂。1938 年 8 月，法国空军参谋长约瑟夫·维耶曼将军参观了奥拉宁堡的工厂，他看到该工厂正在大量生产 HeIII 轰炸机[17] 时称："我简直瞠目结舌。"

必须要两两耦合，从而避免机翼结构功能的弱化。这让参与研发 He177 的亨克尔公司和戴姆勒 – 奔驰公司的设计人员和工程师遇到重大的技术难题。戴姆勒 – 奔驰的水冷发动机被证明完全不可靠，在飞行中间极易起火。另外，这款飞机的机身也有设计缺陷。纳粹空军原本认为到 1942 年 8 月，将可以有 800 架 He177 服役，但其实只生产了 101 架。在这 101 架中，只有 33 架被认为可以进入飞行中队服役，而且实际上只有 2 架可投入实战。

空中情报

英国皇家空军在数量方面与纳粹空军相比存在明显劣势，这让英国十分困扰，当然双方之间的差距并不如温斯顿 · 丘吉尔等人所宣称的那么大。雷达技术的领先发展，在早期预警方面给予英国人无可估量的优势，只是他们没有形成有关德国经济优劣势的综合情报。没有这方面的情报支撑，也就无法制订任何有效的战略轰炸计划。

即使到 1938 年，英国秘密情报局的年度预算也仅仅等同于每年维护一艘驱逐舰所需要的费用。英国后来建立了一个很小的航空情报单位，由一位已经退休的皇家空军中队长领导，研究选择可能目标的问题。当时，除少部分专业学者，其他人对经济学都不甚了解。掌管英国工业情报中心的德斯蒙德 · 莫顿少校将手头有限资源的绝大部分，全都用于研究与军备相关的工业，却从未尝试过将德国经济视作整体，评估其巨大的工业潜力。

皇家空军也丧失原来拥有的航空侦察能力。他们曾在 1936 年和 1937 年，尝试拍摄部署于地中海、北非沿海和红海附近各个岛屿上的意大利防卫设施力量，但因为拍到的照片过于模糊而无法使用，使得这项工作几乎一败涂地。英国的空军军官都未接受过照片判读技巧的相关训练，于是这个任务由陆军军官代为执行。

秘密监视

无论如何，皇家空军都不太可能达到内维尔·张伯伦政府那样的极端程度，后者固执地对纳粹采取绥靖政策，拒不支持以备战为目的，在第三帝国境内从事任何摄影监视活动。即使在战争爆发后，当议员里奥·埃默里提议皇家空军应当火烧黑森林[18]时，英国战争大臣塞缪尔·霍尔爵士还是予以拒绝，并称："你不知道这属于私人财产吗？为什么你非要让我接下来去轰炸埃森市呢？"因此，英国皇家空军限于禁令，只是在德国心脏地带投下数百万张宣传单。约瑟夫·戈培尔在日记中嘲讽道，这些刚好可以被第三帝国用来当"不错的厕纸"。

幸运的是，有些人就没有这样优柔寡断，弗雷德里克·温特博特姆正是其中之一。他表面上是隶属英国航空部的一名飞行中队长，实际上却是英国军情系统谍报部门——军情六处的重要人物。温特博特姆人脉很广，也很善于利用这些人脉资源推进自己的计划。当时，他在寻觅一位拥有飞机的商人，为自己飞越欧洲，开展一次秘密航空摄影活动。后来，他终于找到了，这个人就是澳大利亚籍的西德尼·科顿。

一位特立独行的澳大利亚人

科顿是一位特立独行的企业家。他是澳大利亚一个有钱地主家的儿子，曾就读于英国的切尔滕纳姆市，并在那里燃起对航空的激情。1916年，他参加英国皇家海军航空局，很快被派往法国任职，成为西线的一名轰炸机飞行员。他发明了一种极富创造力的新型飞行服，取名"西德科特"（即其姓名的缩写），后来成为英国皇家陆军航空兵和皇家海军航空局的标配。德国人也效仿他的设计，冯·里希特霍芬男爵[19]被击落

“西德科特”飞行服

一组飞行员身穿“西德科特”飞行服。该飞行服是西德尼·科顿于 1917 年在皇家海军航空局服役期间设计的。他设计的这套毛领一体式服装，可以让飞行员在高海拔飞行时无惧寒冷。当时，“西德科特”飞行服已经成为皇家海军航空局和皇家陆军航空兵的标配，还被法国空军和美国陆军航空兵使用，甚至有些德国飞行员也会穿这种服装，例如德国著名王牌飞行员冯·里希特霍芬男爵被击落时就穿着这种服装。

身亡时，身上穿的正是这种飞行服。

科顿极具创造性，但同时也十分固执。他极度自信，坚定地认为自己总是正确的，任何与他存在分歧的人都是错误的。在服役 18 个月后，他就与指挥官发生了争吵，并被指控不服从上司的命令。后来，他选择退役以示抗议，回到澳大利亚，在战争接下来的时间里，他一直冷眼旁观。

西德尼·科顿驾驶着洛克希德“厄勒克特拉”12A飞机[20]，准备从他的活动基地——赫斯顿机场起飞，这张照片是他坐在驾驶舱里的情景。他要求改装这架“厄勒克特拉”，将两台相机置于机翼里，再将另外一台藏在机身内。20世纪30年代晚期，科顿扮成一名外国商人，不停地飞进飞出纳粹德国，为英国秘密情报局，也就是军情六处秘密拍摄军事设施、军械工厂和其他工业目标的照片。

和平到来之时，科顿返回欧洲，在那里继续从事民用航空的冒险事业，同时通过股票交易投机以及买卖土地来赚钱。此时的他开始深深地迷上摄影，并在一种先进的新型彩色胶卷“杜菲彩版”上投下重金。他也因为这项爱好，交到一位与杜菲彩版公司关系密切的朋友，此人就是美国人小艾尔弗雷德·米兰达。正是米兰达在1938年9月将科顿引荐给温特博特姆。

空中间谍活动

后来，科顿与温特博特姆达成协议，准备展开第一次秘密侦察飞行。米兰达出面安排，将一架六座的双引擎飞机——洛克希德 12A 侦察机从美国运往英国。1939 年 1 月，这架飞机抵达南安普敦。与此同时，温特博特姆也在寻找合适的副驾驶，此人必须是训练有素的飞机技师。他发现，即将在英国皇家空军完成短期服役的加拿大人罗伯特·尼文正是这份工作的理想人选。

科顿和尼文开始着手改造这架洛克希德侦察机，让它能够适应未来的任务。他们在飞机上加装燃料箱，将航程从 700 英里（1126.5 公里）延长到 900 英里（1448.4 公里）。温特博特姆还得到法国总参谋部二局提供的一台约 6 英尺（1.8 米）长的大型航空相机。为了在飞机中装下这台相机，他们在客舱地板上切出一个洞口。这个洞口还有第二个用途，如果出现紧急情况，在飞机撞地之前，可以通过这个洞口，抛弃一切对其不利的物品。

1939 年 2 月底，这架洛克希德飞机已经准备就绪。科顿和尼文从伦敦以西一个小型机场赫斯顿出发，飞往巴黎西南的图苏斯勒诺布尔机场。3 月 25 日，他们第一次飞越德国上空，同行的还有法国秘密情报机构的一名特工，负责操作相机。他们将德国的克雷菲尔德、哈姆、明斯特和荷兰的前线地区都拍摄下来。4 月 1 日，他们拍到黑森林地区，6 天后又拍到德国的符腾堡。4 月 9 日，他们进行最后一次飞行，当时还不得不躲避一架被派来阻截的德国战斗机，但科顿还是成功拍摄到德国的卡尔斯鲁厄、布鲁赫萨尔、海德堡、曼海姆、路德维希港和埃伯斯巴赫的照片，然后以冲刺的速度向法国飞去，以确保自身安全。

后来科顿与法国人闹翻了。他既抱怨对方坚持让自己沿不规则路线飞越目标区域，又不满于对方所拍照片的质量。为确保能有更广的拍摄范围，科顿想使用三台体积更小的皇家空军相机，替代手头这台法国巨型相机。在这三台英国相机中，一台可以垂直俯拍，其他两台可以向左和向右进行角度微调。法国人拒绝了科顿的这一要求，他立刻拂袖而去，并直截了当地告诉温特博特姆："如果想要获取有价值的结果，我必须拥有属于自己的飞机，用我自己的方式操作。"现在，他坚持认为自己进行空中侦察所需的飞机，速度必须足够快，才能躲避阻截它的敌方战斗机，同时还必须飞得足够高，以避开敌方的防空炮火。

侦察地中海

虽然与法国人闹翻了，但科顿仍然决定与温特博特姆继续开展空中间谍活动。他们订购了一架新的洛克希德飞机，并在驾驶舱后方加装燃料箱。根据科顿的特别要求，将三台皇家空军F24相机安装在机身上，并将机身上可识别身份的序列号匆忙

洛克希德12A"厄勒克特拉"飞机

类型： 轻型运输机

机组成员： 2人，外加6名乘客

长度： 35英尺（10.97米）

翼展： 49.5英尺（15.09米）

速度： 每小时224英里（361公里）

航程： 800英里（1287公里）

洛克希德12A的设计初衷是将现有机型的体积缩小，所以最后该机型大多用作公务出行。该机型于1936年开始服役，到1941年美国参战时已停止生产，总计生产126架。为什么科顿会选择它来执行摄影侦察任务，至今仍不得而知，但它速度相对较快，空中机动能力较强，这可能是中选的主要原因。

刮去。这样一来，一旦出现迫降或空难，皇家空军与科顿此行之间就不会存在明显联系了。为安装这些相机而切开的洞口，要比相机的镜头略大一些。这样一来，在21000英尺（6400米）的高空（这也是科顿希望的理想飞行高度），飞机内部释放的热空气可以聚拢于相机上方，从而防止相机冻结。这架洛克希德飞机的机身被喷涂上漂亮的浅鸭蛋绿色油漆，科顿说这个颜色是高海拔的最好伪装。然后，他和尼文驾机飞往马耳他，在那里开始了对中东地区广泛的摄影侦察，他们自称是在为英国的帝国航空公司探索一条可行的新航路，以此作为行动的掩护。

1939年6月14日，科顿和尼文抵

战争爆发时，科顿和他的团队很快证明了自己的价值，他们的摄影侦察工作胜过英国皇家空军，也让皇家空军的许多高级官员十分懊恼。到1940年秋，情况开始发生变化，科顿遭到解雇，摄影侦察工作转由皇家空军本森基地进行。这张照片中，本森的地面工作人员正在检测各种相机，包括两台F24垂直拍摄相机、一台F24倾斜拍摄相机和两台F52垂直拍摄相机，然后将这些相机安装在一架用于摄影侦察的德哈维兰“蚊”式飞机上。

达马耳他。次日，皇家空军中尉莫里斯·“肖蒂”·隆巴顿加入他们的行列。他是在皇家空军现役军官中少数几个拥有实际航空摄影经验的人员之一，曾在空中拍摄科米索机场、奥古斯塔、卡塔尼亚和锡拉库扎。此时，科顿已扮成一名热衷于拍摄远古遗迹的英国富人。6 月 16 日，在前往开罗之前，他和尼文拍摄了位于希腊多德卡尼斯群岛中被意大利控制的两个小岛，并在那里拍到意属厄立特里亚国的马萨瓦和意属索马里兰正在建造中的潜艇基地。在返回马耳他的航程中，他们还拍摄到位于利比亚的阿代姆、托布鲁克、德尔纳、伯尼斯、班加西等城市的意大利军事设施和机场。接下来，他们从马耳他启程，于 6 月 25 日飞回伦敦的赫斯顿。

战争临近

同年 9 月战争最终打响之前，科顿已成功地在德国上空进行了多次飞行。在最后几周的和平时间里，他曾五次飞越那里。这一次，他在洛克希德飞机上安装了两台莱卡相机，它们隐藏在机翼内，位于仪表盘后方，可从驾驶舱内激发相机启动拍摄。这次，科顿的掩护身份是努力向德国人兜售杜菲彩色胶卷的人员。

7 月 28 日，科顿驾驶这架洛克希德飞机，飞往德国法兰克福市，参加在那里举办的一次国际航空展。航空展的主办方都对他所驾驶的美国飞机充满艳羡之情，因此，第二天他便邀请柏林滕珀尔霍夫机场的司令官一同进行了一次愉快的飞行，让对方亲自体验洛克希德飞机

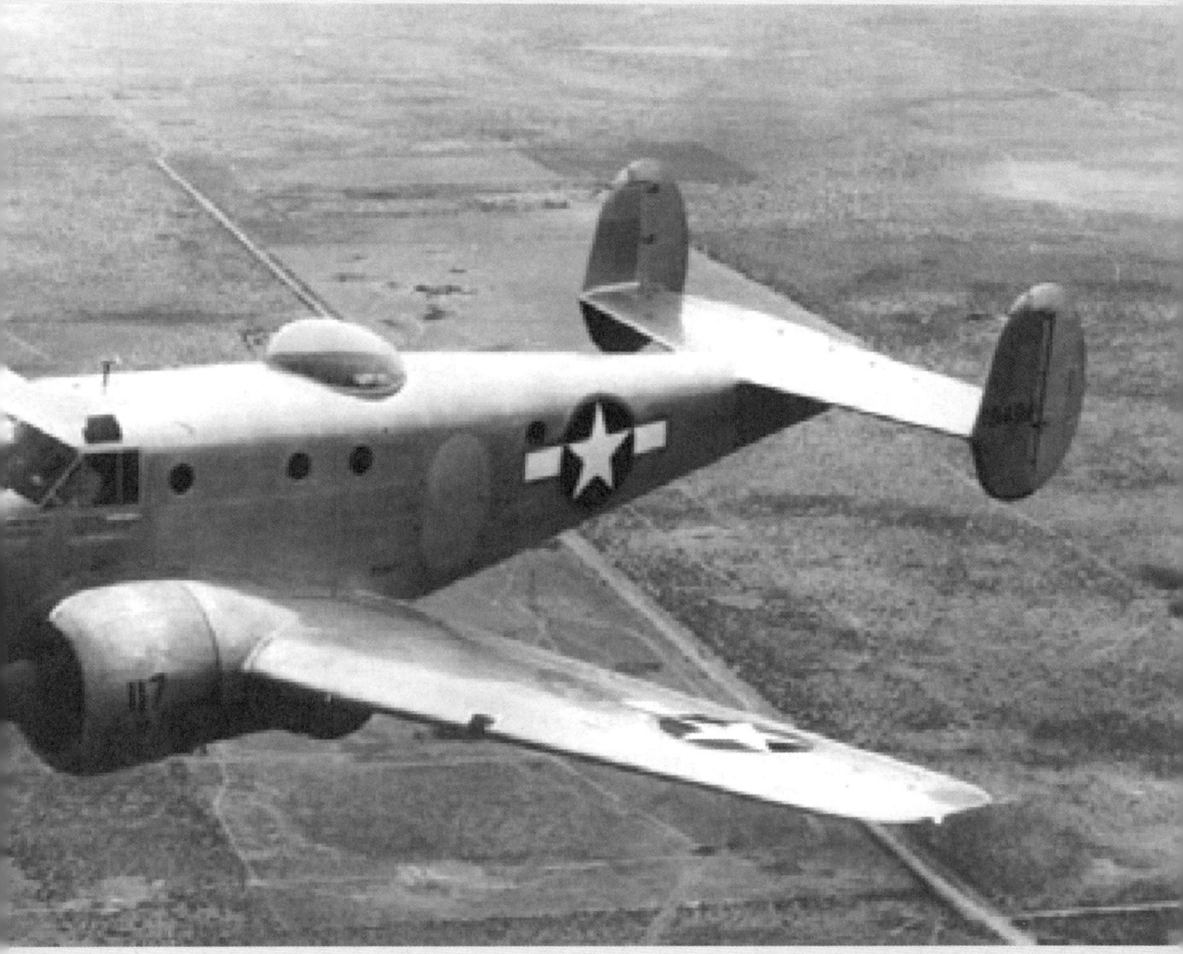

西德尼·科顿在战争爆发前夕，为他刚刚成立的空中部队增加了一架比奇 18 飞机[21]。科顿的空中部队最初被命名为“赫斯顿飞行队”，并快速壮大。到 1939 年 9 月底，又有两架布里斯托尔“布伦海姆”IV 飞机[22]，加入到比奇 18 和洛克希德 12A 组成的队伍当中，但最重要的当属于 10 月 30 日加入赫斯顿的两架“喷火”飞机。就连极力抨击科顿的皇家空军中校维克托·劳斯也承认：“有件事科顿做得很对，那就是将‘喷火’投入摄影侦察工作当中。”

性能的优越之处。他还建议沿着莱茵河一路向着曼海姆市飞行，然后返回。当德国客人坐在后面不断赞美这架飞机之时，隐藏在机翼中的相机开始不断闪动，拍下莱茵河和齐格菲防线的照片。

但这并非故事的结尾。当年 8 月 17 日，科顿和尼文飞往柏林，成功地拍摄下该市北部区域的照片。当月月底，纳粹德国宣布与苏联签订《互不侵犯条约》，这时两人还在柏林。当时，天上满是纳粹德国空军战斗机和轰炸机，一路向东飞往波兰边境，所有民用飞行全部禁止。科顿和尼文坐在自己的洛克希德飞机中一直等待，最终获准可以起飞。在飞往荷兰的途中，他们看到远方的威廉港，德国舰队似乎正在准备出航。机不可失，科顿用一台便携式莱卡相机，在驾驶舱内迅速拍下德国军舰的照片。

科顿比自己所知的更加幸运。他的洛克希德飞机是最后一架获准飞离柏林市的民用飞机。他也因此得以再次飞越德国上空，拍下弗里西亚群岛、赫里戈兰岛和叙尔特岛的照片。这次，一位女性摄影师与他们一起行动，帮助他们操作相机。他直接飞回赫斯顿，中途没有着陆加油。在英国海军部的迫切要求下，最后一次飞行于 9 月 1 日展开。也正是在这一天，德军长驱直入波兰，第二次世界大战拉开帷幕。但这一次，尼文独自驾驶一架单引擎比奇远程单翼机执行任务。他返航之后，带回许多威廉港的照片。

纳粹德国空军情报

尽管科顿的专业素质毋庸置疑，但相比战前的纳粹德国空军，他所取得的成就仍然不足挂齿。德国陆军总司令维尔纳·冯·弗里奇将军曾于 1938 年预言 :“拥有一流侦察部队的军事组织，将会赢得下一场战争。”当时，几乎无人质疑纳粹德国空军在航空侦察和摄影方面的压倒性优势。

1935年，纳粹德国空军正式组建，然后开始飞速发展。新式HeIII中型轰炸机，在加装最尖端的蔡司相机之后，是德国进行高空摄影侦察活动的首选机型。Do17也被用于执行侦察任务。到1939年，德国人已经组建23个远程侦察飞行中队，每个中队都有自己的摄影实验室。他们在这些实验室里冲洗胶卷，分析洗好的照片，然后进行分发。底片胶卷会被送往位于措森市的纳粹德国空军情报图书馆。措森市位于柏林东南，这里还驻扎着纳粹空军总参谋部第5营。这个新单位建于1938年，由约瑟夫·“贝波”·施密德少校指挥，负责监视外国空军发展情况，并准备关于军事和经济目标的详细信息，供纳粹空军战时所用。

随着时间的推移，人们发现施密德并不胜任这一工作。他为人精明、诡计多端，奸狡恶名无人不知。他于1935年从陆军转隶空军，却对飞机和空中战争兴趣寥寥，甚至不愿意学习飞行。阿道夫·加兰德当时还是纳粹德国空军中一名冉冉升起的新秀，他就认为施密德很是无用，他后来曾说：“身为情报官，‘贝波’·施密德从事着最为重要的工作，却完全就是废物一个。”戈林的副手埃哈德·米尔希也认为施密德不愿得罪上司，“见风使舵”。桩桩件件的事件显示出，施密德自私自利，唯利是图。由此，纳粹德国空军的情报部门从未充分利用过飞行员辛苦获取的庞大摄影资料。

幸运的是，纳粹德国空军也有像科顿一样的人，那人就是西奥多·罗韦尔。他是一战时期的侦察飞行员，经验丰富，自20世纪30年代晚期起，一直在柏林以外的区域执行秘密摄影侦察任务。他和手下飞行员驾驶亨克尔飞机，机身涂有德意志汉莎航空公司的颜色和标志，这让他们的掩护身份，也就是为航空公司调查可能的新航线一事看起来更加可信，这样的掩护身份也让他们可以自由出入欧洲大部分地区的上

C
B
D
E
H
I
L
M

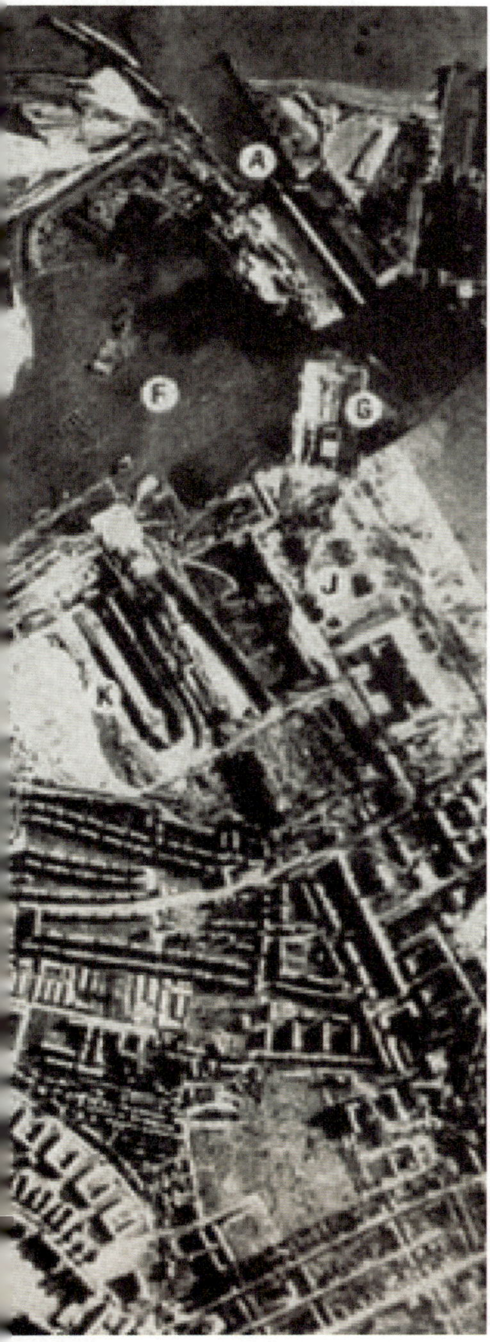

空。1938 年到 1939 年期间，他们拍摄了英国东部和南部大部分地区，以及英吉利海峡和北海整个大陆海岸线的照片，最远甚至深入到列宁格勒等位于波罗的海沿岸的城市。

罗韦尔及其手下飞行员使用的是体积巨大的测绘相机，它长 19.8 英寸（50.3 厘米），成对安装在飞机上，分行垂直摄影，最后得到 12 平方英寸（77.4 平方厘米）的底片。这样可以得到格外详细的结果。但这种相机有一个重大缺陷，就是很难安装在 Me109 等性能优良但机身偏小的飞机上。尽管有些 Me109 最终安装了这款相机，但在航程和灵活度等方面，仍然无法成为令人满意的摄影侦察平台。

这是 1939 年 9 月，英国皇家空军拍摄的威廉港海军基地的照片。为获取这些照片，皇家空军经历了重重困难：他们认为 F24 相机在中等海拔高度就会被冻住。科顿证明，这个问题是冷凝造成的，并且向皇家空军展示了解决方法。正是他手下的一名飞行员后来向英国海军部证实，德军新型战列舰“提尔皮茨”号并未准备出海，仍然安全地停留在干船坞中。

此时，纳粹德国空军仍然在坚持发展亨克尔和道尼尔飞机，相机的发展也同样停滞不前。在很长一段时间里，这些错误会让德国付出高昂的代价。

注释

[1] 一战结束后，劳合·乔治内阁在1919年做出规定："作为经济节约运动的一部分，各军事部门在编制预算时需要遵循一个假定前提：不列颠帝国在今后的十年内不会进行任何大战，不需要派出远征军。"从此，"十年无大战"的假定就一直作为英国军备政策的指导思想。史称"十年规则"。

[2] 齐格菲防线，二战前德国修建的著名境内防线。

[3] 法国总参谋部二局，法国在1871年到1940年之间的对外军事情报机构之一，二战中在法国与德国休战后被解散。

[4] Do17，是道尼尔飞机公司研发的一种轻型轰炸机。

[5] "飓风"战斗机，是（1920年建立的）英国霍克飞机有限公司研发的一款单座战斗机。

[6] "喷火"战斗机，是英国维克斯－超级马林公司研发的战斗机，性能优异。

[7] Do19，是（1914年建立的）德国道尼尔飞机公司研发的一种四引擎重型轰炸机。

[8] Ju89，是（1895年建立的）德国容克飞机和飞机发动机制造公司在二战前研发的一款重型轰炸机。

[9] 乌拉轰炸机，即20世纪30年代德国将军沃尔特·韦弗设立的远程轰炸机项目，是纳粹空军在这方面的首次尝试。1936年6月3日，韦弗死于空难，此后该项目迅速被废止。

[10] "斯特林"飞机，是肖特兄弟公司研发的一款重型轰炸机。

[11] “哈利法克斯”飞机，是（1909 年建立的）英国汉德利·佩奇飞机有限公司研发的一款重型轰炸机。

[12] 阿夫罗“兰开斯特”飞机，是（1910 年建立的）英国阿夫罗飞机制造公司研发的一款四引擎重型轰炸机。

[13] 道尼尔公司，创建于 1922 年，主要产品是飞机、导弹，是德国当时的大公司之一。

[14] 即赫尔曼·威廉·戈林，纳粹德国空军司令。

[15] He177 轰炸机，是（1922 年建立的）德国亨克尔飞机制造公司研发的一款远程重型轰炸机。

[16] 1935 年德国空军重建时，为纪念一战时的飞行英雄曼弗雷德·冯·里希特霍芬男爵，将第一支组建的战斗机联队 JG132 命名为“里希特霍芬联队”。

[17] HeIII 轰炸机，是亨克尔飞机制造公司 1934 年研发的一款高速中型轰炸机。

[18] 黑森林，是德国西南部的山林地区。

[19] 曼弗雷德·冯·里希特霍芬，德国飞行员，是战斗机联队指挥官和第一次世界大战期间击落最多敌机的战斗机王牌飞行员，绰号“红色男爵”。

[20] 洛克希德“厄勒克特拉”12A 飞机，是（1912 年建立的）美国洛克希德公司研发的一款八座全金属双引擎运输机，可以乘坐 6 名乘客。

[21] 比奇 18 飞机，是（比奇夫妇在 1932 年成立的）比奇飞机公司研发的一款双引擎低翼轻型飞机。

[22] 布里斯托尔“布伦海姆”IV 飞机，是（1910 年建立的）英国布里斯托尔飞机公司研发的一款轻型轰炸机。

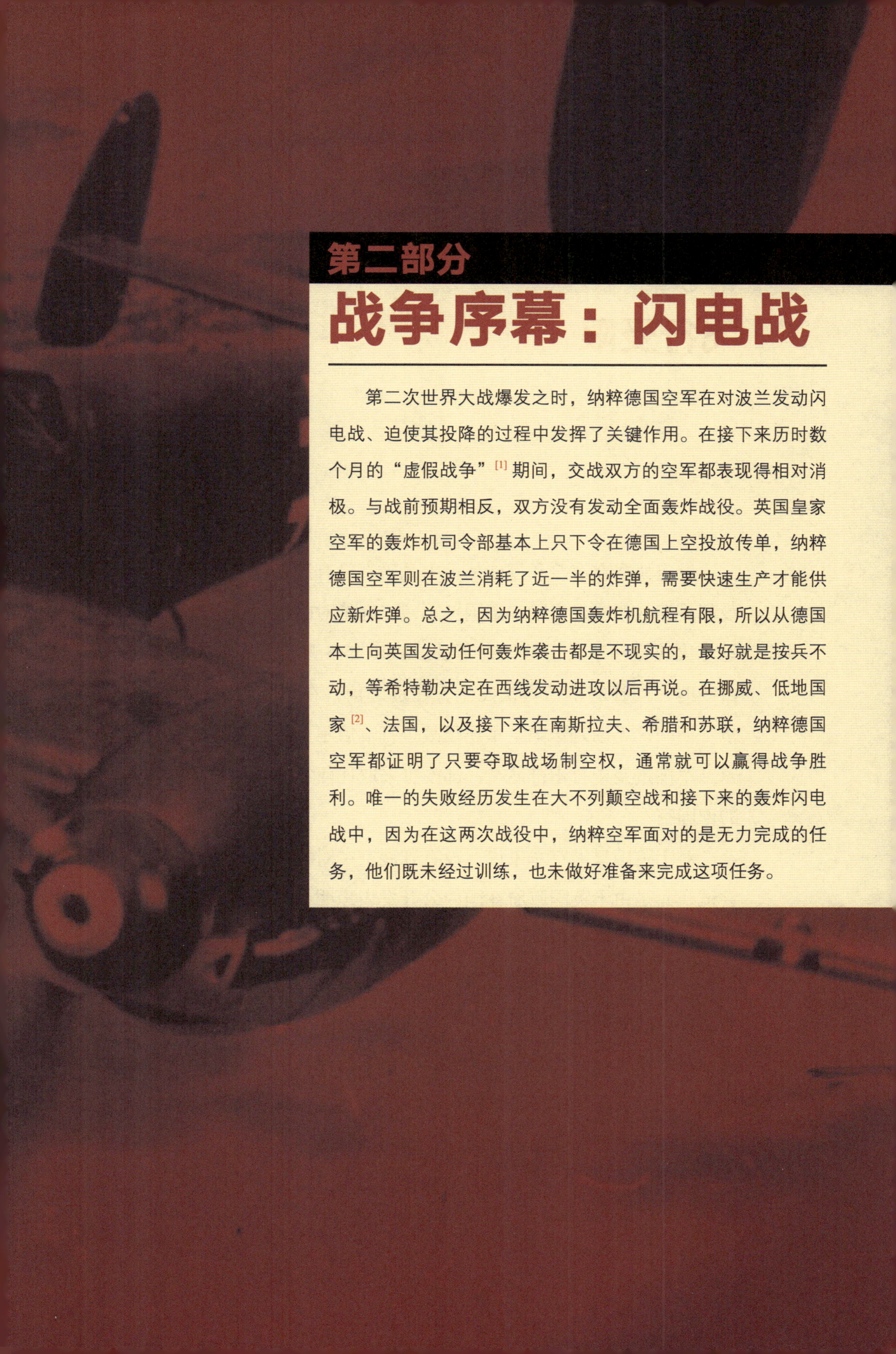

第二部分

战争序幕：闪电战

第二次世界大战爆发之时，纳粹德国空军在对波兰发动闪电战、迫使其投降的过程中发挥了关键作用。在接下来历时数个月的“虚假战争”[1]期间，交战双方的空军都表现得相对消极。与战前预期相反，双方没有发动全面轰炸战役。英国皇家空军的轰炸机司令部基本上只下令在德国上空投放传单，纳粹德国空军则在波兰消耗了近一半的炸弹，需要快速生产才能供应新炸弹。总之，因为纳粹德国轰炸机航程有限，所以从德国本土向英国发动任何轰炸袭击都是不现实的，最好就是按兵不动，等希特勒决定在西线发动进攻以后再说。在挪威、低地国家[2]、法国，以及接下来在南斯拉夫、希腊和苏联，纳粹德国空军都证明了只要夺取战场制空权，通常就可以赢得战争胜利。唯一的失败经历发生在大不列颠空战和接下来的轰炸闪电战中，因为在这两次战役中，纳粹空军面对的是无力完成的任务，他们既未经过训练，也未做好准备来完成这项任务。

第 6 章

飞行受限

航空侦察在波兰和挪威战役中几乎都没有起到什么作用。这两场战役都是速战速决，当纳粹德国空军建立起绝对的制空权之时，德国国防军也火速证明了自己的无往不胜。1940 年 5 月，就在希特勒下令进攻西线时，同样的事情再次发生。在那之前，在历时数个月的“虚假战争”期间，无论是法国空军还是战争打响后不久就被派往法国的英国皇家空军前进空中打击部队[3]，都没有采取任何实质行动来对抗防区上空的德国空军。

对于英国皇家空军来说，没有开展空中对抗活动，并不是他们不想尝试，而是由于英国政府在国内公开发表声明，称绝对不能成为第一个在轰炸战中“采取行动”的国家，并且禁止轰炸除军事目标以外的其他目标。因此，皇家空军轰炸机司令部只能针对德国的海上目标，实施一些漫无目的的打击。但这些空袭行动收效甚微，或者根本毫无作用。如果说这些空中打击行动确实能起证明作用的话，那就是证明了轰炸机司令部笃信所部轰炸机编队的装备足够优良，无须护卫便可穿越敌方领空，在白天对目标实施进攻。

英国前进空中打击部队的指挥官是空军上将阿瑟·巴勒特爵士，他愈发感到束手束脚。他每次提议在比利时上空执行高海拔飞行侦察任务后，都会遭到直截了当的拒绝。当时，法国惧怕德国空军会因此采取报复行动，袭击巴黎及其工业中心，所以拒绝支持任何形式的空中进攻行动。这时，温斯顿·丘吉尔以海军大臣的身份重返英国战时内阁，提议在莱茵河上投放浮雷以阻止德国大型货船运输，但法国直接予以否决。

灾难的前奏

法国空军羸弱不堪，因此拒绝在空中主动出击。1938 年 8 月，老迈不堪的法国空军参谋长约瑟夫·维耶曼将军对德国进行了正式访问，德国空军所展现出来的惊人实力让他完全折服。他沮丧地告诉法国驻德大使安德烈·弗朗索瓦–彭塞：“如果真如你所料，战争在 9 月底爆发的话，两周内法国的飞机将一架不剩，荡然无存。”

法国国内士气一片低迷。尽管当时巴勒特麾下的英国飞机被禁止在比利时上空飞行，以免破坏该国的中立国地位，但法国侦察机还是可以

1936 年，法国布洛赫 MB131 中型轰炸机首次升空，但它直至 1938 年才投入生产，而此时该飞机也即将过时。因为没能满足用作轰炸机的首要需求，所以很快转作侦察用途。纳粹德国空军的日间飞行对这款布洛赫飞机造成巨大伤亡，使其后来只得夜间飞行，但这样一来它们就毫无用武之地。

从法国东北部的阿尔萨斯–洛林地区起飞，轻易地发现德国在阿登地区的军事建设状况，但它们却并没有这么做。1939 年 11 月，法国的布洛赫 MB131 飞机[4]被取消日间的飞行行动，只获准在夜间飞行；宝玑[5]和波泰[6]等公司的飞机奉命只能在“炮台阵地后方”飞行；奥利维埃 LeO45 飞机[7]只准在“距离防线一两公里处抵近飞行”，但只有“在 2 架飞机实施巡逻时才能这么做”。

空中活动不充足还有其他解释，有些法国消息来源将其归咎于恶劣的飞行条件，因为 1939 年至 1940 年的冬季是多年以来

1940 年 5 月，在纳粹德国空军的扫射下，难民四散而逃。面对不断进攻的纳粹德国国防军部队，数以百万计的平民惊慌逃离，但纳粹空军掌握绝对的空中优势，不断从空中发动无情袭击。据估计，顶峰时期，有近 800 万法国难民以及 200 万比利时和荷兰逃亡者仓皇逃跑。逃离人员过多，拥塞了公路，使得盟军部队无法快速进行再次部署。

一架飞行中的法国阿米奥 351 飞机[8]。它是阿米奥 350 飞机为数不多的几个改版之一，同时也是德国于 1940 年 5 月对西线发动猛烈攻势之时，法国空军成功升空的飞机。这款阿米奥飞机是当时最为先进的中型轰炸机之一，但由于法国飞机制造业的混乱状态，使得原本预定的 285 架飞机中，在法国 1940 年 6 月投降之时，只有 85 架做好投入战斗的准备。

最严酷的。还有人将其归咎于己方飞机的劣势。法国第2集团军副参谋长埃德蒙·吕比将军写道，法国侦察机“不会越过我们自己划下的界线，除非是迫于对死亡的恐惧”。巴勒特则没有那么委婉，他直截了当地说，法国侦察部队就是“不肯起飞，总是找借口称天气实在恶劣”。

当然，德国空军不会因为恶劣的天气而退缩。在希特勒最终下定决心，命令德军穿过阿登山区[9]实施打击之时，德国空军的侦察飞行中队就一直处于工作状态，进行高海拔飞行，拍摄整个地区的照片。他们带回的照片显示，法国为防卫默兹河渡口所修建的防御工事还远未完工。德国空军也不会恪守中立。据比利时方面表示，1940年5月希特勒手下陆军最终对西线实施打击，但在此前的8个月内，德国空军至少实施了500多次高空侦察活动。

即使在大规模进攻开始之后，盟军仍然在浪费宝贵的时间。巴勒

布里斯托尔“布伦海姆”IV型飞机

类型：轻型轰炸机、侦察机

机组成员：3人

长度：42英尺7英寸（12.98米）

翼展：56英尺4英寸（17.17米）

速度：每小时266英里（428公里），巡航速度为每小时198英里（329公里）

航程：1460英里（2345公里）

皇家空军本来想用“布伦海姆”IV型飞机作为日间主力轰炸机，但在面对纳粹德国空军的梅塞施米特飞机时，该机型取胜的机会渺茫。因为它构造较轻，所以无法实施有力打击；另外，飞机尾部的炮塔上只有一架机枪，滑阀发动机机舱里有一挺固定的后射机枪，驾驶舱下方还有一挺后射机枪，这些防御武器远远不足。

特与法国同侪弗朗索瓦·达斯捷·德·拉·维热里耶将军接到的第一个命令就是，“空中活动仅限出动战斗机和航空侦察”。直到当天上午，他们才得到授权，获准轰炸不断前进的德国纵队。这个迟来的授权中还包含一份附文，是由盟军前线东北战区的总指挥阿方斯–约瑟夫·乔治将军所添加的，上面写道：“不惜任何代价，避免轰炸建成区”[10]。

直到次日下午，乔治的附文才被撤销，但这时一切都已经太晚。更为关键的是，在制定新的空中打击优先次序时，甘末林[11]下令集中力量，攻击错误的地点。希特勒的装甲部队还在继续朝默兹河方向蜿蜒前进，却未被发现。与此同时，巴勒特尝试针对那些取道卢森堡进入比利时的德国纵队发动闪电战，但也遭受灾难性后果，他派出的“巴特尔”轻型轰炸机[12]遭受重创，第一波次投入战斗的32架轰炸机中有13架被摧毁，其他的则被严重损坏。法国参战力量有限，仅派出少数阿米奥轰炸机，在莱茵河西岸的德国机场和公路上，或多或少地随机投放炸弹。他们的宝玑地面攻击轰炸机此刻尚未做好战斗准备。

西德尼·科顿加入英国皇家空军

“巴特尔”轰炸机并不是英国皇家空军中唯一不适用于作战目的的飞机，用于实施战术和战略空中侦察的韦斯兰特“拉山德”飞机[13]和布里斯托尔“布伦海姆”IV型飞机[14]也都被证明性能不足。“拉山德”速度过慢，而“布伦海姆”也被证明很容易成为四处劫掠的德国空军战斗机的手下败将。在战争最初的4个月内，在已执行的89次侦察任务中，有16架“布伦海姆”飞机被击落，更重要的是，有44次任务未能拍摄到可用的照片。

这一点可以部分归咎于“布伦海姆”的飞行高度，因为它要极力躲避德国空军战斗机，避免遭到德国防空火炮的攻击。它们的飞行高度

突破西线

德军很快就借助其装甲部队在阿登山区取得的突破，向西推进到英吉利海峡，因此隔断了北部的盟军部队。地图显示了5月21日的军事态势，到那时为止，德军装甲部队已经在盟军防线中开拓出一个很大的突出部。盟军最高统帅部认为，德国主力部队得到的命令是从比利时穿过，所以迅速将最精锐部队向前部署来应对德军，但他们完全没有预料会在阿登山区遭到攻击。

已接近约22000英尺（6750米）的实用升限[15]，在抵近目标时会降至10000英尺（3048米）的高度来拍摄照片，但问题在于，它们所装备的F24相机在高海拔时似乎容易被冻结。

此时，仍在德国上空执行秘密飞行任务的西德尼·科顿，被英国航空部召回，参加紧急磋商，并被问及他正在使用什么特殊的摄影装备。科顿回答，他正在使用的是皇家空军的标配相机。他说，“布伦海姆”

所面临的问题不是由冰冻造成的，而是由冷气凝结造成的；但他已经解决这个问题，就是将自己洛克希德飞机的发动机导管产生的热气，引流至相机周围。然而，皇家空军的专家却拒绝接受这个解释。

科顿决定证明自己的观点，于是在次日下午再次驾机起飞。返航后，他带回拍摄到的弗拉辛[16]和伊穆伊登[17]的清晰照片，然后他获胜般地向最初召集这次航空部会议的空军少将理查德·佩克炫耀这些照片。其他在场的皇家空军高级官员勃然大怒，有人甚至认为科顿故意蔑视权威，应该被逮捕。科顿怒气冲冲地离

从空中看去，默兹河是德军面前的重要天堑，必须跨越它才能进军法国心脏地带。5月13日，隆美尔率先在乌镇渡河，紧接着古德里安从色当渡河。德国的装甲部队一马当先，纳粹空军的“斯图卡”和道尼尔飞机密切支援。法军部队试图守住该河防线，但在“斯图卡”俯冲轰炸机一波接一波的攻击下，士气完全溃散。

开会场。但让他倍感意外的是，次日他又再次被召至航空部，会见皇家空军参谋长、空军上将西里尔·纽沃尔爵士。

赫斯顿飞行队

纽沃尔与科顿达成一笔交易，前者授予后者皇家空军代理中校的军衔，并委托后者建立一个实验性的摄影部队。该部队名义上隶属英国战斗机司令部，但实际上是独立单位，不受皇家空军控制。这是科顿坚持要求的。他甚至还要求获得全权委托，自己挑选人员、机器和设备。

曾经在法恩伯勒摄影学校担任教员的飞行中队长艾尔弗雷德·“塔比”·厄尔，受命负责打造这支摄影部队。科顿战前在马耳他结识的飞行员莫里斯·“肖蒂”·隆巴顿，还有鲍勃·尼文、休·麦克费尔和丹尼斯·斯洛克姆，都是这个新建部队的第一批飞行员。空军上士“沃利”·沃尔顿、空军二等兵温拉·罗林森、罗恩·马顿和杰克·埃格尔斯顿，都是该部队的第一批摄影师。后来，这支队伍又加入五名装配工、三名飞行机师、两名索具装配工、一名电工、一名仪表工和三名通用飞机技术人员。

这个被称作“赫斯顿飞行队”的部门开始运转，除科顿自己的洛克希德和比奇等飞机外，还加入两架“布伦海姆”IV 型飞机。但这些都不是科顿心仪的飞机，他更想要得到一些“喷火”飞机，后来他的确弄到两架，他自己却说，这不是他向战斗机司令部最高指挥官、空军上将休·道丁爵士亲自呼吁的结果。事实上，这些“喷火”飞机是理查德·佩克从后勤指挥部要来的，而且此举最初还让道丁颇为不满。

科顿手下工程师拆除“喷火”飞机上的机炮，并对该飞机进行流线型改造，将飞机的最高速度从每小时 360 英里（579.3 公里）提升到 396 英里（637.2 公里）。他们还在飞机上加装了一个油箱，将航程延长至650英里（1046公里）。到1939年底，“喷火”飞机已执行15次高空侦察任务，未遭受任何损失，且拍摄到德国亚琛、科隆、凯泽斯劳滕、威斯巴登，以及鲁尔部分地区的照片，甚至还拍摄到齐格菲防线不同地段和位于德国比利时接壤的边境地带的防御工事。道丁为奖励科顿，给了他十几架“喷火”飞机。

改进理念

对此，科顿在航空部的反对者却不以为然。科顿的“喷火”飞机的确带回大量照片，但因飞行高度过高，这些照片的比例尺过小，无法用于情报工作。有一份官方报告直截了当地称“拍到照片的比例尺太小，判读工作无法开展”，并总结道“这些飞机所实施的活动几乎毫无斩获”。显然，有些事情还是要做的。

科顿很快找到问题的症结。哈罗德·“利姆诺斯”·赫明是他的老朋友，目前经营着飞机运营公司[18]，此人表示其公司使用立体照相机来分析航空矿藏勘探结果，并提议让

梅塞施米特Me109[19]

类型：战斗机

机组成员：1人

长度：28英尺6英寸（8.74米）

翼展：32英尺6英寸（9.925米）

速度：每小时398英里（640公里），巡航速度为每小时365英里（590公里）

航程：528英里（850公里），携带副油箱航程可至621英里（1000公里）

Me109是纳粹德国空军战斗机部队的主力。该飞机在西班牙内战期间首次参加行动，随秃鹰军团[20]的空军志愿部队出动。1941年底FW190飞机问世之前，它一直都处于领先地位。到1945年战争结束之时，这款不太灵活的小型战斗机总计生产了33000架。最后的改版，也就是Me109K，最高速度可达每小时450英里（724.2公里）。

大量 Me109 飞机走下雷根斯堡的生产线。第一架 Me109 在 1935 年 10 月升空，1937 年春季进入纳粹德国空军的飞行中队服役。尽管该飞机的起降有些吃力，但速度非常快，机动性也非常好，即便没有超过皇家空军战斗机司令部的“喷火”飞机，至少也超越了“飓风”飞机。Me109 是纳粹空军在整个战争期间的日间主力战斗机，梅塞施密特飞机制造厂共生产了 33000 架这种飞机。

赫明手下技师也用它来判读科顿拍到的照片。这种仪器可以增加照片的色彩深度。此外，该公司还拥有全英唯一一台威特 A5 立体绘图仪。它是瑞士制造的巨型机器，操作者利用这台机器，甚至可以将在 34000 英尺（10363 米）高空拍摄到的照片，制成内容详细的地图。至此，航空部抱怨的技术问题全都迎刃而解。

科顿被解雇

科顿过分自负，屡屡绕过官方渠道并乐在其中，这些做法最后让他

隶属第 1 摄影侦察小队的皇家空军“喷火”飞机正在飞行。尽管该飞机在机翼油箱里加装燃料，并在飞行员后方加装辅助油箱，但因为拆除了武器装备，机翼和机身也都经过了流线型设计和改造，所以飞行速度还是大幅度提升。皇家空军为了找到最有效的伪装涂料，做了很多实验，包括试用浅蓝色、浅绿色，甚至还有浅粉色，最后使用纯白色。

惨淡收场。皇家空军的许多高级军官都不愿意原谅他，因为在他们看来，科顿行事张扬，其所作所为是让英国空军对抗英国海军部。1940 年 5 月，德军突破西线之时，科顿拒不服从命令，撤回手下 300 余人，这成了压倒骆驼的最后一根稻草。

同年 6 月 17 日，科顿被迫带领剩余手下离开法国。在他走出洛克希德飞机，踏上赫斯顿机场的柏油飞机跑道时，有人把一封来自航空部的信函交到他手中。信上写道，他的部队将和飞机运营公司一样，被正式并入皇家空军。“赫斯顿飞行队”，这个曾被科顿手下称作“西德尼·科顿空军”、态度傲慢、蔑视权威的组织已经不复存在。新组建的部门中也不再有科顿的一席之地，几个月前以行政官员身份加入科顿队伍的皇家空军现役军官杰弗里·塔特尔中校，将会取代他的位置。

科顿对此极其吃惊。尽管他已经制定后续所有航空侦察和照片判读工作应当遵循的原则，但官场却已认定他毫无用处。次年2月，他被迫退役。此后，他在这场战争中再未发挥任何作用。

注释

[1] 1939年9月至1940年5月，德法两国军队各守防线，按兵不动，被称为“虚假战争”。

[2] 低地国家，是对欧洲西北沿海地区的荷兰、比利时、卢森堡三国的统称。

[3] 二战前，英法之间达成协议，如果爆发战争，英国皇家空军的轻型战斗机要部署在法国机场内，以应对纳粹德国的进攻。为此，英国于1939年8月24日建立皇家空军前进空中打击部队。

[4] MB131飞机，是（1928年建立的）法国达索飞机公司研发的一款单翼侦察轰炸机，由法国著名飞机设计师、航空工业企业家马塞尔·达索（原名马塞尔·布洛赫）设计。

[5] 宝玑飞机，是（法国人路易·宝玑创立的）宝玑飞机制造公司研发的一款轰炸机。

[6] 波泰飞机，是法国波泰公司生产的一款轰炸机。

[7] 奥利维埃 LeO45飞机，是（1937年建立的）法国东南宇航公司研发的一款中型轰炸机。

[8] 阿米奥351飞机，是（1916年建立的）法国阿米奥飞机制造公司研发的高速双引擎轰炸机系列中的最后一款。

[9] 阿登山区，位于比利时卢森堡省的森林台地。海拔 200 米左右，是比利时海拔最高的地区，包括比利时和卢森堡的一部分，以及法国的默兹河谷地。

[10] 建成区，指市行政区范围内经过征收的土地和实际建设发展起来的非农业生产建设地段。

[11] 莫里斯·居斯塔夫·甘末林（1872—1958），是二战期间法军总司令。

[12] “巴特尔”轻型轰炸机，是（1915 年建立的）英国费尔利航空有限公司研发的一款单引擎轻型轰炸机。

[13] 韦斯兰特“拉山德”飞机，是（1915 年建立的）英国韦斯兰特公司为英国陆军研发的一款用于陆军合作和联络的飞机。

[14] 布里斯托尔“布伦海姆”IV 型飞机，是（1910 年建立的）英国著名航空业制造商布里斯托尔飞机公司研发的一款轻型轰炸机。

[15] 实用升限，是指飞机能维持平飞的最大飞行高度。

[16] 弗拉辛，是荷兰西南部沃尔切伦岛上的一个海港城市。

[17] 伊穆伊登，是荷兰港口城市。

[18] 飞机运营公司，是一家英国航空摄影公司。1941 年，该公司的人员和设备都被英国航空部征用。

[19] Me109 飞机，是（1938 年建立的）德国梅塞施米特飞机制造公司生产的一款战斗机，二战期间纳粹德国空军的主力。

[20] 秃鹰军团，由阿道夫·希特勒下令组建，成员来自当时的德国国防军（包括空军、坦克、通信、运输、海军和教练人员），其目的是在西班牙内战中支持弗朗西斯科·佛朗哥。

第 7 章

海狮行动

法国已经沦陷。英国被迫从敦刻尔克撤出所有远征军，将所有重型装备扔在海滩上。法军溃不成军，总司令马克西姆·魏刚将军预言道："6 周之内，英国将会像一只小鸡一样被拧断脖子。"这是一次快如闪电的溃败。现在，德意志第三帝国想要取得完全的胜利，唯一的障碍就是英吉利海峡和皇家空军的战斗机飞行中队。

即使是希特勒本人也对德国国防军取胜如此之快感到十分意外。摆在他面前的一大难题，就是下一步应该如何做。但德国空军总指挥戈林的副手埃哈德·米尔希将军却毫不犹豫，认为最佳行动计划是明摆着的事情。甚至早在法国投降之前，他就建议将德国第 2 和第 3 航空编队派往英吉利海峡沿线，立即对英国实施空中入侵；德国空军的伞兵部队应该夺取英国南部的重要机场，战斗机和俯冲轰炸机中队可以进驻这些机场，然后从这些机场起飞执行任务。尽管米尔希也承认这样的提议过于冒险，但他还是认为在接下来的几天内，英国陆军将无法建立起有效的防御。他提醒戈林："如果我们放任英国平安地度过 4 周，那么一切都将为时已晚。"

希特勒坚信，英国已经认识到溃败规模极大，认为英国可能会请求通过谈判来获取和平，特别是希特勒本人已经准备好向英国提出颇为慷慨的条件。直到 7 月 16 日，他才下令开始筹划入侵行动。3 天后，他在人满为患的帝国国会发表讲话时称，这是他对英国的“最后呼吁”。他告诉欢呼雀跃的听众：“我认为这场战争没有继续的理由。”但英国迅速拒绝了他的呼吁。战争将要继续。希特勒的这次入侵代号为“海狮行动”，计划在德国空军获取对英国皇家空军的空中优势之后再发动。8 月 2 日，这个等待已久的命令最终发布了：“要尽可能在最短的时间里制服英国空军。”

登陆驳船开始聚集

丘吉尔及其军事顾问坚信，入侵即将到来。就在英国皇家空军战斗机司令部和德国空军在英国南部上空缠斗之时，皇家空军奉命前往低地国家和法国北部的海岸线，开展摄影侦察活动，搜索一切能够揭示入侵准备的预警征候。不管飞行条件如何，此项任务都在不断推进，如果天气恶劣使得高海拔的摄影工作无法开展，他们就会派遣飞行员在低海拔位置进行拍摄。

这自然也使得飞行任务变得更加冒险。杜拉格洛福特是关押皇家空军被俘人员的德国空军审讯中心，在那里，英国空军少尉彼得·达凯恩给上级指挥官写信，描述自己被击落的过程。信中写道：“我心里有事，并被第三方因素转移了注意力，于是愚蠢地冲进对方的防空炮火当中。”他解释道，“敌人攻击直接命中，我的推进器停止运转，于是我翻身跳出飞机，落在满是敌军的地面上！我的飞机迅速坠毁，发出巨大的声响。”

英国摄影侦察活动发现的第一件事就是，加莱地区部署了远程海岸炮。人们认为，此举是便于在发动两栖登陆行动时提供支援。但摄影侦察没有发现最重要的登陆驳船在海峡港口处集结。8 月 27 日，英国战时内阁为评估德国入侵可能性而新组建的联合情报委员会，提交的报告称，“不存在从荷兰、法国或瑞士到挪威一线的海岸线发动入侵行动的严重威胁”。

这种表面上的平静并未持续太久。8 月 31 日，摄影侦察显示，有 56 艘来自阿姆斯特丹的登陆驳船和 100 艘来自安特卫普的登陆驳船正朝英吉利海峡港口方向移动。同一天，在奥斯坦德又发现 18 艘驳船。在接下来的几周内，英吉利海峡港口聚集的驳船数量持续增长，经判读人员统计，加莱地区有 255 艘，敦刻尔克有 192 艘，布伦有 230 艘，弗拉辛有 140 艘，奥斯坦德有 227 艘，安特卫普还有 600 艘登陆驳船和 200 艘商船正在集结。

判读人员搜集到的细节信息数量多得令人吃惊。威特 A5 立体绘图仪的操作员迈克

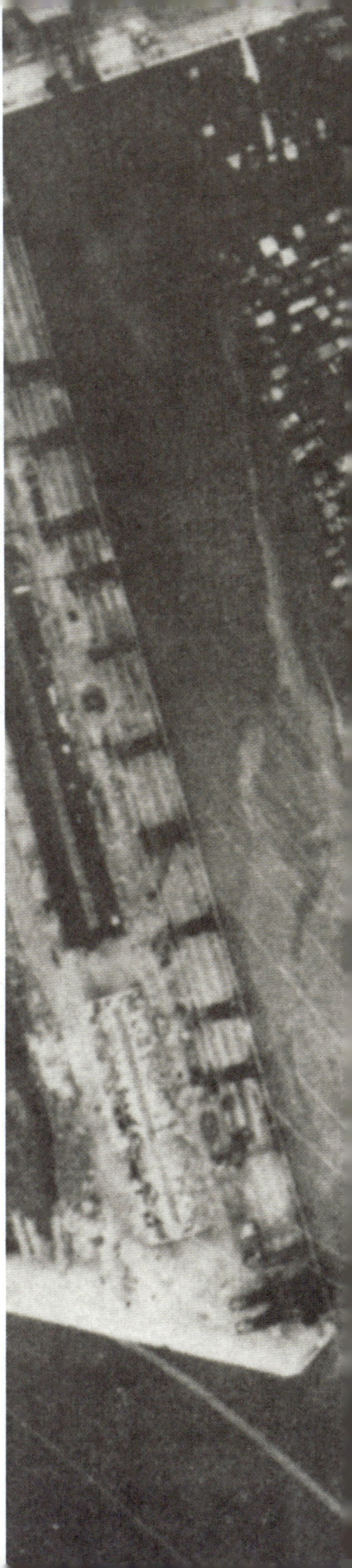

用于开展“海狮行动”的入侵驳船开始在敦刻尔克聚集，受到皇家空军侦察部队的严密监视。皇家空军的照片判读人员发现，到 8 月底，在安特卫普、阿姆斯特丹和鹿特丹等主要港口，驳船数量急剧增加；到 9 月第一周的周末，这些驳船都沿着英吉利海峡，前往离英国海岸线最近的港口。

尔·斯彭德发现，停泊在鹿特丹的驳船正在改造船头，以便安装登陆坡道。其他的判读人员注意到，只有一些驳船属于自航式，其他大多数都是需要利用拖船拖拽才能通过英吉利海峡。所有搜集到的信息都被呈递给丘吉尔和战时内阁。9 月 17 日，这位英国首相告诉下议院说，希特勒的入侵正在稳步推进。在内阁秘密会议上，丘吉尔报告称："超过 1700 艘自航驳船、200 多艘航海船只和一些大型船只，已聚集在许多准备用来入侵的港口。"

驳船的数量还在不断增加。就在丘吉尔于下议院发表讲话的当天，斯彭德正忙着重新统计敦刻尔克的驳船数量。在这之前的 4 天里，又有 130 艘驳船已经到达。和许多人一样，斯彭德也相信入侵迫在眉睫。

轰炸机开始反击

德国的这种增兵行动也并非一帆风顺。主要在日间执行任务的英国"布伦海姆"飞机就首先接受了这一重任。因为轰炸集结驳船的需求愈发迫切，轰炸机司令部的中型和重型轰炸机也加入战斗，夜复一夜地不停轰炸。9 月 7 日夜，轰炸行动从奥斯坦德和布伦开始，英吉利海峡的港口也同时遭受了攻击。有 80 架飞机参与第一轮的进攻，但天气恶劣，有些飞机丢失了目标。次日夜间，133 架"布伦海姆"、"汉普登"[1]、"惠特利"[2] 和"惠灵顿"[3] 飞机再次轰炸同一批目标，同时还轰炸了德国北海的港口城市汉堡、不来梅和埃姆登。

和驳船数量一样，轰炸机出动架次也在增加。9 月 15 日夜间，轰炸机司令部派出 155 架次飞机，大多数都是针对英吉利海峡港口以及安特卫普的进攻航行活动，连港湾中的船舶都遭遇到重创。据纳粹德国海军报告，这些轰炸机击沉了 15 艘驳船和 3 艘拖船，破坏了 6 艘海军舰艇，使 3 艘轮船无法航行。

“海狮行动”

筹划“海狮行动”时，德国陆军和海军的最高指挥部之间发生了冲突。陆军将领计划在更为广阔的前线登陆，6 个师在拉姆斯盖特和贝克斯希尔之间登陆，4 个师在布赖顿和怀特岛之间登陆，6 个师在韦茅斯和莱姆里杰斯之间登陆。纳粹海军坚持认为，只能从福克斯通到比奇角之间一个更加狭窄的前线登陆。双方达成的唯一共识就是，如果想要成功开始入侵行动，关键在于纳粹空军要摧毁英国皇家空军，并赢得完全的制空权。

德军士气也遭受了打击。纳粹空军一名年轻的战斗机飞行员乌利希尔·施泰因希尔佩在给母亲的一封家书中写道："因为他们不间断地发动进攻，我们的高射炮也在连续运转，所以我们几乎无法合眼。但我们也无能为力，只能诅咒他们。"

"海狮行动"取消

2天后，英国的轰炸机司令部派出194架飞机，对那些用以发动入侵的港口和德国境内的目标实施闪电战。到月底，这些港口基本上每天晚上都会遭受攻击。此时，希

1940年9月份，在英吉利海峡港口发现的驳船数量逐日增加。判读人员通过计算，发现布伦有230艘驳船，加莱海峡共计有255艘，敦刻尔克有192艘，弗拉辛有140艘，奥斯坦德有227艘，安特卫普集结了600艘驳船和200艘商船。英国皇家空军的海岸司令部和轰炸机司令部，夜以继日地对这些聚集点进行轰炸，这些轰炸行动被称为"驳船之战"。最后，纳粹空军没能打败皇家空军，希特勒也将进攻时间延后到第二年春天，所有驳船都被驱散。

特勒断定，下令继续执行“海狮行动”风险太大，德国无法承受。9月17日，他推迟了这次行动。10月12日，他告诉手下将领，取消这次行动，到明年春季再发动。尽管戈林很自负地做出承诺，但他的空军还是未能摧毁英国皇家空军，而失去制空权的登陆行动也难以为继。

入侵舰队已经开始溃散。早在9月20日，一架飞越法国瑟堡的“喷火”飞机拍摄照片，显示5艘驱逐舰和1艘鱼雷快艇不再停泊在港湾中。10月初，更多的侦察照片显示，在入侵港口聚集的驳船数量开始下降，截至月底，数量已经低于判读人员不到一个月之前的统计结果。英国由此得以保存自己，继续战斗。

注释

[1] “汉普登”飞机，是英国著名航空公司汉德利·佩奇生产的一款轰炸机。

[2] “惠特利”飞机，是（1912年建立的）英国著名航空制造公司阿姆斯特朗·威特沃斯研发的一款双引擎中型轰炸机。

[3] “惠灵顿”飞机，是（1927年建立的）英国维克斯·阿姆斯特朗有限公司研发的一款双引擎远程中型轰炸机。

第 8 章
不列颠空战

在筹划有关“海狮行动”的最佳行动方案上，希特勒手下的陆军将领和海军指挥官存在意见分歧。陆军希望在一个广阔的前线登陆；而海军说，只有登陆行动在一个相对较窄的前线实施，海军才能保护己方船队。尽管如此，两军种的高层还是就一件事情达成共识：为了接下来的入侵行动，德国空军必须要赢得在英国南部和英吉利海峡的绝对制空权。希特勒也同意这一点，于是下令，英国皇家空军必须“被打败，直至它不能再聚集起任何进攻力量，无法威胁到德国的横渡行动”。

热血沸腾的戈林极度自信地认为，他的空军能够贯彻希特勒的命令。他吹嘘道，如果天气情况良好，战斗机司令部将会在 4 天内被击溃。从表面上来看，这位新任帝国元帅的想法的确有据可依。包括 Me109 和 Me110 在内，德国共有 900 架战斗机，以及已经在法国、比利时、荷兰以及最远至挪威机场待命的 1300 架轰炸机。而英国战斗机司令部的总指挥、空军上将休·道丁爵士只能将 650 架“飓风”和“喷火”飞机投入空战。

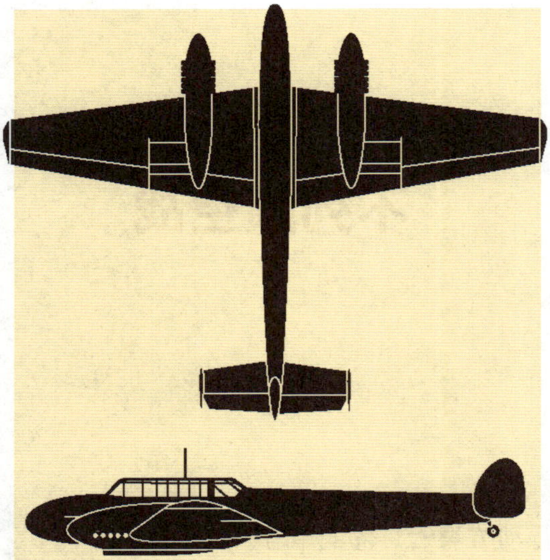

梅塞施米特Me110[1]

类型：远程护卫战斗机、战斗轰炸机和夜间战斗机

机组成员：3人

长度：39英尺7.25英寸（12.07米）

翼展：53英尺7.75英寸（16.25米）

速度：每小时349英里（560公里），巡航速度为每小时250英里（402公里）

航程：540英里（869公里）

纳粹空军非常希望将Me110用作护卫战斗机，但不列颠空战却暴露出这种飞机的弱点。尽管这款飞机在速度上超过了“飓风”战斗机，但却没有“喷火”飞机灵活，而且事实证明，该飞机转弯速度缓慢，转弯半径过大，机动性方面十分笨拙。它从巡航速度提升到最高速度也需要花费一些时间，结果遭遇惨重伤亡。在后来的战争中，该飞机被用作战斗轰炸机，可以携带4410磅（2000公斤）重的炸弹，同时也被用作一种强大的夜间战斗机，均取得了成功。

隐藏的弱点

数量并不是一切。尽管Me109的速度与“喷火”不相上下，而机动性又远胜于“飓风”，但续航能力却十分有限，只能在英国领空停留数分钟的时间，然后就不得不返回国内加油。解决方法是为这些飞机装备可抛弃的辅助油箱，但当这些油箱运到时，德军却发现这些油箱并不是自动防爆的，在敌方的炮火攻击下，极易成为死穴。许多飞行员拒绝驾驶装备此类油箱的飞机。

戈林认为双引擎Me110飞机可以保护轰炸机，但它也存在这个问题。它的性能完全逊色于英国皇家空军的两款战斗机。无论怎么说，德国的战斗机生产目前已经落后于英国。到1940年中期，英国飞机工厂生产的战斗机数量是德国的两倍。

至于轰炸机，曾经在波兰和法国发挥出色的Ju87 [2] 俯冲轰炸机，在执行一系列灾难性任务后，也被证明比现代化的英国战斗机速度更慢，弱点更多，因此不得不从战斗中撤回。HeIII和Do17尽管没有被彻底淘汰，却装备简陋，也即将过时。准备接替亨克尔飞机成为德国空军主力轰炸机的 Ju88 [3]，投入生产的时机也晚得无可救药，这主要归咎于德国空军参谋部，因为他们一直坚持要对这款容克飞机 [4] 的原型机进行数千次的设计修改，最后定型的成品也比预计的重量更重、速度更慢。

尽管存在这些缺点，而且有些缺点还是在战斗进程中才暴露出来的，但德国空军最高指挥部却对获胜信心十足。负责审校空军情报的“贝波”· 施密德上校做了一个非常乐观的调查，也更加肯定了这一想法，他总结道：“德国空军显然在实力、装备、训练、指挥和基地位置等方面，优于英国皇家空军。”

施密德在报告中显著地强调了两个方面的情况：一是提到雷达，二是分析道丁爵士为应对德国进攻而修建的防御系统。施密德声称，英国战斗机司令部的组织架构僵化，欠缺灵活性，在压力下会迅速垮掉。美国飞行观察员雷蒙德 · 李上校随道丁一起参观战斗机司令部地下行动中心之后，却有不同的看法。他强调道：“我从未想过英国人可以建设和运作如此复杂、科学且快速的组织，该组织的触手已经延伸到英国以外的地区。”德国空军却还未发现战斗机司令部在指挥与控制方面的先进手段，仍然在沾沾自喜。

存亡之战

有件事情显而易见，希特勒和戈林似乎并不急于发动一场全面的空中攻势。7 月底时，纳粹空军与位于英吉利海峡的德国进攻舰队开始了零星的战斗；直至 8 月 2 日，希特勒才下达命令，要求“在尽可能最短的时间里制服英国空军”。德国空军的战斗机和轰炸机也蓄势待发，准备投入大规模的行动。

8 月 13 日被定为“鹰日” [5]，但德军却出师不利。第一波次轰炸机

不列颠空战初期，两架Ju87“斯图卡”俯冲轰炸机对南部海岸线发动空袭后，正在返航途中。在波兰和法国，“斯图卡”飞机证明了自己是一种强大的战争武器，可以作为“飞行大炮”进行部署，让敌方的地面部队士气溃散，并为不断前进的装甲部队扫清道路。但在不列颠空战中，它们很快证明了自己并不是英国皇家空军“喷火”和“飓风”飞机的对手。在遭到巨大损失后，这些飞机最终退出战斗。

奉命起飞，但在接近与所护卫战斗机会合的地点时，却没有看到任何战斗机。最后，因为天气条件开始恶化，进攻行动被推迟，可是有关推迟的消息却送达太晚，未能阻止轰炸机的行动，结果带来巨大的伤亡。即使之前缺席的战斗机后来现身，战斗也没能按照原计划进行。当天下午发动进攻的两个 Ju87 飞行编队遭受重创，均损失大约三分之一的飞机。

紧接着，战斗再次无情地展开。戈林的战略十分简单，就是迫使英国的战斗机司令部与自己战斗，具体做法是攻击其必须保护的目标，这其中最主要的目标就是皇家空军的机场。纳粹空军认为自己已经摧毁其中的几个机场，但其发动闪电战所破坏的机场，有些隶属英国海岸司令部，而非战斗机司令部。更奇怪的是，戈林命令轰炸机停止进攻位于南部海岸沿线的一系列皇家空军雷达站，“因为这些遭到攻击的雷达站目前仍然没有被打到丧失战斗力”。这是一个巨大的错误，纳粹空军也因此付出了高昂的代价。

航空情报

在战斗相持不下之际，双方都亟待了解战况的一切变化，用军事术语来说就是“山背后的一切”。为实现这一点，纳粹德国空军和英国皇家空军都要依靠航空侦察和照片判读。但双方采取了截然不同的方法来解决这一问题。

德国的空中侦察活动集中于获取战术信息，并不对纳粹空军带回的照片进行战略分析。例如，德国判读人员无法准确指出重要工业建筑群的位置，比如位于英国德比的罗尔斯－罗伊斯制造厂，“喷火”和“飓

左图是 1943 年，来自第 41 航空中队的马克 XII 型“喷火”正在飞行。右图是“喷火”飞机的原型机，是 1936 年 3 月首飞不久后拍摄的。该飞机由超级马林水上飞机的主要设计者雷金纳德·米切尔设计，他所设计的超级马林飞机在 1927—1931 年之间，连续 3 次赢得“施耐德奖”[6]。米切尔不断地修改自己的设计，直到 1937 年死于癌症，终年 42 岁。第一批马克“喷火”飞机都使用罗尔斯－罗伊斯公司“梅林”发动机驱动。一直为马克 XII 型飞机提供动力的罗尔斯－罗伊斯公司“格里芬”发动机，虽然动力更加强劲，但已被替换掉了。

风”飞机的动力装置“梅林”发动机就是这里生产的；他们也认不出位于南安普敦的超级马林工厂，“喷火”飞机就是在这里组装的。另外，为了让英国战斗机司令部的机场失去战斗力，德国空军对其实施了永久性破坏，不过德国判读人员也高估了这种破坏的程度。

英国皇家空军的侦察重点有两个方向：一方面，负责侦察的“喷火”飞机日复一日升上天空，记录德国空军用以实施每日突袭的400多个机场的位置；另一方面，判读人员也在努力查明德军目前已经拥有的飞机数量和类型。他们通过监视各类建筑工程，诸如加长飞机跑道或重建机库，以及通过测量停在地面上的飞机尺寸（威特立体绘图仪刚好适用于此类工作），成功地了解到哪些飞机是从哪些基地起飞。

局势扭转

德国空军更加密集地发动猛攻。曾有几天，德军出动飞机1000架次。遭受打击的英国战斗机司令部战栗不已，但并未崩溃。相反，德国轰炸机损失极大，迫使戈林开始调整战术。他不再让手下战斗机在空中战场自由战斗，而是命令它们守在那些脆弱的轰炸机附近，不惜一切代价保护这些轰炸机。

尽管德国空军宣称的击落皇家空军飞机的数量有所夸大，到了荒诞不经的程度，但英国战斗机司令部的损失的确是在攀升。道丁的问题不是飞机数量不足，实际上工厂的制造速度超过了他的需求，现在最突出的问题是，经验丰富的飞行员的损失速度，已经达到他无法承受的程度。这时，他的运气来了。

希特勒曾下令不得轰炸伦敦，但在8月24日，德军一架轰炸机掉队之后，意外地将炸弹投到这座首都城市的市区里。次日晚上，英国轰炸机司令部奉命轰炸柏林。作为报复，德国空军也奉命改变目标，9月

1942年，英格兰某地一家工厂生产线上正在工作的女工。她们负责生产罗尔斯－罗伊斯“梅林”发动机。“梅林”发动机由亨利·罗伊斯爵士设计而成，第一台“梅林”发动机是在1933年，也就是他去世后6个月问世。打赢不列颠空战的“喷火”和“飓风”飞机，都是由“梅林II”和“梅林III”发动机提供动力。“梅林”发动机也可以为其他机型的飞机提供动力，最为著名的有阿夫罗“兰开斯特”飞机、德哈维兰“蚊”式飞机[7]，以及北美P51“野马”[8]。“野马”原先使用的“艾利森”发动机动力不足，后来换成“梅林”，得以成为整场战争中最为成功的远程日间战斗机之一。

7日下午，德国的轰炸机涌向伦敦。

9月15日，戈林很清楚这可能是他最后赢得制空权的机会，因此发动进攻，旨在一举击溃对方。纳粹空军的500多架轰炸机在700多架战斗机的护卫下，前往英国首都发动闪电战。这场进攻以失败告终，此后希特勒便将“海狮行动”推迟到第二年春季。很快，戈林就被迫彻底放弃了大规模的日间进攻，纳粹空军转而采取夜间轰炸行动。闪电战即将开始。

注释

[1] Me110飞机，是梅塞施米特飞机制造公司生产的一款双引擎重型战斗机和重型轰炸机。

[2] Ju87飞机，也被称为“斯图卡”飞机，是容克飞机制造公司生产的一款俯冲轰炸机或地面攻击机。

[3] Ju88飞机，是容克飞机制造公司生产的一款双引擎多功能战斗机。

[4] 这里指的就是Ju88。

[5] 鹰日，是1940年8月13日德国对英国实施大规模空袭的日子。

[6] “施耐德奖”，是法国经济学家雅克·施耐德于1912年设立的奖项，奖励在水上飞机和飞船比赛中的获胜者。

[7] 德哈维兰“蚊”式飞机，是（1920年建立的）英国德哈维兰飞机制造有限公司研发的一款双引擎多功能战斗机。

[8] 北美P51“野马”，是（1928年建立的）北美航空公司研发的一款远程单座的战斗机和战斗轰炸机。

第 9 章
闪电战

让许多人倍感意外的是，第二次世界大战的起点，并不是对交战国的首都和其他主要城市发动的空中猛攻。在英国，早在 1920 年，当时最重要的军事思想家之一富勒上校就曾预言，在下一场战争中“飞机编队可以进攻敌人的主要工业中心和行政中心。所有这些进攻都会针对平民开展，从而迫使对方接受进攻方的意图”。

另外一位著名的军事思想家巴兹尔·利德尔·哈特对此表示赞同，他写道：“现代化国家是一种复杂且相互联系的组织体系，是一个对突然和压倒性的空中打击高度敏感的目标……我们想象一下，伦敦、曼彻斯特、伯明翰以及 6 个其他重要的中心同时遭受进攻，情况会怎样。”

英国空军参谋长爱德华·埃林顿爵士也具有同样的影响力，但他预言的却是凶兆。1934 年，他就警告称，如果战争爆发，“我们必须做好应对进攻的准备，这次进攻在重要性和持久性方面，都会远远超过我们在上一场战争中，在这个国家所经历的一切”。他认为伦敦很可能会遭受一场旨在“将其一举击垮”的进攻。温斯顿·丘吉尔也发出了严重的警告。他告诉下议院，持续一周的轰炸后，“预计有将近 30000 到 40000 人会为此丧生或受伤”，“至少 300 万至 400 万”伦敦居民“将仓

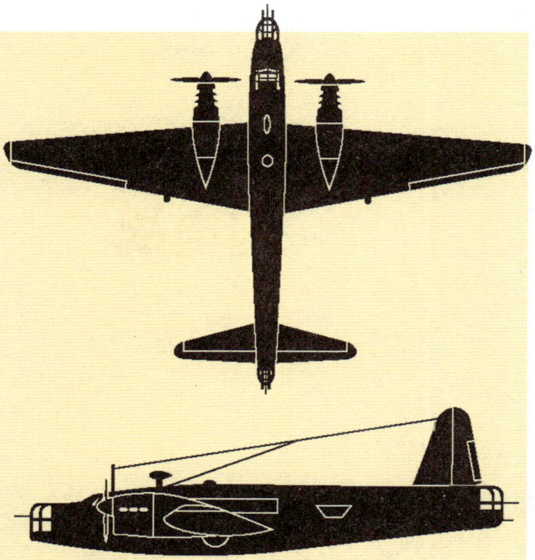

维克斯“惠灵顿”Ⅲ型飞机[1]

类型：中型轰炸机

机组成员：6人

长度：60英尺10英寸（18.54米）

翼展：86英尺2英寸（26.25米）

速度：每小时255英里（411公里），巡航速度为每小时180英里（290公里）

航程：1540英里（2484公里）

这是“弹跳炸弹”的发明者巴恩斯·沃利斯所设计的“惠灵顿”原型机。它在1936年首飞，一年后样机首飞。战争爆发后，“惠灵顿”飞机被用作一种日间轰炸机，在没有战斗机护卫的情况下执行战斗任务。轰炸机司令部的想法是该飞机全副武装，足以应对任何战斗机的进攻，但在两次试图对德国舰队发动进攻而遭致灾难性损失后，该飞机转而被用于夜间行动。“惠灵顿”飞机也是1940年8月25日首次空袭柏林时所使用的轰炸机之一，它们也大规模地参与1942年对科隆空袭的首批千机轰炸攻势。

皇逃离这座首都城市”。很快有人估计，如果德国空军集中所有飞机进攻英国，那么在空中攻势的第一天就可能在伦敦投下2000吨炸弹，而且这种进攻还会持续数周。

后面发生的事件显示，这样的预言过于悲观。除波兰首都十分不幸，在波兰战役接近尾声时遭受全面闪电战之外，德国空军并未如预期一样，派出轰炸机发动全面进攻，以此开始敌对行动。这其中的原因有很多。希特勒和戈林都不想打一场全面战争，毕竟德国空军已经在波兰战场上消耗了一半以上的炸弹，如果发动一场新战役，在战役开始的两周内，德国空军就有可能将全部炸弹库存消耗殆尽。另外，除非德国将自己的前沿空军基地建设在比利时、荷兰和法国北部，否则德国轰炸机的航程有限，不足以对英国发动有效进攻。综上所述，德国空军是一支战术部队，而不是一支战略部队，它组建的首要任务只是为陆军实施大规模地面进攻提供支持。

战时的现实情况

早在战争爆发之前，英国和法国就曾做出决定，绝不首先轰炸民事目标。这一决定让两国不再考虑发动联合轰炸进攻，即便轰炸机能够胜任这项任务也是如此。法国人清楚本国空军的弱点，因此也否定了任何从法国本土轰炸德国的建议。

对于英国来说，航空部订购的新一代四引擎重型轰炸机仍在设计阶段。轰炸机司令部完全没有为战争做好准备，手下飞行员没有在漆黑一片的地区实施过长距离夜间飞行，对其中可能存在的困难知之甚少或是全然不知，因为在和平时期，他们可以沿着铁路线飞行，或是寻找城市中的灯光。轰炸机司令部的总指挥是空军上将埃德加・勒德洛－休伊特爵士，他也认识到麾下部队存在的缺陷。战争爆发前，他就警告航空部称，如果命令他开展对德轰炸的进攻任务，其麾下“布伦海姆”等中型轰炸机，可能会在三周半的时间里被消灭殆尽，“汉普登”“惠特利”“惠灵顿”等重型轰炸机可能可以支撑更久一些，但也会在七周半的时间里被敌全歼。

闪电战倒计时

不列颠空战爆发后，纳粹空军看起来仍然保持极度克制。事实上，他们是被德国高层的命令拖了后腿，因为希特勒和戈林都否决了轰炸伦敦的提议。8 月 24 日晚，纳粹空军轰炸机受命轰炸英国罗契斯特市的一家飞机制造厂。在执行任务过程中，他们误把泰晤士河当成梅德韦河，并沿着该河流一路向北，在伦敦的米尔沃尔区、托特纳姆区和伊斯灵顿区投下所携带的致命“货物”。

这真的是一次无心之失，但却造成了严重的后果。作为报复，第二天晚上，根据英国战时内阁的命令，约 50 架“汉普登”飞机被派去轰炸柏林。因为德国首都被厚厚的云层覆盖，所以只有一小部分炸弹落在该市界内。4 个晚上之后，英国皇家空军的飞机才返航回国。

虽然英国空袭造成的损失相对较小，但对德国士气的冲击却是巨大的。因为戈林曾向柏林的公民保证，他们所居住的城市永远不会遭到轰炸。直至 9 月 4 日柏林又遭遇两次突袭后，希特勒忍无可忍，勃然大怒，在斯保茨普拉兹·艾姆罗泽巴姆[2]面向 5 万多名听众发表的演讲中，发誓要采取报复行动。他怒称："如果英国空军投放 2 千、3 千或 4 千公斤炸药，我们将会在一夜之间投放 15 万、18 万、23 万、30 万或 40 万公斤炸药，甚至更多。如果他们宣布要大规模进攻我们的城市，我们就会夷平他们的城市。上帝可以见证，我们将会结束这种夜晚偷袭的游戏。"他在演讲的最后给出颇具征兆性的警告。"总有一天，总会有一方崩溃，"他叫嚣道，"而那绝对不会是国家社会主义[3]德国。"

希特勒在一片雷鸣般的掌声中返回座位。他进攻伦敦的决定受到举国上下的欢迎。慕尼黑大学一名年轻学生洛尔·瓦尔布在日记中记录下自己的感受。"消灭英格兰的战争现在已经开始，"她满意地写道，"祈求上帝

1940 年 9 月 7 日，纳粹空军首次对伦敦发动大规模日间进攻行动。这期间，一架亨克尔 III 型飞机正在飞往伦敦多克兰区。这张照片是其上方的另外一架飞机拍摄的。这次空袭本来可以取得成功，但戈林却下令放弃对于皇家空军机场的进攻，转而攻击非军事目标。事实证明，这是一次重大的战术和战略错误。许多人认为，这使得纳粹空军丧失了不列颠空战中最好的获胜机会。

让他们快点屈膝投降吧！”

不久，德国就做出了反应。9 月 7 日下午，被希特勒派去法国指挥整场战斗的戈林，与手下参谋站在格里斯奈兹海角[4]的悬崖上，目送着一拨又一拨的德国轰炸机和战斗机护卫队从头顶呼啸而过。900 余架飞机（348 架轰炸机和 617 架战斗机）参与这次进攻。这些轰炸机毫不留情地扑向伦敦东侧的港口码头区，它们都是这位帝国元帅专门挑选出来的进攻目标。比起英国首都的防御力量，单从数量来说，德军占据压倒性的优势。大火很快席卷了码头，越来越多的轰炸机加入，整晚都在码头火上浇油。突袭在次日凌晨 4 时 30 分结束。

伦敦人口中所称的“黑色星期六”结束了。驻伦敦的美国首席战地记者厄尼·派尔将其描述为，“伦敦被熊熊大火包围肆虐的一个夜晚”。

夜复一夜

这次突袭标志着闪电战的开始。旨在迫使英国屈服的持续性轰炸从 1940 年 9 月 7 日开始，直至 1941 年 5 月 10 日结束。最初，德国空军的首要目标是伦敦市。在 1940 年 11 月 10 日之前的 10 周时间里，除一天例外，剩下的每个晚上，戈林的亨克尔、道尼尔和容克等飞机都毫不留情地对这座首都城市发动闪电战。此后，攻势尽管仍然猛烈，却变得更加分散，德国空军也会轰炸其他的城市，南安普敦、朴茨茅斯、普利茅斯、布里斯托尔、加的夫、考文垂、伯明翰、诺丁汉、曼彻斯特、谢菲尔德、利物浦、赫尔以及纽卡斯尔都遭受了攻击。戈林的轰炸机最远甚至还深入到北部的格拉斯哥。在那里，它们以克莱德河畔地区为目标，同时还轰炸了位于爱尔兰海对岸的贝尔法斯特。

德国在制订突袭计划时十分谨慎。进攻之前，他们会向轰炸机上所有机组成员发放目标文件夹。文件夹里是一份作战计划，它给出选定目标的位置、具体介绍以及地形细节。它里面甚至有英国地形测量局[5]相关地图的复印件，还有倾斜及垂直拍摄的空中侦察照片，上面会用红色墨水着重标注待轰炸区域。德国人力图识别每个建筑物的身份，然后将它们在照片中标记出来，例如，GB10是机场的简写，GB73是飞机发动机制造厂的简写。

德国空军做的还不止这些，他们还将优秀的机组成员组队，作为"探路者"[6]为主力轰炸部队定位和标记目标，英国皇家空军是在两年

1940年9月7日至27日

9月7日对伦敦发动大规模日间空袭，此事标志着纳粹空军的战术转变，其轰炸机集中袭击了非军事目标和工业目标，而非皇家空军的重要机场等目标。在9月剩下的时间里，德国轰炸行动无休无止，一直持续到秋季以及接下来的冬季。问题在于，纳粹空军装备简陋，很难取得胜利。它创立时本来是一支战术空军部队，缺少成功实施战略轰炸行动的重型轰炸机。其机组成员也都疲惫不堪，许多人奉命连续出动3个以上的夜晚，这样的负担是绝对不会被施加于英国轰炸机司令部的机组成员身上。

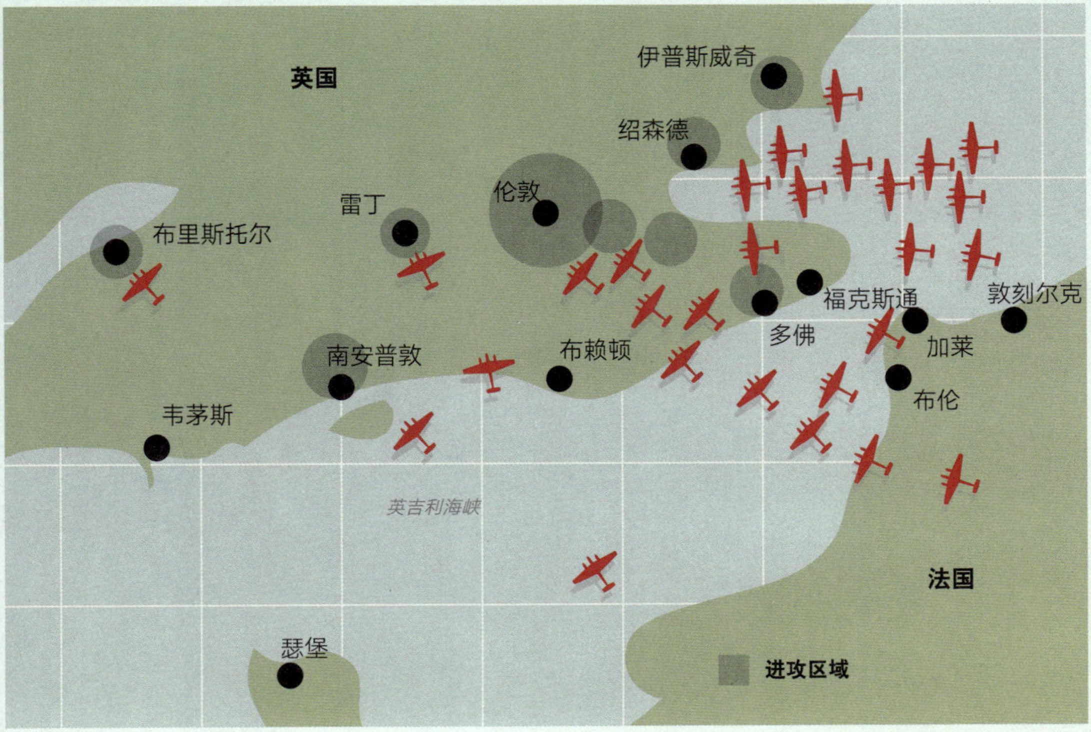

这是一次特殊的行动，左图照片由纳粹空军投弹手拍摄。它展示了1940年10月时，德军将两排炸弹投放到英国蒂尔伯里港的情形。第一排炸弹的目标是停泊在泰晤士河畔的船只，第二排炸弹的目标是码头。在接下来的几个月内，被英国人称作“闪电战”的行动仍在继续升级，进攻规模也迅速扩大。夜间空袭变得非常频繁，似乎一直持续不断。伦敦接连57个晚上遭到轰炸，英国其他的目标城市还包括朴茨茅斯、南安普敦、普利茅斯、埃克塞特、布里斯托尔、巴思、加的夫、伯明翰、考文垂、诺丁汉、诺威奇、伊普斯威奇、谢菲尔德、曼彻斯特、利物浦、赫尔、米德尔斯堡、桑德兰、纽卡斯尔、格拉斯哥和贝尔法斯特。

上图这架Me110的机首喷涂了“飞行鲨鱼”图案，鲨鱼张开大嘴，相貌凶猛。拍摄时它正在英吉利海峡上空全速前进。尽管这款飞机看来足够灵活，但后来损失惨重，很快便证明这种梅塞施米特飞机在对阵英国战斗机司令部的“飓风”和“喷火”时，机动性的确不足。仅在8月13日的一次任务中，23架梅塞施米特飞机中只有9架毫发无损地返航。这种飞机更适合执行远程和低空的对地进攻任务。

后才借鉴了这一做法。为帮助“探路者”和轰炸机找到目标，德军还使用了无线电导航波束，包括“弯腿”波束、X 波束装置，以及后来的 Y 波束装置。皇家空军却没有这样做。

从 20 世纪 30 年代初开始，德国人就开始发展波束技术。他们发射两种波束。和摩斯密码一样，一种代表“点”，另一种代表“划”，这样一来，轰炸机飞行员或领航员就可以在飞行中使用耳机接收。这两种波束的发射模式是，当飞机沿着正确的方向飞行，两种声音就会融合成一种持续的音调，偏离航向的飞机就会听到更多的“点”或“划”，具体听到哪种，取决于它向左偏航还是向右偏航。两种波束会在目标上方交汇，当飞机到达交汇点，就会听到另外一种音调，这就是开始投弹的信号。

月光奏鸣曲行动

1940 年 11 月 14 日晚，德国空军发动代号为“月光奏鸣曲行动”的进攻，对考文垂进行密集轰炸，“探路者”和波束技术在这次行动中发挥了关键作用。在 12 小时的闪电战里，超过 400 架轰炸机瞄准这个

一架 Ju88 起飞去执行夜袭英国的任务之前，机上的一名德国无线电操作员正在检查自己的无线设备。这款“容克”飞机[7]于 1936 年首飞，本来是为了满足纳粹空军对于高速轰炸机的需求，但直至 1939 年战争爆发之前，才进入等待已久的轰炸机中队服役。部分原因在于纳粹德国空军原来坚持认为该飞机的设计适于进行俯冲轰炸，并由此增加了 Ju88 的重量，缩短其航程，降低其速度。该飞机是一款多功能飞机，有各种改版，包括鱼雷轰炸机、战斗轰炸机、侦察机和夜间战斗机。

霉运当头的城市，投下500吨高爆炸药和30000颗燃烧弹。市中心有四分之三的区域被摧毁，所有古老的教堂也未能幸免。其余区域也遭受重创。纳粹德国宣传部部长戈培尔及其部下还创造了一个新的动词“考文垂式轰炸”，用以描述该市被毁灭的规模和程度。

不久之后，戈林再次派遣数百架轰炸机飞抵英国首都。12月29日（这一天后来被称为“第二场伦敦大火之夜”），德军大肆破坏，从伊斯灵顿到圣保罗大教堂，无一幸免。1941年5月10日发动的最后一场进攻是毁坏性最大的，德军轰炸机一共引起2200场火灾，其中包括泰晤士南部大象城堡区[8]的一场大火，1500人为此丧生。伦敦已经有数千人伤亡。截止闪电战结束之际，共有28556名伦敦居民死亡，25578人被送入医院，约30万座房屋被摧毁，150万人无家可归。

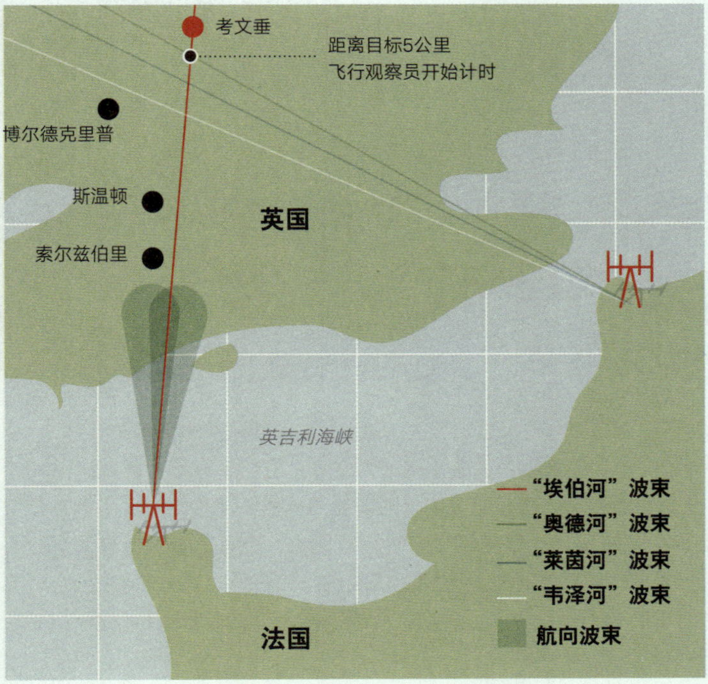

德国的波束

左图显示，纳粹德国空军用于辅助飞行导航和轰炸瞄准的绝密无线电波束，就是这样在目标上空交叉的。在此次空袭中，目标是英格兰中部地区的考文垂市。年轻的著名物理学家琼斯博士当时已经是空军情报部门科学顾问，正是他发现了德国的意图，然后接受战时内阁的任务，设计有效的反制措施。最初，他的团队对无线电波束传播的无线电频率增加“干扰”噪声，然后他们发现了让波束“倾斜”的方法。由此，依赖这些无线电波束进行轰炸制导的纳粹空军机组成员，就会在没有到达预定目标的时候投下炸弹。

苏格兰某机场的目标地图，来自纳粹空军进攻英国之前发放给机组成员的目标文件夹。这种文件夹最多可装 6 份文件，最重要的就是作战计划文件，它给出目标的位置、介绍以及其他地形细节。文件夹中还有一份根据英国地形测量局地图（调整比例尺后）制作的副本，内有关于目标的最新照片。这些照片有倾斜拍摄的，也有垂直拍摄的，且都做过注释标记。在目标地图上，轰炸区域通常标记成红色，还会添加有关目标的细节信息。靠地图上部附近的字母 GB 表示大不列颠，而数字显示的是准备轰炸目标的类型。

但在此时，闪电战的节奏却慢了下来。随着英国人将雷达控制的高射炮以及新式夜间战斗机投入战斗，德国的损失也在不断增加。1940年11月19日，约翰·坎宁安成为第一位驾驶夜间战斗机、利用机载雷达追踪目标并最终击落一架Ju88的飞行员。但这却不是德国攻势减弱的真正原因。此刻，所有的德国空军飞行中队都被调往东线，希特勒进攻苏联的“巴巴罗萨行动”即将展开。

注释

[1] 维克斯“惠灵顿”III型飞机，是维克斯·阿姆斯特朗有限公司研发的一款远程中型轰炸机。

[2] 斯保茨普拉兹·艾姆罗泽巴姆，是德国汉堡市的一家多功能体育场，建于1910年。

[3] 国家社会主义，有译为民族社会主义，因其德文缩写发音常译作纳粹主义，是二战前希特勒等人给德国人民洗脑的政治主张。

[4] 格里斯奈兹海角，是法国北部加莱省的一个海岬。海岬上的悬崖是法国距离英格兰最近的点。

[5] 英国地形测量局，是英国国家测绘机构，覆盖英国所有岛屿，是世界上最大的地图生产机构。

[6] “探路者”，又称“空降引导分队”，是在空战中负有领航或指引空袭目标位置的小规模分队。

[7] 这里的“容克”飞机指的就是Ju88。

[8] 大象城堡区，是伦敦南部萨瑟克区的一条主要的三岔路口地区。

第 10 章

地中海空战

空战并不仅限于在欧洲开展。1940 年 6 月，墨索里尼决定参战之后，英国皇家空军在地中海地区面临的形势是，必须与意大利皇家空军争夺被其领袖[1]热情地称为“我们的海”[2]的制空权。北非的情况也是如此，当意大利军队准备从利比亚向埃及开进之时，近距离空中支援就显得十分关键，因为交战双方都试图阻隔己方基地至前线的漫长交通线。

对英国皇家空军来说，战争开局还算不错，双方进入敌对状态一天之后，英国皇家空军便将麾下轰炸机全部投入战斗，进攻意大利位于昔兰尼加的主要空军基地——阿丹姆空军基地。但英国皇家空军只有 300 架主力飞机可用，却要守卫其承诺保护的 450 万平方英里（11654946.49 平方公里）的领土。在 14 个轰炸机中队中，有 9 个驾驶的是“布伦海姆”飞机，5 个战斗机中队都没有配备最新式飞机，只有即将过时的格罗斯特“角斗士”双翼飞机[3]。“布伦海姆”和“角斗士”，以及一些“桑德兰”水上飞机和“莱桑德”部队侦察机[4]，组成 25 个中队中的 18 个，其他中队驾驶的则是各式各样、过时陈旧的飞机，其中包括“孟买”[5]、“瓦伦提亚”[6]、“韦尔斯利”[7]、“哈特”[8]

和“哈特比斯特”[9] 等。这些飞机中有一半是从埃及基地起飞，而剩下的起飞地点各不相同，包括巴勒斯坦、苏丹、肯尼亚、亚丁湾和直布罗陀海峡。

为了对抗英国皇家空军，意大利在利比亚投入280架飞机，在意属东非投入150架飞机，在希腊的多德卡尼斯群岛投入47架飞机。这个宗主国的空军拥有1200多架飞机，但他们驾驶的所有飞机，明显逊色于德国空军和英国皇家空军正在生产的轰炸机和战斗机。可是直到那时，德国空军也没有出现在地中海战场上，而英国皇家空军手中最现代化的飞机也都困守国内，最终没有出战。

萨瓦–马尔凯蒂SM79三引擎飞机[10] 是意大利皇家空军的主力轰炸机，曾用于阿比西尼亚[11] 战争以及西班牙内战。但此时这款飞机已经过时。它没有配备盲飞仪器或其他导航辅助设备。1940年9月，在墨索里尼的坚持下，75架此款轰炸机飞往比利时参加不列颠空战时，因

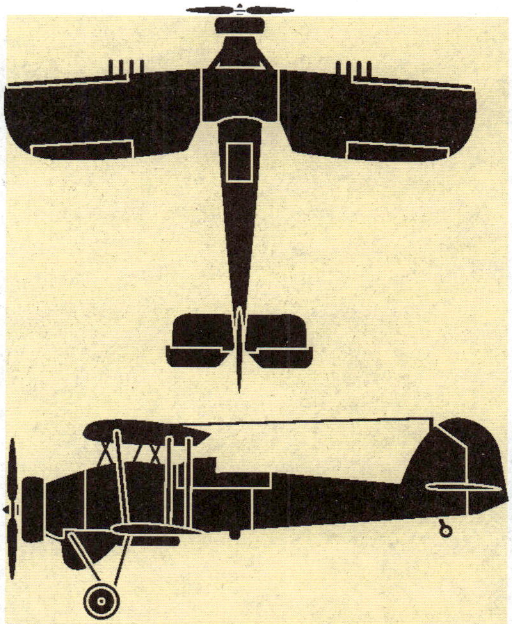

菲尔利“剑鱼”I型飞机[12]

类型：鱼雷轰炸机

机组成员：3人

长度：35英尺8英寸（10.87米）

翼展：45英尺6英寸（13.87米）

速度：每小时136英里（224公里）

航程：546英里（879公里）

被机组成员称为“网兜”的菲尔利“剑鱼”双翼飞机，于1936年进入英国海军航空队服役。尽管该飞机速度较慢，外观过时，却取得令人瞩目的成功。1940年从航母“光辉”号上起飞的“剑鱼”飞机，击溃了泊锚于塔兰托的意大利舰队主力军舰。第二年5月，从航母“皇家方舟”号上起飞的“剑鱼”，又在北大西洋发动攻击，令德国战列舰“俾斯麦”号失去行动能力，从而让英国本土舰队得以与之交战，最终将其击沉。

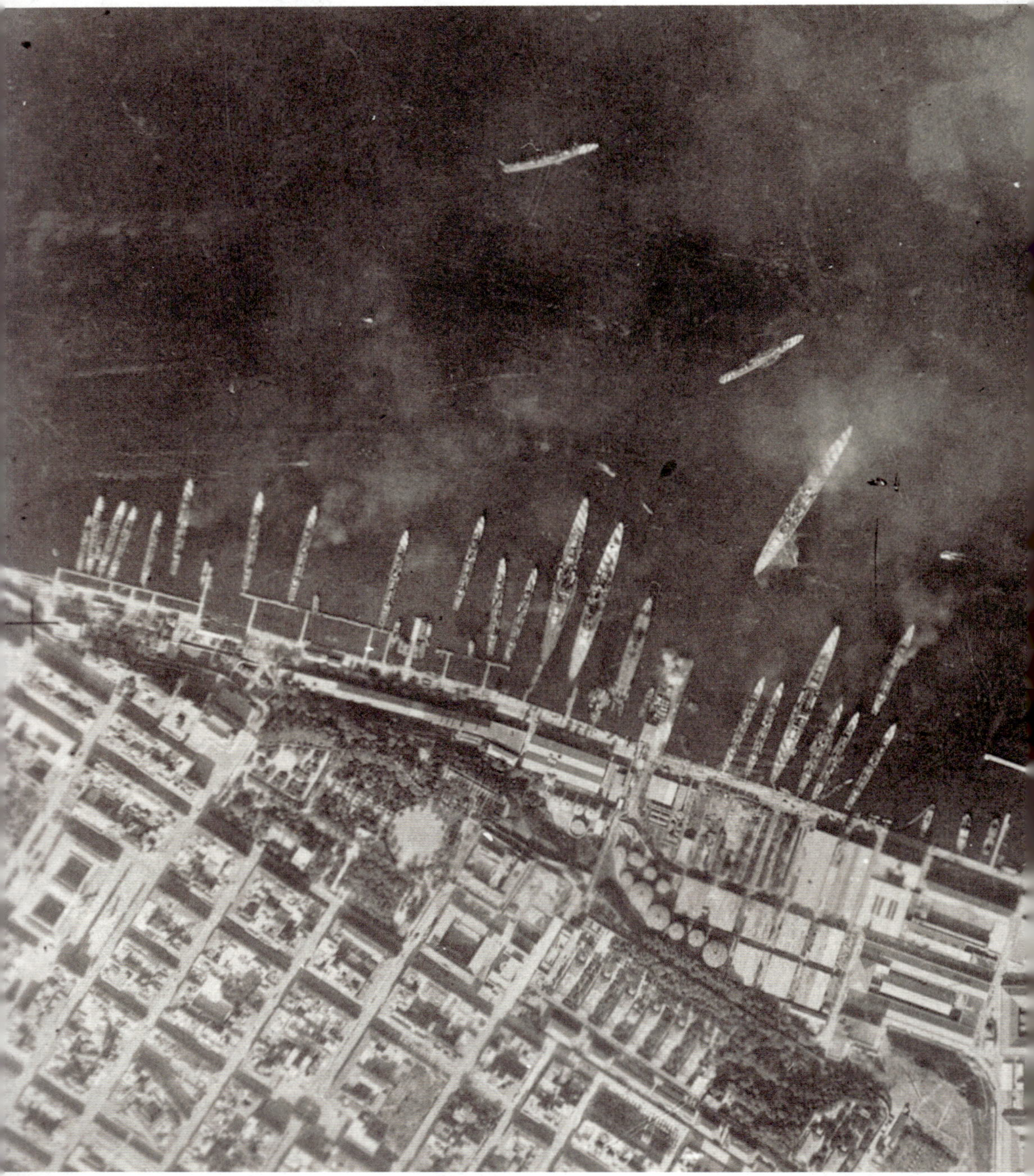

为这一缺陷而紧急迫降。另外，这款飞机只能携带共计500磅（266.79公斤）的高爆炸弹，远不足以造成重大破坏。意大利的燃烧弹也同样威力不足，意大利皇家空军在轰炸马耳他时发现了这一问题。当时，许多燃烧弹刚从炸弹舱投出，就在空中爆炸了。意大利标准的投弹瞄准器也非常落后，而且没有对讲机系统，飞行员和投弹员在进攻过程中无法直接交流。

拥有敞篷驾驶舱的菲亚特CR42“鹰隼”双翼飞机[13]是意大利皇家空军数量最多的战斗机。意大利无视其他国家技术发展，固守

1940年11月11日，菲尔利“剑鱼”飞机成功发动进攻之后，意大利舰队仍然泊锚在塔兰托。可以看到，内港有2艘被破坏的船只。当时，21架“剑鱼”飞机分两个波次发动进攻，第一波次用鱼雷弹攻击战列舰“加富尔”号及“利托里奥”号，第二波次用鱼雷弹攻击战列舰“杜里奥”号。“利托里奥”号也遭到进一步的破坏。由于这次进攻，意大利舰队半数军舰都失去了行动能力。后来“利托里奥”号和“杜里奥”号得到修复，“加富尔”号却再也无法出航。

自己的双翼飞机，而不选择单翼飞机，并坚称在空中缠斗中，飞机的轻巧和机动能力比速度、坚固性和火力更为重要。直至 1941 年下半年，马基 C202“闪电”飞机[14]（也就是“雷霆”飞机）才出现。该飞机相对来说速度更快，最高时速可以达到每小时 372 英里（598 公里），但武器装备不足。该飞机也使用德国制造的戴姆勒－奔驰发动机提供动力。

剑指马耳他

墨索里尼对这些缺陷熟视无睹，对麾下陆军和海军的装备缺陷也一样置若罔闻。他将大部分时间都用于斥责鲁道夫·格拉齐亚尼元帅——其前任伊塔洛·巴尔博元帅因为坚持不肯出兵入侵埃及而被撤换，后被己方防空部队误射，坠机身亡。另外，墨索里尼也在筹划入侵保持中立的希腊，并四处寻找下一个可以发动进攻的目标。

马耳他似乎自然而然地成为墨索里尼选择的目标。马耳他距离西西里岛只有 60 英里（96.56 公里），刚好在意大利皇家空军轰炸机的航程范围内，而且无疑是英国在地中海各基地中最弱的一环。另外，马耳他具有重要的战略意义，它位于从直布罗陀海峡到亚历山大港，以及从那不勒斯到的黎波里的主要航路的交叉点上。但是，意大利陆军最高指挥部却无意实施任何入侵行动，海军也是如此。这两个军种的参谋长——陆军元帅彼得罗·巴多利奥和海军上将多梅尼科·卡瓦那里，都极力夸大该岛上的防御力量，从而成功地扼杀了这一提议。但意大利皇家空军却有不同的想法，意皇家空军的飞行员曾经自信地向元首墨索里尼保证，称高空轰炸可以让马耳他“寸草不生”，因此实施地面进攻完全没有必要。

6 月 11 日，就在墨索里尼宣布开战后仅 7 个小时，意大利的轰炸机首先实施打击。接下来，意大利空军又发动 8 次空袭，攻击大港湾[15]和哈尔法机场（马耳他 3 个机场之一）。此时岛上的英国皇家空军只有 5 架菲尔利“剑鱼”鱼雷轰炸机，4 架“海上角斗士”飞机，以及 1 架德哈维兰 DH82B“蜂王”飞机[16]——其中“海上角斗士”都是被拆解后装箱运抵，正在匆忙组装当中，而“蜂王”只是一款用于防空射击训练的靶机。1 架“海上角斗士”不久后坠机，损伤过重无法修复，而剩下的 3 架是“信仰”“希望”和“慈善”（都是迅速拟定的名称），它们

1939 年 4 月，美国制造的马丁“马里兰”I 型[17]飞机的原型机正停在停机坪上。这款飞机原来由法国空军订购，打算作为轻型轰炸机服役。1940 年 6 月法国投降后，英国接管了订单中没有交付的飞机。开始时英国皇家空军认为，“马里兰”最适合用作远程摄影侦察机，并利用从马耳他起飞的“马里兰”飞机，对塔兰托港开展侦察，为后面“剑鱼”飞机对意大利舰队成功发动鱼雷攻击做好准备。“马里兰”飞机后期的一个改版，也就是“马里兰”II 型飞机，曾作为一款轻型轰炸机在北非服役了一段时间。

就是皇家空军目前可用于防御马耳他免遭意大利空中攻击的所有飞机。直至6月底，4架“飓风”飞机才抵达岛上。

在接下来的2个月内，意大利几乎每一天都在轰炸这座岛屿。开始时，意大利飞机是在高海拔飞行，没有护航，但不久之后，意军轰炸机的机组成员便要求战斗机提供保护。最后，他们完全放弃日间突袭，改为夜间进攻。意大利轰炸行动造成的损失相对比较小，英国皇家空军只有2架战斗机被击落。8月初，另外12架“飓风”飞机从航母“百眼巨人”号上起飞，加入岛

从空中拍摄的地中海岛国马耳他的首都瓦莱塔以及大港湾的照片。该照片可能是由从西西里岛飞过的敌方侦察机所拍摄。马耳他岛在1940年6月10日，也就是意大利参战后的第二天，首次遭到轰炸，到1942年11月突袭结束时，已遭受3343次进攻，意大利皇家空军和纳粹德国空军在该岛投下15000吨的炸弹。轴心国的计划是轰炸马耳他岛，使该岛物资断绝从而屈服，但岛上民众在面对旷日持久的空中包围战时表现出的勇气，为他们的祖国赢得“乔治十字勋章”。

94

上的战斗，以进一步减少损失。

侦察中心

很快马耳他将迎来最严峻的考验。1941 年 1 月，德国空军重兵压境。但在此之前，英国皇家空军曾派遣 3 架马丁“马里兰”飞机，前往该岛实施空中侦察任务。“马里兰”飞机是一种美国产双引擎轻型轰炸机，航程约为 900 英里（1448 公里），能够在 31000 英尺（9500 米）的高空飞行，非常适合执行这种侦察任务。皇家空军飞行员驾驶着这款飞机从马耳他起飞，飞越整个西西里岛、意大利内陆（最远飞至北部的热那亚）以及北非大部分地区，追踪敌军舰船在整个地中海东部地区的活动情况。布林迪西和塔兰托是这些侦察活动的主要目标，西西里岛上的主要目标是墨西拿和巴勒莫，而利比亚的主要目标则是的黎波里和班加西。

驾驶“马里兰”飞机到达马耳他的阿德里安·沃伯顿，很快成为整场战争中最著名的照片侦察飞行员。但他在英国皇家空军的职业生涯初期却动荡多变，曾因为拙劣的起飞技术和颠簸不平的降落技术，险些被赶出飞行学校。因此，他没有得到驾驶“马里兰”飞机去马耳他的许可，却被告知可以为其中一架“马里兰”飞机领航。后来，只是因为其他驾驶“马里兰”的飞行员在到达该岛之后，因为肠胃不适而丧失了作战能力，所以他才得到机会，再次以飞行员的身份飞到岛上。他很快就证明了自己非常适合航空侦察，而他大胆的举动也显示了他似乎无所畏惧。

进攻塔兰托

沃伯顿的第一次航空侦察，就是拍摄泊锚在塔兰托港中的意大利舰队。1940 年，该舰队拥有 6 艘战列舰、约 20 艘巡洋舰、61 艘驱逐舰、70 艘鱼雷艇，以及 100 多艘潜艇。法国投降之后，法国舰队化为乌有，意大利的舰队成为地中海地区最强大的海军力量。但意大利军舰并未配备雷达或声呐，而且也没有航母为其提供空中掩护，更为重要的是，其舰队总司令似乎非常不愿意离开港口，投入战斗。英国地中海舰队总指挥是海军上将安德鲁·坎宁安爵士，他决定将意军拖入战斗，但意军拒绝出航与其对阵，由此他认为最好的行动方案就是发动一次空中进攻。

沃伯顿受命侦察塔兰托，确定哪些船只停泊在哪里，在内港还是外港，并确定是否有防空拦截气球和防鱼雷网保护意军免受空中进攻。11 月 10 日，他进行了首次飞行，在恶劣的天气里，在目标上空进行两次

进攻塔兰托

英国地中海舰队的指挥官海军上将安德鲁·坎宁安爵士，对进攻塔兰托做了周密筹划。每个进攻波次中，有 2 架高空飞行的“剑鱼”飞机投下闪光弹，照亮意大利舰队，分散对方防空力量，剩下的飞机掠过水面，躲避防空拦截气球，对停泊中的意大利军舰发动鱼雷进攻。这次进攻最终大获全胜。坎宁安吹嘘道，他在一个小时内造成的破坏，比“大舰队”[18] 在 1916 年一天的时间里在日德兰半岛对德军造成的破坏更大。

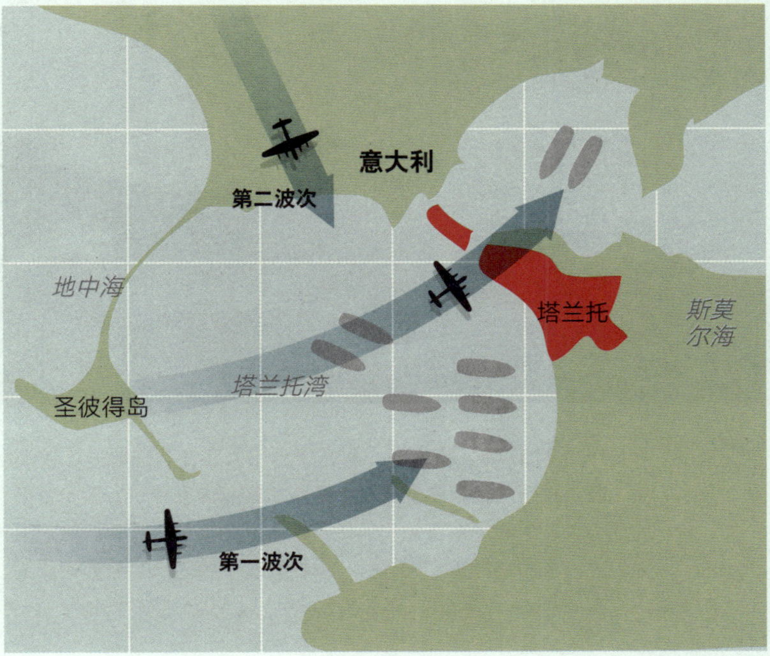

1939 年 11 月，意大利“利托里奥”号正在全速航行。该舰船和其姊妹舰“维托里奥·维内托”号比坎宁安舰队中所有的舰船速度更快，装备更精良。尽管有着这样明显的优势，意大利海军将领们还是不愿意发动攻势，当他们被迫这样做时，却以灾难性结果告终。在马塔潘角[19]近海，‘维托里奥·维内托”号和巡洋舰“波拉”号都遭到“鳍

鲔”鱼雷轰炸机的空中攻击。遭到重创的“波拉”号艰难地驶向港口，但最后还是在水中动弹不得。英国水面舰艇部队还击沉了意大利巡洋舰“费尤米”号和“扎拉”号，以及2艘驱逐舰。“波拉”号在其船员投降后遭到鱼雷攻击。

低空搜索。尽管防空炮火猛烈，他还是俯冲得更低以进行第三次搜索，然后发现了5艘战列舰、14艘巡洋舰和27艘驱逐舰，并将这些舰船的名字和精确位置记录下来。他飞得非常低，因此他驾驶的“马里兰”飞机在返回马耳他时，尾轮上还悬挂着某艘对方舰船上的无线电天线。他拍摄的照片中显示的信息，被传递给在“光辉”号航母（当时坎宁安的另外一艘航母“鹰”号，在行动中被损坏而需接受维修）上待命的鱼雷轰炸机的机组成员。

坎宁安爵士的计划非常冒进，特别是因为他依赖用于发动进攻的“剑鱼”鱼雷轰炸机，其实在战争爆发之前就已经过时。这些笨重的三人座双翼飞机，最高时速为138英里（222.09公里），飞行时笨拙且缓慢，很容易成为现代化战斗机的攻击目标，同时也很自然成为高射炮的攻击对象。另外，坎宁安一次只能召集21架此类飞机发动进攻。

“剑鱼”进攻

11月11日晚上，这场进攻仍在继续。“剑鱼”飞机分两个波次起飞，间隔大约一个小时。每个波次都是先由两架“剑鱼”高空飞行，投放照明弹以分散意大利探照灯和高射炮的注意力，剩下的飞机则低空掠过水面，躲避防空拦截气球，并向停泊的船只发射鱼雷。

第一波次首先攻击的对象是战列舰“加富尔伯爵”号，它在照明弹的照射下显示得一清二楚。一枚鱼雷击中舰艏，很快艏楼甲板就燃起大火。不久之后，该战列舰沉没。另外两枚鱼雷击中受损严重但仍浮于水面的“利托里奥”号。第一波次进攻后，除一架之外，其他所有“剑鱼”都安全返回“光辉”号航母。第二波次在午夜发动打击，意舰“杜伊利奥”号被击中，“利托里奥”号也进一步受创，这两艘战列舰在接下来的6个月内都失去了行动能力。尽管“加富尔伯爵”号被打捞起来，却再也没有出海。在塔兰托港上空，英国又损失了一架“剑鱼”飞机。

意大利超过一半的战列舰已经失去行动能力，现在地中海地区的海上力量对比已经变得有利于英国皇家海军。坎宁安吹嘘道，他在一个小时内让意大利人受到的损失，比海军上将杰利科所部“大舰队”在日德兰半岛让德意志帝国公海舰队受到的损失（这也是一战中规模最大的一次海上冲突）还要大。更为重要的是，主力军舰是否容易遭受空袭这个争执20年的问题，因为坎宁安的胜利而有了定论。但对于英国和美国来说，不幸的一点却是，日本将塔兰托的教训铭记于心，并将其应用于珍珠港和马来亚近海——届时日军飞机迅速击沉“威尔士亲王”号和“反击”号。

希特勒对这位盟友最近在军事上的无能之举大为光火，墨索里尼进攻希腊的决定令他焦虑万分，但他向这位意大利领袖发出的警告却被完全忽视。后来，他的预感被完全验证。几周之内，装备落后、准备不足、领导无方的意大利军队被迫后撤，沿着前线退回到阿尔巴尼亚，而塔兰托的对峙成了“压死骆驼的最后一根稻草”。1941年1月，德国空军大规模抵达西西里岛。旷日持久的马耳他空中包围战即将拉开帷幕。

注释

[1] 这里指墨索里尼。

[2] 这里的“我们的海”，是指罗马尼亚语中的地中海。

[3] 格罗斯特“角斗士”双翼飞机，是（1917年建立的）英国格罗斯特飞机公司研发的一款双翼战斗机，也是皇家空军使用的最后一款双翼飞机。

[4] “莱桑德”部队侦察机，是（1935年建立的）英国威斯特兰航空公司研发的一款部队合作和联络型飞机。

[5] “孟买”飞机，是（1910年建立的）英国布里斯托飞机公司研发的一款部队运输机，也被皇家空军用作中型轰炸机。

[6] “瓦伦提亚”飞机，是英国维克斯·阿姆斯特朗有限公司在20世纪20年代研发的一款水上飞机。

[7] “韦尔斯利”飞机，是英国维克斯·阿姆斯特朗有限公司在20世纪30年代研发的一款轻型轰炸机。

[8] “哈特”飞机，是（1920年建立的）英国霍克飞机有限公司研发的一款双座轻型轰炸机。

[9] “哈特比斯特”飞机，是英国霍克飞机有限公司生产的“哈特”飞机的一个改版，被出口到南非。

[10] 萨瓦–马尔凯蒂SM79三引擎飞机，是（1915年建立的）意大利萨瓦–马尔凯蒂飞机制造公司研发的一款三引擎中型轰炸机。

[11] 阿比西尼亚，即埃塞俄比亚。

[12] 菲尔利“剑鱼”I型飞机，是（1915年建立的）菲尔利航空有限公司研发的一款双翼鱼雷轰炸机。

[13] CR42“鹰隼”双翼飞机，是（1908年建立的）意大利菲亚特航空公司研发的一款单座双翼战斗机。

[14] 马基C202“闪电”飞机，是（1912建立的）意大利马基飞机制造公司研发的一款战斗机。

[15] 大港湾，也叫瓦莱塔港，是马耳他岛上的一处天然港湾。

[16] 德哈维兰DH82B“蜂王”飞机，是（1920年建立的）德哈维兰飞机有限公司

研发的一款双翼飞机。

[17]　马丁“马里兰”I 型飞机，是（1912 年建立的）美国格伦·马丁公司研发的一款中型轰炸机。

[18]　大舰队，由英国海军于 1914 年组建，曾是人类海战史上最强大的舰队之一。

[19]　马塔潘角，是地中海伯罗奔尼撒半岛的一处海域。

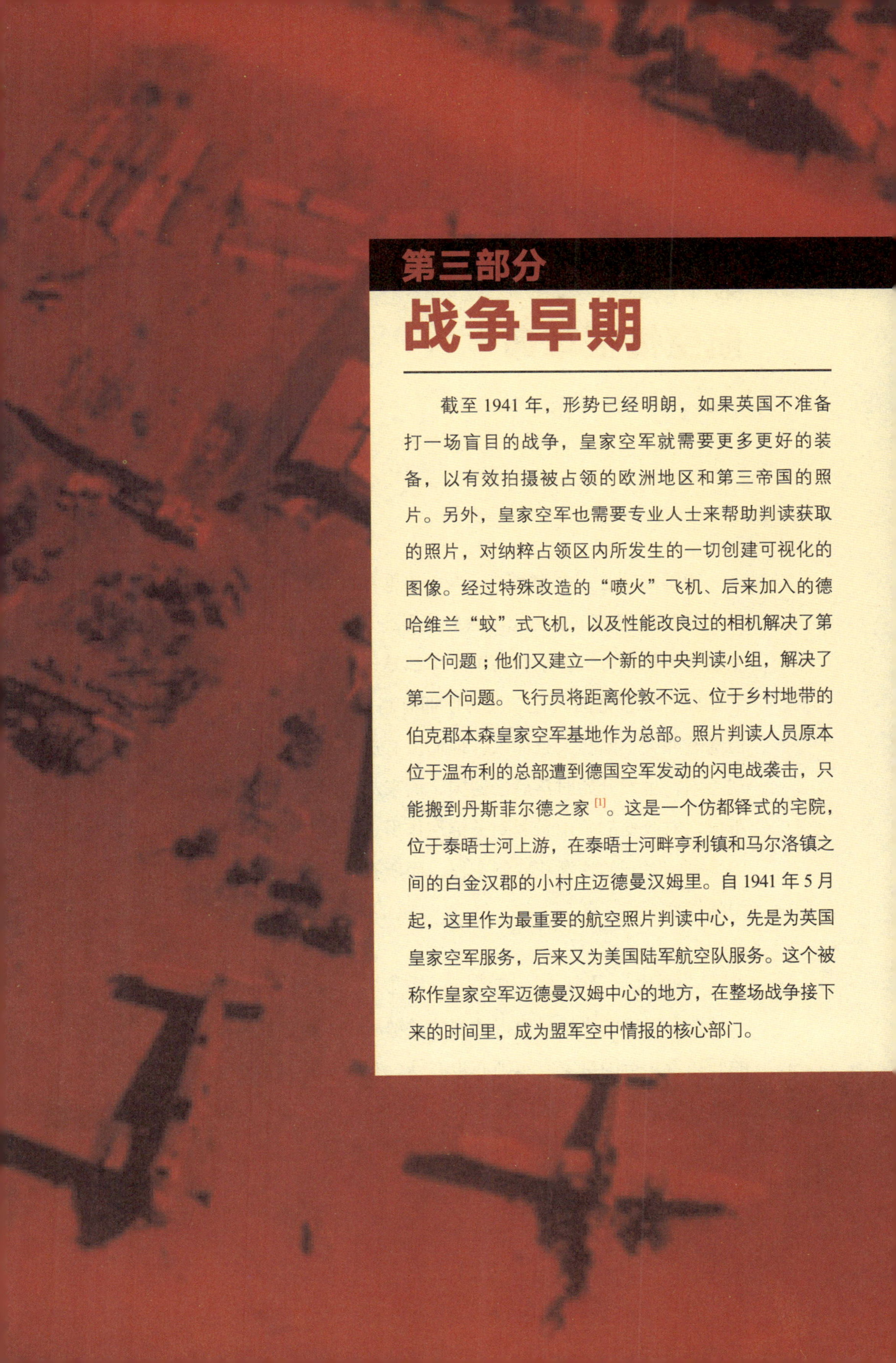

第三部分

战争早期

截至 1941 年，形势已经明朗，如果英国不准备打一场盲目的战争，皇家空军就需要更多更好的装备，以有效拍摄被占领的欧洲地区和第三帝国的照片。另外，皇家空军也需要专业人士来帮助判读获取的照片，对纳粹占领区内所发生的一切创建可视化的图像。经过特殊改造的“喷火”飞机、后来加入的德哈维兰“蚊”式飞机，以及性能改良过的相机解决了第一个问题；他们又建立一个新的中央判读小组，解决了第二个问题。飞行员将距离伦敦不远、位于乡村地带的伯克郡本森皇家空军基地作为总部。照片判读人员原本位于温布利的总部遭到德国空军发动的闪电战袭击，只能搬到丹斯菲尔德之家[1]。这是一个仿都铎式的宅院，位于泰晤士河上游，在泰晤士河畔亨利镇和马尔洛镇之间的白金汉郡的小村庄迈德曼汉姆里。自 1941 年 5 月起，这里作为最重要的航空照片判读中心，先是为英国皇家空军服务，后来又为美国陆军航空队服务。这个被称作皇家空军迈德曼汉姆中心的地方，在整场战争接下来的时间里，成为盟军空中情报的核心部门。

第 11 章
航空情报革命

德国陆军总司令维尔纳·冯·弗里奇将军曾在 1938 年预测："拥有一流侦察部门的军事组织将会打赢下一场战争。"几乎无人怀疑，在航空侦察和摄影方面，纳粹德国空军都是一马当先。但事实证明，情况并非如此。尽管德国人在二战初期拥有高效的航空侦察和照片判读体系，但随着冲突不断扩大且深入，他们没有进一步发展或改善这一体系。反观英国，虽然开始时落后于德国，后来却掀起了航空摄影和航空情报的革命，对改变战争前景起到关键性作用。面对日益窘迫的德国空军，英国皇家空军开始逐渐获取制空权，而所有这一切都离不开摄影间谍在空中的探察工作。

"喷火"飞机和"蚊"式飞机

选择正确的飞机是取得胜利的关键所在。西德尼·科顿是这个方面的开拓者，英国皇家空军则亦步亦趋。有着多种侦察型号的"喷火"飞机被皇家空军选中，成为摄影侦察中队的主力机型。这种飞机不携带武器（一款保留最初 8 架机枪的低空飞行"喷火"飞机除外），主要依靠速度和高度来确保自己的安全。

在整场战争中，“喷火”侦察机家族的表现一直稳步提升。战时的最后一款机型就是“喷火”XIX型飞机，它的时速比科顿PR1A快了100英里（160公里），高度超出2英里（3.22公里），航程是科顿飞机的4倍。“喷火”XI型飞机是这款性能卓越的飞机中数量最多的一款，已经生产了471架，时速达到422英里（679.14公里），服役期间实用升限可达44000英尺（13411米），最大航程超过2000英里（3222公里）。

和“喷火”飞机一样性能卓越的，还有德哈维兰公司生产的双引擎DH88“蚊”式飞机，这款飞机可能是皇家空军在整场战争中投入的性能最好的综合性摄影侦察机。1941年6月2日，第一架此款飞机，也就是PR1飞机交付皇家空军。接下来又有7架不同的改装版交付皇家空军。“蚊”式飞机的机体为木质，使得其在空中能够迅速、敏捷并且非常轻巧地机动，可以快速飞行，有时比“喷火”的速度还要快，航程是“喷火”的2倍。到1942年初，以英国为基

德哈维兰“蚊”式飞机DH98

类型：轻型轰炸机、侦察机、夜间战斗机和战斗轰炸机

机组成员：2人

长度：41英尺2英寸（13.57米）

翼展：54英尺2英寸（16.52米）

速度：每小时415英里（668公里）

航程：1300英里（2400公里）

杰弗里·德哈维兰设计的“蚊”式飞机极具颠覆性，是二战期间生产的功能最多的飞机之一。该飞机在1940年获得官方许可，次年作为一款摄影侦察机首次执行任务。这款飞机后来有多个改版，包括轰炸机、夜间战斗机和战斗轰炸机。纳粹空军用沉重的代价证明，这款飞机速度快、航程远、飞行高度高，几乎不可能被击落。

地的“蚊”式飞机定期执行任务，最远可达挪威北部、东普鲁士和意大利北部。

“喷火”飞机的体型不大，但其机身足以容纳各种配置的相机，相机还可以安装在机翼上，提供倾斜的摄影覆盖角度。相机在飞机机身的安装点位于油箱中心线后方。相机都是双倾斜垂直摄影相机，安装了最大镜头。“蚊”式飞机的机身更为宽大，因此也可以容纳任何配置的相机。这种飞机上最常安装三台相机，即一台单独的短镜头区域搜集相机

这架马克 XVIII 型“蚊”式战斗轰炸机[2]经过特别改装，适合低空进攻，并且装备了一门 6 磅机炮（57 毫米口径加农炮）。这个改版被证明在应对德国 U 型潜艇和水面舰船时特别有效。例如，1945 年 4 月 9 日，马克 XVIII 型飞机快速连续击沉 3 艘前往挪威的 U 型潜艇。在其他的马克“蚊”式轰炸机中，最有名的就是 BXVI 飞机，它在精确打击目标方面十分出色。此类飞机最为重要的作用之一，就是作为轰炸机司令部重型轰炸机中队的“探路者”。

和两台长焦距相机，它们都是双倾斜垂直相机，可以拍摄到有关特定目标的更多细节信息。对于前方的倾斜物体，可从机首或翼端进行拍摄，以获取立体图像。

有些安装点是机组人员可以接触的，例如“蚊”式飞机可以搭载一名领航员和一名飞行员，这意味着他们可以在飞行中更换底片盒。这样一来，获取的照片数量也就显著增加。

照片底部文字：你可以在最近的招募中心或职业介绍所了解全部信息。

这是一张招募海报，目标是吸引英国女性积极自愿加入本土辅助服务团[3]和空军女子辅助团[4]工作。1940年9月，第一批空军女子辅助团工作人员，来到当时还是皇家空军照片判读总部的温布利。最初她们是绘图人员，负责将侦察机的飞行路线与这些飞机拍摄的照片合并到更大的地图上，制作出综合性的航空图，但总部很快发现她们可以接受训练，成为成熟的照片判读人员。

侦察路线

如果天气晴朗，侦察飞行员通常会在一天内飞行多个侦察架次。例如，为筹备1944年的诺曼底登陆行动，许多飞行员在高峰时期平均一天飞行8个架次，他们带回的每卷胶卷最多可以冲洗500张。皇家空军迈德曼汉姆中心的工作人员数量也迅速增长，最开始共有114名军官和117名其他工作人员。到战争结束时，该部门共有约550名军官和3000名其他工作人员，里面包括很多美国人。

该部门的员工主要是科学工作者和专业学者，其中还有一小部分是女性——他们中有一些是英国最优秀的人才。在诺曼底登陆之前被派往迈德曼汉姆任职的陆军照片判读人员杰弗里·斯通回忆称，那个地方并不像一个“管理刻板的军事组织”，“更像一个学术机构，里面全是身着制服的平民”。被招募到迈德曼汉姆工作的首位剑桥大学考古学家格林·丹尼尔，将自己的新同事描述为“一群极度散漫的人，有大学教师、艺术家、芭蕾编舞人员、新闻编辑和作家”。但是，他们对自己新工作所做出的贡献确实毋庸置疑。

诸如丹尼尔这样的考古学家倍受器重，因为他们能够将细小的信息碎片拼在一起，形成一幅综合性的情报图景。剑桥大学迪士尼考古学教授[5]多萝西·加罗德也加入迈德曼汉姆，成为空军女子辅助团的成员之一。她后来成了一名科室主任，也成为迈德曼汉姆的专家，擅长利用铁路调动供给和军队。勘探人员和地质学家也同样受到重视。很多人在和平时期所积累的经验，此时变得异常宝贵。康斯坦丝·巴宾顿·史密斯战前曾经是《飞机》杂志[6]的记者，现在是空军女子辅助团的一名年轻成员，曾因为第一个发现第三帝国最高机密V1飞行炸弹而声名鹊起。

但并非所有人都能如鱼得水。空军女子辅助团中的伊丽莎白·约翰斯顿－史密斯当时 19 岁，她在接受训练后成为迈德曼汉姆中心的照片判读人员，她却说这个地方“有种守旧者、中年人的感觉”，自己一点也不喜欢。这里工作时间长，任务繁重，压力持续不断。一年到头，每天工作都要不分昼夜地持续开展。为应对这些压力，迈德曼汉姆人员采取轮班制。对于白天工作的人员来说，工作 12 小时，休息 24 小时。夜班人员则要从晚上 8 时工作到次日早晨 8 时，然后休息 36 小时。

培训照片判读人员

所有来迈德曼汉姆任职的准判读人员都必须学习一项入门课程，无

照片中，空军上尉威廉姆斯正在展示一台巨大的威特 A5 摄影测量机。这次展示给参观皇家空军迈德曼汉姆中心的人员留下深刻的印象。战前不久，飞机运营公司从瑞士引进的第一台威特机运抵英国。西德尼·科顿利用这台机器，使得照片判读人员可以从高海拔拍摄的小比例尺照片中，搜集到更多的军事信息。这台机器中可以嵌入 2 张连续的航空照片，也就是一个立体像对。操作人员透过双目镜，可以看到一个立体影像和一个浮动点，并对后者进行机械控制，沿着轮廓和等高线进行描绘。

人可以例外，就算曾有过工作经验也不行。战前曾经在飞机运营公司任职并且与西德尼·科顿共事过的道格拉斯·肯德尔，受命负责规划这门课程。后来，这项工作由空军少尉艾尔弗雷德·史蒂文森接替。截止到战争结束，他总共成功培训了1300名准照片判读人员。

该入门课程要持续2周，在这段时间里，受训人员可以学习到优秀照片判读人员应该掌握的各种技巧，但有些技巧，诸如耐心、关注细节以及良好的视觉记忆，则无法教授。成功的判读人员还必须拥有解决通常看似棘手问题的思维习惯。这门课程先是让受训者学习如何从高空识别地面物体，例如，如何区分铁路与公路，如何区分战斗机跑道和轰炸机机场，接下来向受训者介绍立体视图[7]的知识。受训者还要学习如何处理立体视觉照片，即“立体照片”[8]。能被纳入立体照片的两张影印图像就被称为“立体像对”[9]。

从三维的角度来观察地面物体，使识别工作变得更为容易，同时也使得对这些物体展开测量的工作成为可能。理论上说，第一步就是确定出照片的比例尺。尽管很多人仍觉得使用计算尺时很难把握其中的错综复杂性，但一旦这个工作完成，照片中每个物体的尺寸都是可以计算的。最后，这些照片判读受训者还学习如何找出具有军事意义的物体，特别是学习找出一些警告标志，从而发现意想不到的敌方活动。

照片判读工作

实际的照片判读工作分为若干步骤或阶段。第一阶段应该在照片被冲洗和打印出来后尽快开展，目的在于发现紧急军事情报。第二阶段是紧接着开展分析。这是一个更为复杂的过程，需要一个大规模的团队来检查照片中更多的细节，此团队所发现的信息是皇家空军迈德曼汉姆中心每天生产报告的基础，总结了敌方活动的方方面面。

第三阶段是了解敌方具体战争准备情况的关键所在。这是由特定的专业科室来从事进一步的照片分析。A 科处理敌方的船运情况，该部门拥有诸多材料来完成这项工作。自 1941 年以来，如果天气状况允许，纳粹占领欧洲的每个港口每周至少会被拍摄一次。该部门的重要人物之一是戴维·布拉奇，他也曾就职于飞机运营公司，后来到迈德曼汉姆中心工作。他的成绩之一就是发现了德国新型驱逐舰。但他真正的专长是监视德国 U 型潜艇的建造工作。他曾通过仔细地记录建造过程的每个阶段，积累了足够的证据，推断出德国未来一年可以建造多少艘新的 U 型潜艇。例如，1941 年早期，他就预测到当年年底时 U 型潜艇的产量会翻倍。这份报告会直接提交给海军情报部门的最高层，然后交给各军种参谋长，最后送达战时内阁，丘吉尔本人会看到。

C 科负责研究敌方的机场，E 科的主要精力放在识别敌方所有伪装方面，F 科的注意力集中于探查铁路、公路、河流和运河的交通运输情况，L 科专门从事飞机的识别，而 N 科则专注于夜间摄影。其他部门主要负责确定敌方工业、陆军营地以及轰炸机等目标，同时从事战损评估等工作。在战争的整个进程中，没有其他任何一个交战国能够建立这样一个精密、复杂的空中情报行动机构。

特别是 C 科，承担的是一项极其辛苦的任务。纳粹德国空军仅在法国和低地国家就有 400 个空军基地，还有数百个空军基地分散在地中海地区。判读人员首先要做的就

一架沃特 SB2U“维护者”飞机[10]从美国航母“游骑兵”号上起飞。该飞机正在一个前往开普敦的护航编队中执行反潜巡逻任务。问题是，直到战争后期，只有少数航程远、可执行远程护航任务的飞机能被用于大西洋海战，而“轰炸机男爵”又坚决拒绝派出任何飞机协助完成这项工作。于是，德国海军元帅邓尼茨的U型潜艇群狼战术很快就抓住机会，占据了优势。仅在1942年，德军就击沉了1661艘商船。

是，确定哪架飞机是从哪个空军基地飞出来的。例如，纳粹德国空军的战斗机多半从配有简易草坪跑道、规模更小的空军基地飞出，而轰炸机和运输机通常都需要更长的正规水泥跑道，以确保起降时不会损伤飞机。

当然，这绝不是C科需要耗时完成的所有观察工作，判读人员还需要监视机场扩建的迹象，特别是新机库和飞机滑行道的修建、跑道的扩建以及跑道照明线路的建造等活动情况。他们必须能够认出现有的飞机类型，并在新机型出现时及时发现它们。通常来说，这些修建活动都可能预示着新机型的到来。例如，1944 年，当德国空军开始准备列装第一批喷气式飞机时，该部门的判读人员不仅发现机场跑道被加长，还发现德军新建了临时燃料库以适应新机型的需求。根据这一点，他们继续预测，理论上德国能够部署喷气式飞机的大致数量。

只有最具才华的判读人员才被认为适合从事第三阶段的分析工作，康斯坦丝·巴宾顿·史密斯就是其中之一。她是第一个在前往测试途中发现 V1 飞行炸弹的判读人员，同时也是第一个发现 Me163 火箭战斗机[11]、世界上第一架喷气式战斗机 He28[12]以及具有革命意义的双引擎喷气式战斗机 Me262[13]（英美的飞行员非常幸运，因为希特勒坚持将这款飞机重新设计成战斗轰炸机后再部署）的人员。此外，她和她的团队还发现了其他德国原型机的绝密信息。

巴宾顿·史密斯在 L 科的照相探查工作受到不止一人的表扬，其中就有空军上校弗兰克·惠特尔，他也是最早发明喷气发动机的人。弗兰克在皇家空军迈德曼汉姆中心拜访了她，而就在这里，他似乎对这位空军女子辅助团的军官一见钟情。巴宾顿·史密斯后来发现，弗兰克极力从她的同事那里打听她使用什么香水。其实她用的是法国娇兰的“蓝色时光”，这是一款高级的法国香水，在战时的英国很难找到。巴宾顿·史密斯说，她之所以喷这种香水，是为了中和掉制服上的阳刚之气。

地图和模型

制作地图是皇家空军迈德曼汉姆中心活动的另外一个重要部分。每次摄影侦察飞行的路线以及沿途所拍照片的轮廓图，都必须描绘在小比例尺的地图上，将拍摄到的（通常是反复拍摄的）内容永久地记录下来，当然需要记录的还有拍摄时间和地点。时间和地点尤其重要，因为判读人员需要将所有照片合并，才能进行比对。

这是一项精细的工作，需要高超的技巧和对细节的高度关注。一般来说，一流的制图人员一个小时内能绘制约 100 张照片。完成的标图都经过裁剪，然后嵌入主图中以备日后参考。原始的影印照片都被送到迈德曼汉姆的摄影图书馆里，这里收藏了数量庞大的摄影照片集，而在战争即将到达高峰期之际，照片以每月 100 万张的速度增长。

“喷火”和“蚊”式侦察机拍摄的长卷底片也被存贮在这个巨大的图书馆里，需要时，可以要求对这里的照片进行重新影印。柯达公司的巨型“威廉姆森”多功能打印机可以加快这个过程。如果这台机器全力工作，可以在一个小时内打印 1000 张照片。这里的图书馆员（共有 275 人）吹嘘道，他们可以在几分钟之内找到并影印出欧洲任何地方的照片。截至 1944 年，他们一个月内可以复印 14 万张照片，到战争结束时，他们存储了约 700 万张所有主要前线照片的复印件。

V 科负责建模。该部门原来位于丹斯菲尔德之家的地下室，后来这个地方被改装成木工车间，但该部门很快又从这里扩展到分散于地面上的其他建筑物里。杰弗里·迪利是一位成功的雕刻家，也是建模工作的负责人。其他建模人员还包括著名艺术家艾伦·索雷尔和著名银器匠莱斯利·德宾。

一位制模人员正在展示一张模型地图。该地图是皇家空军迈德曼汉姆中心为诺曼底登陆行动所做的准备工作之一。他们一共制作了三种模型地图：小比例尺的模型地图展示了法国北部大片区域的地形和关键交通设施；中比例尺的模型地图详细展示了几段长约 12 英里（19.31 公里）的海岸线的情况；大比例尺的模型地图可在向伞兵和滑翔机登陆部队进行简报时使用。

该部门将送来的航空照片作为参考，用以精心构建三维模型。最初，建模人员只要建造有关船只、飞机、坦克和其他军事交通工具、军事设施、其他建筑物，以及铁路机车和铁路货车的单一模型，这些模型可用以指导新手照片判读人员开展识别工作。但是，很快建模人员就变得更加雄心勃勃，他们开始建造整块地貌模型，最大可达 20 平方英尺(1.86 平方米)。山崖、海滩、港口、港湾、大坝和雷达站等特定建筑群，都按照比例尺精确建造。这些都是建模者利用技艺取得的成功。

这是迈德曼汉姆中心制作的诸多模型之一，是德国维尔茨堡雷达站的详细模型。该雷达站位于法国勒阿弗尔市附近安提菲角[14]旁的圣布鲁纳瓦尔村内。该模型是以驻扎在皇家空军本森基地的第一摄影侦察组所拍摄照片为基础制作出来的，被用来提供领航简报，供 1942 年 2 月 27 日对该地点进行夜间空袭的第 1 空降师使用。当时，执行第一次侦察任务的飞行员托尼·希尔发现了维尔茨堡的天线，他说，这看起来就像“一个碗形的电子火炉”。

建立模型

每个模型的构建步骤如下。首先，建模人员要利用裁剪下来的硬纸板，在底板上层层搭建起整块地形的精确模型。他们可以利用地图作为另外的参考，当作照片的补充。然后，他们会用橡胶或塑料盖住层层叠叠的裁剪物，创造出更为逼真的效果。

接下来的步骤更为复杂，就是在模型上制作垂直航空照片的马赛克镶嵌图。这是个技术活儿，通常都意味着要裁剪几张照片，从而给模型一个被称之为照片“皮肤”的东西。“皮肤”要经过影印，以模拟真实地貌的样子，河流、公路、田地、森林和树木一应俱全。最后，建模人员会单独制造重要设施或建筑物的单个模型，然后仔细安插到位。在这个过程中的每个步骤里，第三阶段的专家都会审查并复核建模人员的工作，以确保正在建造的模型尽可能精确。

到战争结束，迈德曼汉姆的建模人员已批量生产出 1400 多个模型。有些模型做得格外精细，诸如默讷河大坝、埃德尔大坝和索佩大坝的模型，在 1943 年“大坝破坏行动”实施空袭之前，这些模型可以用来向行动参与者提供简报。轰炸机司令部极其依赖这些模型，《大坝破坏行动》[15] 一书的作者保罗·布利克希尔称，参加这次突袭的机组成员都被要求“看看这些模型，直至眼睛凸出，将拍摄到的每个细节都印在脑海里，然后你可以离开，根据记忆将它们画下来，再返回，检查你的画作，更正它们，再离开，再画下来，直至得到完美的画作”。

有时，机组成员在记忆这些模型时需要亮光，以精确重现皓月当空时某地点看起来的样子。V 科接受的最重大任务，就是建造 97 个诺曼底海滩的模型，为 1944 年 6 月实施的诺曼底登陆行动做好准备。“霸王行动”筹划者要求提供大量模型，为此，建模人员从原件中制作出塑料模子，按照要求生产相应数量的模型。

英国人和德国人都特意建造诱骗地点，用以欺骗空中的间谍飞机，将对方的轰炸机从真实的目标上引开。比如，照片中拍到的这些诱骗地点，看起来像是苏格兰的斯利弗尔诺斯和克拉蒙德[16]的古迹遗址，英国人称这项工作为“海星行动”。第一次“海星行动”的欺骗地址于1940年12月建成。到战争结束为止，英国共建造了237个假目标，保护了81个城市、工厂和其他潜在目标。德国人在这方面比英国做得更多，他们的一项主要工作，就是将英国轰炸机司令部的注意力从柏林引开。

识破诱饵

随着英国皇家空军的轰炸攻势愈发猛烈，德国人试图设置数百个假目标，以分散皇家空军轰炸机的注意力。这一做法也并非德国首创，英国早在实施“海星行动”[17]时也做过同样的事，意图在闪电战期间欺骗德国空军。德国的计划在一段时间里起到了作用，直至杰弗里·丁布尔比开始研究位于鲁尔山谷和莱茵河一线乡村地区的皇家空军主要目标时，发现在田地里有数百个弹坑。德国人通过点火来制造诱饵，诱使英国轰炸机向这些弹坑投放炸弹。

这是个很容易犯的错误。许多轰炸机司令部的机组成员都在预计时间内到达，针对目标开始轰炸，这种精确性最终却带来极不精确的结果。从约 20000 英尺（6100 米）的高空向下看，德国人放置的火堆很容易被误认为是燃烧中的建筑物。后来，丁布尔比成为迈德曼汉姆新部门 Q 科的负责人，受命解决德国设置多个假目标的问题。该部门迅速开展工作，仅在德国的科隆市，他们就迅速发现 17 个不同的假目标。

德国人甚至尝试一项异常艰巨的任务，即伪装首都柏林。作为柏林市最重要地标的东西轴线，表面被喷上深绿色的漆，与周围的蒂尔加滕森林公园浑然一体；顶上覆盖着钢丝垫，用绿色材料混编而成，看起来和植被一样；然后在目标表面相当长一段距离范围内，将这些钢丝垫紧密地排列起来。在汉堡市，主要火车站上方都有一个形状类似小山丘的假顶。尽管如此，判读人员发现，相比在空中裸眼识别，这种伪装在照片上更容易被看出来，因为伪装地区看起来与周围的实际景色还是存在差别的。通过比较照片，就可以让这些伪装完全暴露。空军女子辅助团的军官莫莉·“汤米”·汤普森领导的就是 E 科，其主要任务是告诉判读人员应该注意什么，如何识别目标。

在德国的伪装计划中，假机场特点显著，通常与真正的机场距离很近，并且摆满了假飞机，希望进攻的飞机能够受骗，对其投弹和实施猛烈炮轰。这些假目标通常都非常逼真，有经验的判读人员有时也很难将它们与真目标区分开来。油库和油箱通常都被裹上一圈伪装网，让它们看起来像田地。德国人还使用了烟雾弹，既为隐藏真实的目标，也为了制作诱饵。尽管德国人做了很多努力，但绝大多数的轰炸机并没有中计。

注释

[1] 丹斯菲尔德之家，是英格兰伯明翰郡的奇尔特恩丘陵地区的一个乡村小屋。

[2] 马克 XVIII 型“蚊”式战斗轰炸机，是德哈维兰飞机制造有限公司研发的一款战斗轰炸机，也是 DH98“蚊”式飞机的改版。

[3] 本土辅助服务团，建于 1938 年 9 月 9 日，是二战期间英国陆军内部的一个女性部门，最初只是一个女性志愿服务机构。1949 年 2 月 1 日，该机构被并入女子皇家陆军部队。

[4] 空军女子辅助团，是英国二战期间在皇家空军内部设立的一个辅助性志愿机构，建于 1939 年，成员都为女性。高峰时，有超过 18 万名成员，每周还会有超过 2000 名女性应征入团。

[5] 迪士尼考古学教授，是一种考古学教授职位。

[6] 《飞机》杂志，是英国人理查德·瑞丁于 1911 年创立的一本航空周刊，主要关注航空发展的历史和航空保护。

[7] 立体视图，是让观察者分别用左眼和右眼观看两张同样的照片，从而在头脑中形成三维立体影像的方法，可以通过双目镜观测或实体观测的方式，创造或提高影像的

立体效应。

[8] 立体照片，是用两台相机拍摄出的一种照片。将右边拍摄的影像（通常是红色）和左边拍摄的影像（通常是蓝色）叠加起来，通过特殊的色彩滤镜，就能看到三维的效果。

[9] 立体像对，简称像对，是从两个不同位置对同一地区所拍摄的一对照片，使用立体观测法和专用的工具，可以在像对重叠影像部分，看出所拍摄目标的立体视图模型。

[10] 沃特 SB2U“维护者”，是美国沃特公司在 20 世纪 30 年代为美国海军生产的一款舰载俯冲轰炸机，在二战爆发时已经过时。

[11] Me163 飞机，是德国梅塞施米特飞机制造公司研发的一款火箭助推的战斗机。

[12] He28 飞机，是亨克尔飞机制造公司研发的一款飞机。

[13] Me262 飞机，是梅塞施米特飞机制造公司研发的一款战斗轰炸机，也是世界上第一架喷气式战斗机。

[14] 安提菲角，是法国北部诺曼底地区滨海塞纳省的一个城镇。

[15]《大坝破坏行动》，是保罗·布利克希尔撰写的一本有关 1943 年“惩罚行动”的书，1951 年出版。

[16] 斯利弗尔诺斯和克拉蒙德，都是苏格兰爱丁堡市郊的小村庄，位于奥蒙德河河口。

[17]“海星行动”，二战时英国在德国发动闪电战期间，开展的大范围设置夜间假目标的活动，旨在模拟燃烧中的英国城市，将德国夜间轰炸机的注意力从主要目标上引开，让德军将炸弹投放在英国的乡村地区。

第 12 章
纳粹海军

虽然由于 1940 年挪威战役中希特勒要求做出牺牲[1]，纳粹海军元气大伤，在舰队交战行动中无法与皇家海军比肩，但它仍然是英国跨越大西洋生命线所面临的潜在威胁。保持海上航路开放对于这个岛国的生存至关重要。虽然海军元帅卡尔·邓尼茨的 U 型潜艇在数量上不足以彻底赢得大西洋的战斗，但一直都在构成威胁，在一个月内已经击沉数千吨船只。如果海军元帅埃里希·雷德尔强大的水面舰艇，即战列巡洋舰“沙恩霍斯特”号和“格奈兹瑙”号，以及战列舰“俾斯麦”号和“提尔皮茨”号（如果它们也做好出海准备的话），都突围进入大西洋，结果将是灾难性的。而纳粹海军的袖珍战列舰[2]“斯佩伯爵海军上将”号也让人们看到，如果一艘破袭舰[3]下定决心的话，可以达成怎样的战果。

“沙恩霍斯特”号和“格奈兹瑙”号

这些强大的、现代化的军舰停泊母港时，展现出的是一种迫在眉睫的威胁，而非一种将要到来的危险。摄影侦察是唯一一种可以密切监视它们的方法。所以，当英国海军发现“沙恩霍斯特”号和“格奈兹瑙”号都于 1940 年 11 月 27 日驶出基尔港，毫无疑问警钟在英国海军部鸣响，他们害怕的事情完全成为现实。3 个月内，“沙恩霍斯特”号击沉 8 艘商船，而“格奈兹瑙”号击沉 12 艘，大约有 12 万吨的英国船只被击沉至大西洋海底。

直到 1941 年 3 月 28 日，这两艘战斗巡洋舰（海军称之为“丑陋姐妹”）再次被从英国康沃尔郡圣伊瓦起飞的“喷火”摄影侦察机发现。空军少尉戈登·格林在极度恶劣的天气条件下飞行，在被云层覆盖的布雷斯特上空，利用阴云破开的短暂空隙，两次快速地飞过港口上空，在德国防空炮火的猛烈攻击下，带着拍好的照片安全返航。

皇家空军快速做出反应。“喷火”对该港口实施了几乎不间断的监视，轰炸机司令部和海岸司令部在夜间对布雷斯特发动闪电战，有时也会在白天发动，己方损失非常惨

这是英国皇家空军空中侦察拍摄到的航空照片。照片显示，战列巡洋舰“沙恩霍斯特”号仍然停留在基尔市的干船坞中。照片中间靠下的地方有个箭头，标记出它的精确位置。虽然“沙恩霍斯特”号和其姊妹舰“格奈兹瑙”号都在“刻耳柏洛斯行动”[4]中遭到损坏，但它们仍然成功地从布雷斯特市脱身，于 1942 年 2 月通过英吉利海峡返航，与它们一起返航的还有跟随“俾斯麦”号、在大西洋突击任务中遭遇挫败的重型巡洋舰“欧根亲王”号。尽管英国人已收到法国抵抗运动的预警，但德国人这一冒险的举动还是让其倍感意外。德国人在行驶到距离英吉利海峡 300 英里（482 公里）处才被发现。

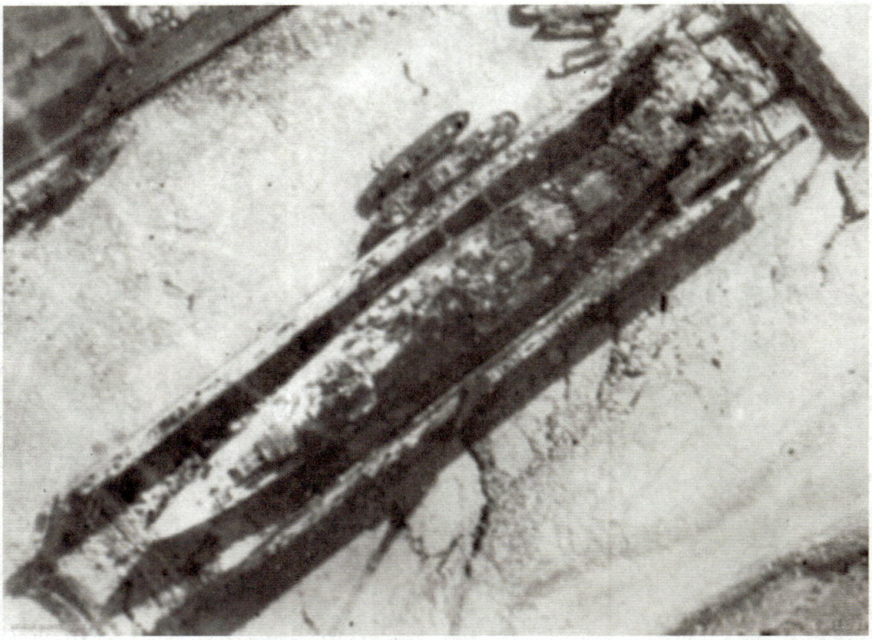

照片是“格奈兹瑙”号泊锚基尔干船坞的情形。它即将出航，驶向挪威，却在皇家空军的空袭中被一枚炸弹击中。这枚炸弹穿透了它的前甲板，然后爆炸，由此引发了弹药库的内部爆炸。由于损伤严重，“格奈兹瑙”号奉命前往位于波兰的格丁尼亚港接受维修。维修工作还没有开始，希特勒就亲自下令让其退役。该船最终于1945年初，在格丁尼亚港外作为阻塞船被凿沉。

重，却只造成非常小的破坏。4月5日，幸运女神眷顾了皇家空军，为他们带来一个绝佳的机会。英军摄影侦察显示，“格奈兹瑙”号已经完成整修，离开安全的干船坞，进入内港，他们接着又发现是德国港务局决定让这艘船移动，因为该船有未爆炸弹，存在风险。后来证明，德国为这一决定付出了高昂的代价。

第二天早上，“蒲福”鱼雷轰炸机[5]从圣伊瓦出发，去袭击无力自卫的“格奈兹瑙”号。由于天气条件恶劣，而且德国的防空炮火攻势猛烈，只有空军中尉肯尼斯·坎贝尔驾驶的“蒲福”轰炸机成功找到目标。坎贝尔并未被猛烈的防空炮火吓退，成功地将携带的鱼雷弹直接投向那艘无助的船只。这枚鱼雷弹在“格奈兹瑙”号的船身上炸出一个 40 英尺（12 米）的洞，使得这艘船有 6 个月的时间无法投入战斗。

追击“俾斯麦”号

现在英国面临着另外一个更加严重的威胁。1941 年 5 月 19 日，德国最新式、最强大的战列舰“俾斯麦”号，与重型巡洋舰“欧根亲王”号一起从波罗的海的格丁尼亚驶来。雷德尔下令，要求它穿过卡特加特海峡，驶向距离挪威海岸卑尔根市稍南的格里姆斯塔峡湾，准备通过位于格陵兰岛和冰岛之间的丹麦海峡，然后驶入大西洋。“欧根亲王”号继续向南，驶向卡文尼斯湾。

此时，轮到驻扎在苏格兰东北部最南端维克市的“喷火”侦察机开始执行任务，因为英国海军部之前已经从英国驻斯德哥尔摩海军武官处获知有“两艘大型军舰”出现，该侦察机正是要去追击并识别它们的身份。5 月 21 日早上，两架“喷火”飞机被派去执行任务，横穿挪威峡湾上空，其中一架飞机沿着奥斯陆附近的海岸侦察，另外一架由空军中尉迈克尔·萨克林驾驶的飞机朝着更靠北部的卑尔根市飞去，以侦察那里海岸的情况。

萨克林飞得非常高，每几分钟会转弯一次，以便能够瞥见分散在海岸线一带的峡湾。突然，他看到下方有一组船只，于是俯冲下去仔细观察，认出其中一艘是巡洋舰，周围都是驱逐舰和油轮。于是，他打开相机拍下照片，然后飞过峡湾，前往卑尔根市去检查那里的港口。在他调转方向返航时，发现下方的另外一组船只，他再次启动相机，拍下这些船只，最后原路返航。

萨克林驾驶的“喷火”飞机在当天下午早些时候安全返回维克市，处理他带回的胶卷大概花去一个小时的时间。负责检查冲印照片的是戴维·林顿——他原来是地理学家，战争爆发不久后被招募成为一名照片判读人员。萨克林认为自己看到两艘巡洋舰，或者说是一艘巡洋舰和一艘战列舰。林顿则认为它们是一艘“希佩尔级”重型巡洋舰和“俾斯麦”号。另外，他还发现，这两艘船只都没有部署防鱼雷网。他认为最有可能的情况是，它们正准备启航。冲洗好的照片被迅速往南送到位于伦敦的海岸司令部，该部门也肯定了林顿的判断。接下来的一天，另外一次侦察飞

1941 年 5 月 21 日，作为纳粹海军骄傲的“俾斯麦”号，被英国皇家空军中尉迈克尔·“巴贝”·萨克林发现时，还隐藏在挪威卑尔根市附近的挪威峡湾处。此前不久，萨克林还在附近的一处峡湾发现了重型巡洋舰“欧根亲王”号。他发现的情况在经过确认之后，引发了整场战争中最著名的海上追逐战。首先，“俾斯麦”号发动进攻，幸运地击沉了英军战列巡洋舰“胡德”号，重创了战列舰“威尔士亲王”号，没有给它的追逐者任何机会。接下来，“俾斯麦”号遭到菲尔利“剑鱼”飞机的鱼雷攻击，被击中船舵而损坏，然后在英军本土舰队包围剿杀时被击沉。

行（这次任务是由位于苏格兰斯卡帕湾的海军航空训练站的马丁“马里兰”飞机负责执行）确认这些船只已经离开峡湾。

大网收紧

英国本土舰队[6]总指挥海军上将约翰·托维爵士已经采取了预防措施。他派出5艘巡洋舰，其中2艘在丹麦海峡巡逻，3艘探查冰岛和法罗群岛之间的通道。久经沙场的战列巡洋舰“胡德”号和刚刚加入编队的新型军舰“威尔士亲王”号，都向北行驶，准备截击德国人，编队里剩下的船只会在发现敌人后跟进。

5月23日，在丹麦海峡巡逻的两艘巡洋舰之一的“萨福克”号撞了大运。船上的一位瞭望人员在7英里（11公里）以外发现一同行驶的“俾斯麦”号和“欧根亲王”号。就在“萨福克”号发出信号，声称已经发现了敌人时，德国人向它的姊妹舰“诺福克”号开火。这两艘英国船只暂时躲避在雾阵中，“萨福克”号继续利用雷达追踪“俾斯麦”号。1590英里（2560公里）以外的“胡德”号和“威尔士亲王”号则改变航向，前来截击敌人，因为它们行驶得太快，负责护卫的驱逐舰几乎无法在波涛汹涌的海洋里跟上它们的速度。然后，消息传来，“萨福克”号失去了敌人的雷达信号。幸运的是，似乎没有用太长时间，它就重新获取了敌人的雷达信号。

大概在黄昏时分，“胡德”号和“威尔士亲王”号发现了这些德国舰船。这两艘英国军舰向着德国舰船迎面驶去，可能是为了迅速缩短射程，也是在尽可能地缩小目标。就在快到早上6时之际，两艘英国军舰开始射击，但它们当时似乎分不清楚自己对战的究竟是哪艘德国军舰。其实，与“胡德”号和“威尔士亲王”号开始交战的是“欧根亲王”号，而不是“俾斯麦”号。两艘英国军舰在遭到攻击之后才纠正了这个错误，两艘德国军舰则在一开始就将炮火对准“胡德”号。

这场战斗并没有持续很长时间。“欧根亲王”号的一次反击，在“胡德”号主桅附近的基座上引起火灾。数分钟后，两艘英国军舰最终开始向左转舵，意图将所有主炮投入战斗，就在此时，“胡德”号在一次巨大的爆炸中被摧毁。“俾斯麦”号上射出的一发炮弹穿透“胡德”号老旧的装甲钢板，炸坏了位于舰艉的弹药库，它几乎立刻沉没。被严重损坏的“威尔士亲王”号被迫停止行动，德国人却没有乘胜追击。

德国人似乎获取了一次压倒性的胜利，但“俾斯麦”号在不断流失油料。它被多发炮弹击中，其中一发穿透了它的油箱，油箱因此开始漏油。德军指挥官海军上将刚瑟·吕特晏斯发现无法让“俾斯麦”号按计划继续前进，因此，他下令“欧根亲王”号独自前行，驶入大西洋，而他自己则指挥“俾斯麦”号前往布雷斯特。

空中攻击

英军本土舰队又开始追击“俾斯麦”号，但在这艘德国军舰突然改变航线后，前者便丢失了这个目标。等到约翰·托维发现“俾斯麦”号的行驶方向并重新咬住它时，它已经与追击的英国船只拉开 130 英里（209 公里）的距离，必须在它进入纳粹空军的空中掩护范围之前，采取措施把它拖住。托维很幸运，他手头有两艘航母，“胜利”号已经针对“俾斯麦”号发动了一次攻击，但其舰载“飞鱼”鱼雷轰炸机却一次也没有击中目标，现在轮到“皇家方舟”号来证明其舰载鱼雷轰炸机的实力。

“皇家方舟”号发动的第一轮攻击遭遇惨败。它的“飞鱼”轰炸机误将尾随“俾斯麦”号的轻型巡洋舰“谢菲尔德”号当成攻击目标，

对其发动进攻。“谢菲尔德”号比较幸运，“飞鱼”轰炸机鱼雷弹的磁力引信发生故障，鱼雷还没碰到海水就提前爆炸了。遇挫的“飞鱼”飞行员返回航母，重新在飞机上装备旧式的触发鱼雷，然后再次做出进攻尝试。这一次，他们成功了，并以极大的勇气将进攻坚持到底。一个德国人描述称：“这架飞机俯冲下来发动进攻，在密集炮火中像闪电一般极速穿梭，飞行员以这种方式将进攻坚持到底，其勇气确实令人赞叹不已。”

有一枚鱼雷弹击中“俾斯麦”号的船腹，但没有造成任何损伤。另外一枚鱼雷弹击中它靠近船艉的右舷，致其船舵无法运转。这艘巨大的战列舰开始打转。任何试图利用推进器来改变其方向的努力都失

菲尔利“剑鱼”鱼雷轰炸机准备从航母“胜利”号的飞行甲板上起飞。5月24日午夜时分，它们对“俾斯麦”号发动进攻，但没有取得成功。第二天下午，它们发动的第二轮进攻却被证明是具有决定意义的。“剑鱼”发射鱼雷弹，重创了该战列舰的右舷螺旋桨，破坏了它的转向装置，让船舵失灵。事实证明，这样的破坏是无法修复的。海军上将刚瑟·吕特晏斯向岸上指挥官发电：“本舰无法机动。我们将战至最后一弹。元首万岁！”

败了，它开始不受控制，向着托维及其复仇编队冲撞而去。吕特晏斯意识到自己的军舰气数已尽，于是向纳粹海军西方集团军群司令部发电："本舰无法机动。我们将战至最后一弹。元首万岁！"

第二天，最后的战斗打响。战斗持续时间不长。英国人向着这艘已经饱受打击的战列舰无情地发动打击，很快就让舰上所有的火炮全都失效，几乎歼灭舰上包括吕特晏斯在内的绝大多数高级军官，然后将其变成一艘熊熊燃烧的废船。尽管托维及其舰船继续攻击，但这艘德国军舰仍然没有沉没。英国人在困惑中停止了攻击。托维尤其愤怒。他的军舰油料已经不足，很快就会被迫停止行动并且返航。他向巡洋舰"多塞特郡"号发出信号："靠近一点，用鱼雷将它击沉。"

"多塞特郡"号听从指令，它发射的 3 枚鱼雷弹都击中"俾斯麦"号。这艘已经严重向左舷倾斜的德国军舰最终倾覆，2300 多名船员中仅有 110 人幸存。这艘船究竟是不是被这几枚鱼雷弹击沉的，至今仍存历史争议，令人争论不休。有人认为是舰上船员破坏了这艘军舰，以防它被敌人捕获。但无可争辩的是，如果没有"皇家方舟"号及其舰载"飞鱼"轰炸机，英国不可能从这次失败的危险境地中反败为胜。

注释

[1] 1940 年 4 月 9 日，纳粹德国军队进攻挪威，虽然取得较大的战绩，但海军因此损失惨重，包括 3 艘巡洋舰、10 艘驱逐舰、4 艘 U 型潜艇以及其他船只。

[2] 袖珍战列舰，即德意志级装甲舰，是德国海军在二战前建造的一级作战舰艇，因主炮口径超出《华盛顿海军条约》的限定，但排水量小于战列舰，因此被称为"袖珍战列舰"。

[3] 破袭舰，又称为伪装巡洋舰，即用大型民船加装火炮和武器以迷惑敌舰。

[4] “刻耳柏洛斯行动”，是二战期间德国发动的一次海上作战行动。在这次行动中，德国的“沙恩霍斯特”号、“格奈兹瑙”号、“欧根亲王”号和其他护卫舰，从法国布列塔尼省的布雷斯特突破了英国的封锁线。

[5] “蒲福”鱼雷轰炸机，是布里斯托尔飞机公司研发的一款双引擎鱼雷轰炸机和摄影侦察机。

[6] 本土舰队，是1902年至1967年间在英国领海执行任务的皇家海军舰队，二战期间是皇家海军在欧洲水域的主力战斗部队。

第 13 章

克里特岛战役

在二战历史上，克里特岛战役得以广为人知，是出于两个截然不同的原因。首先，首次通过破译纳粹空军的恩尼格玛密码后获取“超级情报”[1]，英国人对德国的进攻计划提前警觉；其次，部署空降部队首次独立实现重要战略目的。

自 1940 年 11 月起，克里特岛就由英国驻军守卫，但中东总司令阿奇博尔德·韦维尔将军手下兵力不足，无法完全胜任这项任务。该岛主要海港苏达湾由一支实力很弱的旅负责守卫。在这里，英国皇家空军修建了 3 条飞机跑道，最重要的一个就位于马利姆机场，临近苏达湾。尽管希腊人已经成功地将岛上的意大利人击退，轴心国对克里特岛发动进攻的概率非常小，但这就是英国介入该岛的全部力量。

事实上，自从当年 7 月起，希特勒就开始将一半的注意力放在该岛上，但在是否对该岛发动进攻上，他曾经把决定权交给意大利盟友。但在意大利实施入侵并征服希腊的行动，并因为时机不佳、判断不当而遭遇灾难性后果后，他就改变了主意。他告诉墨索里尼的女婿兼外交部长齐亚诺，称意大利在军事上太过无能，威胁到轴心国在巴尔干地区的整体地位，这是他这位元首无法容忍的。特别是，他担心准备派出远征军援助希腊人的英国人，可能会将克里特岛变成跳板，让皇家空军的轰炸机从这里起飞，袭击普洛耶什蒂和罗马尼亚的油田——这些都是德国优质原油仅有的来源地。

当年4月，希特勒还曾告诉齐亚诺，称他已经做好发动进攻的准备。届时，德国国防军会同时发动对南斯拉夫和希腊的进攻。这两个国家会在几周之内被迫屈服。英国会被迫尽可能多地撤回远征军，轴心国将快速取得一场彻底的胜利。

水星行动

丘吉尔被迫下令撤离希腊后，充分认识到克里特岛的战略潜力，于是决定不惜任何代价守住该岛。“超级情报”发出的警报显示，德国人正准备马上发起一场进攻。在了解这一情况之后，丘吉尔力排众议，对于韦维尔其他军事顾问的各种反对意见都不予理睬。这些反对意见称，克里特岛基本上是无法防卫的，驶向该岛的船只向东需要穿过卡索海峡，或者向西穿过基西拉岛的海峡。但在这些地方，船只很容易成为飞机进攻的目标。克里特岛只有一条不够宽阔的公路，长180英里（290公里），几乎与海岸线平行。另外，丘吉尔属意并力挺的负责该岛防御的最佳人选是新西兰师[2]的指挥官伯纳德·弗赖伯格少将，尽管他在一战中战绩辉煌，但在应对现代战争方面却相对经验不足。

这位英国首相相信英国海军在地中海东部掌握控制权，可以摧毁任何海上的入侵行动。与此同时，戈林和他的空军指挥官也都自信地认为，空降突袭可以取得成功。这位帝国元帅说服了一开始犹豫不决的元首，促使希特勒下令实施“水星行动”，德国空军第11军指挥官库尔特·施图登特中将受命负责筹划此次入侵行动。

施图登特是一战时的王牌飞行员。1937年他作为特邀军事观察员，

1941 年 5 月 20 日拂晓，纳粹德国空军的轰炸机对克里特岛发动入侵前空袭，对马利姆机场和干尼亚港发动闪电战，意图击溃守军士气，压制负责支援的地面火炮和防空火炮。接下来，施图登特派遣滑翔机抵达战场，Ju52 运输机[3]搭载第一波伞兵部队紧

随其后。但德军第一轮进攻没有按照原计划进行。当天结束时，发起进攻的一半德军被歼，克里特岛的关键机场均未失守。

就在马利姆机场被德军伞兵攻占不久之后，Ju52 将“货物”卸载到这里。这款飞机能够搭载 16 至 18 名全副武装的伞兵、以每小时 132 英里（214.43 公里）的巡航速度飞行 800 英里（1287.5 公里），库尔特·施图登特将军也依赖这种有些笨拙的运输方式，才能将大多数伞兵和支援设备带上克里特岛。为这些容克飞机提供支援的是

DFS230 滑翔机。每架滑翔机都可搭载 1 名飞行员和 9 名全副武装的空降士兵。施图登特相信能够迅速获胜。但是，得益于绝密的“超级情报”的截获工作，英国完全掌握了他的计划。

参加苏联陆军的机动行动，亲眼看到大规模的伞降活动，于是就成为推动德国空降部队发展的主要拥护者。1940 年 5 月，他策划夺取埃本埃马尔要塞[4]时，就已经证明了自己的观点。现在，他获得一次机会，可以将自己的理论在更大的范围内付诸实践。他麾下有一个伞兵突击团、一个伞兵师和一个机降师，以及 500 架 Ju52 运输机。

施图登特针对克里特岛的进攻计划非常大胆，也非常简单。他要在克里特岛北部海岸沿线的马利姆、伊拉克里翁和雷西姆农等机场的跑道上，投下伞兵部队。占领这些机场后，伞兵部队会得到第 5 山地师空降步兵的增援，并有大量俯冲轰炸机和战斗机飞向这些机场，以提供空中支援。施图登特认为，此次进攻速度极快，英军会溃不成军，混乱不堪；另外英国人没有足够的通信能力，也不可能获取制空权，无法抵抗接下来的两栖登陆作战。

这个计划充满了风险。可以为施图登特提供主要空中支援的德国空军第 8 军[5]的指挥官沃尔夫拉姆·冯·里希特霍芬将军，却完全不赞成他的计划。此人在日记中写道："施图登特的计划，将此次作战行动完全建立在纯粹假设和预想动机的基础之上。"施图登特不顾里希特霍芬的反对，仍然一意孤行。然而，最大的危机却是他自然无法预料到的，那就是由于"超级情报"，英国人已经提前知晓这项计划的所有细节。

进攻开始

5 月 1 日，弗赖伯格抵达克里特岛。他清楚德国的进攻行动即将开始，于是在马利姆机场周围集结他的新西兰师，并由 3500 人的希腊军队提供支援，以守护那里的机场跑道。大约 5000 人的澳大利亚和希腊军队奉命守卫雷西姆农机场，8000 人的英国和希腊军队奉命守卫伊拉

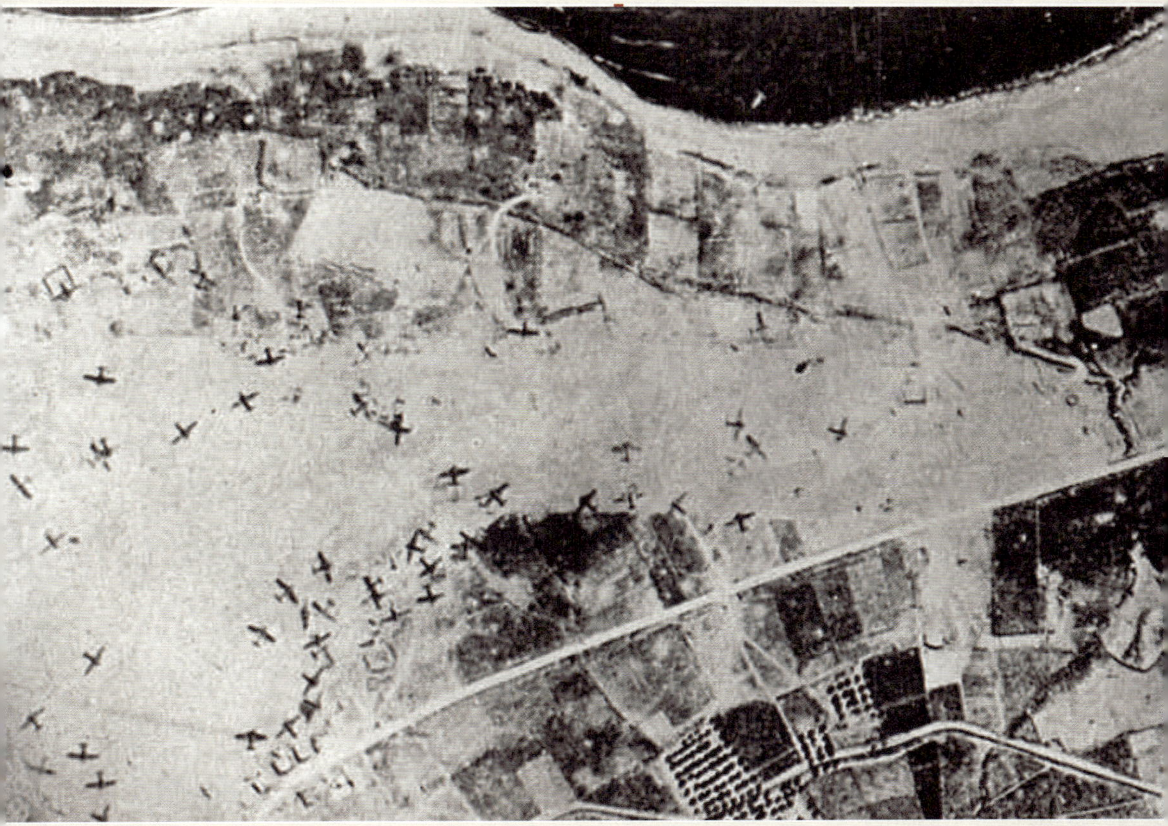

可以看到，马利姆机场到处散落着坠毁的 Ju52 残骸。施图登特不惜一切代价夺取该机场，命令手下飞机在新西兰守军放弃后畅通无阻的跑道上实施“机腹迫降”[6]。尽管这次进攻让施图登特损失了 80 多架运输机，但到 5 月 21 日夜幕降临时，马利姆最终还是落入德军手中。就在德国伞兵部队开始向东推进之时，战斗形势开始向着对其有利的方向扭转。英国的错误就是为阻挡完全不存在的两栖进攻行动，而将大部分兵力留在干尼亚和苏达湾。

克里翁机场。英国皇家海军的军舰在该岛南部和西部驻守，位于德国进攻范围之外，但随时待命，一旦德国发动两栖进攻，就随时参战。

进攻于 5 月 20 日拂晓发动，Ju87 俯冲轰炸机对马利姆机场和干尼亚附近的新西兰军队阵地发动闪电战。第一波次和第二波次的空降兵迅速到达。首先降落的是伞兵部队，然后是来自施图登特麾下突击团的滑翔机突击部队。此时，弗赖伯格的部队已经做好迎击的准备。到晚上，超过一半的进攻者已被消灭，重要的机场跑道均未失守。

就在这时，似乎出现了一些问题。因为某些不明原因，新西兰军队从守卫马利姆机场的小山丘撤离，向南进发。而施图登特的伞兵残部重新集结，在第二天早上夺取了这个山丘以及部分机场跑道。施图登特快速做出反应，下令增援部队在马利姆机场以西降落，尽管机场跑道尚未被完全占领，但他的 Ju52 已经开始在跑道上着陆。后来德军付出高昂的代价，80 多架 Ju52 被摧毁，但结果却证明这种代价是值得付出的。到当天结束时，马利姆机场已经完全落入德国手中。

撤离

这是整场战斗的转折点。弗赖伯格没有意识到马利姆机场是守卫克里特岛的关键所在。相反，他的许多部队仍然在干尼亚和苏达湾，面向大海待命，准备在德军发动两栖作战时加以阻挡。他仍然认为，德国的最终目标是伊拉克里翁机场，而不是马利姆机场。尽管如此，新西兰军队还是发动了一次反攻，虽然首战告捷，最终却还是败北。德军几乎将这些新西兰人赶回干尼亚。5 月 27 日，整个城镇失守。第二天，苏达湾沦陷。

克里特岛战役失败了。弗赖伯格下令，让尽可能多的士兵穿过南部海岸线的斯法基亚山区，然后从那里撤离。大约有 15000 人成功撤离，另外5000人从伊拉克里翁机场撤离。但大约12000人被弃于海滩，因为当时纳粹空军对英国海军造成巨大损失，使得整个撤离行动完全终止。2艘巡洋舰和6艘驱逐舰被德国轰炸机击沉，另有2艘战列舰、1艘航母和16艘其他军舰受损严重。

施图登特及其伞兵部队赢得这场战斗，但为这场胜利付出了高昂的代价。希特勒对于德军伤亡数字吃惊不已，发誓再也不发动这样的行动。在整场战争后面的时间里，德国伞兵部队再也没被用于发动战略行动。

注释

[1] “超级情报”，是1940年5月，英国军事情报机构破获了被称为“恩尼格玛”的纳粹德国军事密码“谜”后获取的情报，后成为二战中英国和盟军的王牌。

[2] 新西兰师，是二战期间新西兰远征军的一支步兵部队。

[3] Ju52是德国容克公司生产的一款三引擎运输机。

[4] 埃本埃马尔要塞，地处荷兰与比利时国境比利时一侧，位于马斯特里赫特城和维斯城之间。

[5] 德国空军第8军，建于1939年7月19日，是纳粹空军的一个建制军。

[6] 机腹迫降，是飞机在紧急情况下，不放下起落架，直接在跑道上降落的一种做法。

第 14 章
巴巴罗萨行动

为了能在 1941 年 6 月发动针对苏联的突然袭击“巴巴罗萨行动”，希特勒集结了当时世界上规模最大的入侵部队。300 多万名德国士兵，以及来自第三帝国盟友的 50 万部队整装待发，准备蜂拥地穿越苏联国境线。这支大军北起芬兰前线，南至黑海内海口前线，总长 1000 英里（1600 公里）。在地面作战时，他们有 3600 台坦克和 70 万台大炮支援。

这位德国元首非常自信地认为，“巴巴罗萨行动”肯定会取得成功。他预计，这场新的战役会在两个月之内结束。他向手下的将军保证：“我们只需要踢开大门，整个腐化的大厦就会摇摇欲坠。”他继续说道，“对苏进攻开始之时，整个世界都会屏住呼吸。”速度和突然性是让苏联敌军丢盔卸甲的两个致胜要素。

德国空军准备就绪

希特勒制订这个冒险计划还有另一个原因，那就是德国空军有能力在战斗前线彻底掌握制空权。德军为实现这一点，经过了精心筹划。尽管从理论上来说，苏联人拥有的飞机数量更多（德国空军情

巴巴罗萨行动

1941年6月22日，纳粹德国、芬兰和罗马尼亚发动“巴巴罗萨行动”，这也是希特勒针对苏联发动的大规模突然袭击行动。这次行动中，德军耗时一周，在苏联领土向前推进了200英里（320公里），摧毁了近4000架苏联飞机，歼灭、重创或俘虏约60万名苏联红军。图中显示了德国沿着波罗的海到黑海的前沿地带发动首轮进攻时的主要攻势。

报部门估计，有7300架苏联飞机驻扎在苏联西部，更多的飞机处于备战状态），但它们绝大多数都即将过时或者完全过时。苏联飞行员实际的空战经验很少或是为零，绝大多数人都没有受过良好的训练。即使是苏联最好的战斗机——新式的Yak1[1]，其性能显然也比不上Me109。苏联轰炸机总体上速度都很慢，装备简陋，航程不足以抵近敌人与之战斗。

相比之下，德国空军正处于巅峰状态。在前面的几个月里，德国空军一半以上的兵力已经东移，前去占据阵地——这些阵地的前方，很快就将成为东线战场。希特勒亲自布置任务，认为“派出这些强大的部队参加东线的战役，可以预见地面行动很快将结束”。

早在1940年9月底，纳粹空军就受命对苏联开展系统的航空侦察活动。在接下来的几个月内，纳粹空军的侦察机出动500架次。它们在

Ju88 轰炸机参加行动。纳粹空军于 6 月 22 日拂晓发动进攻，在许多苏联飞行员还没有来得及驾机升空之时，摧毁了地面上大部分的苏联空军力量。第一波次共计 637 架轰炸机和俯冲轰炸机，突袭 31 个苏联机场，估计摧毁 1800 架飞机。在第二波次的进攻中，德军又摧毁 700 架飞机。纳粹空军的所有损失，仅为第一波次的 2 架飞机，以及第二波次的 33 架飞机。显然，德军正在建立起自己的制空权。

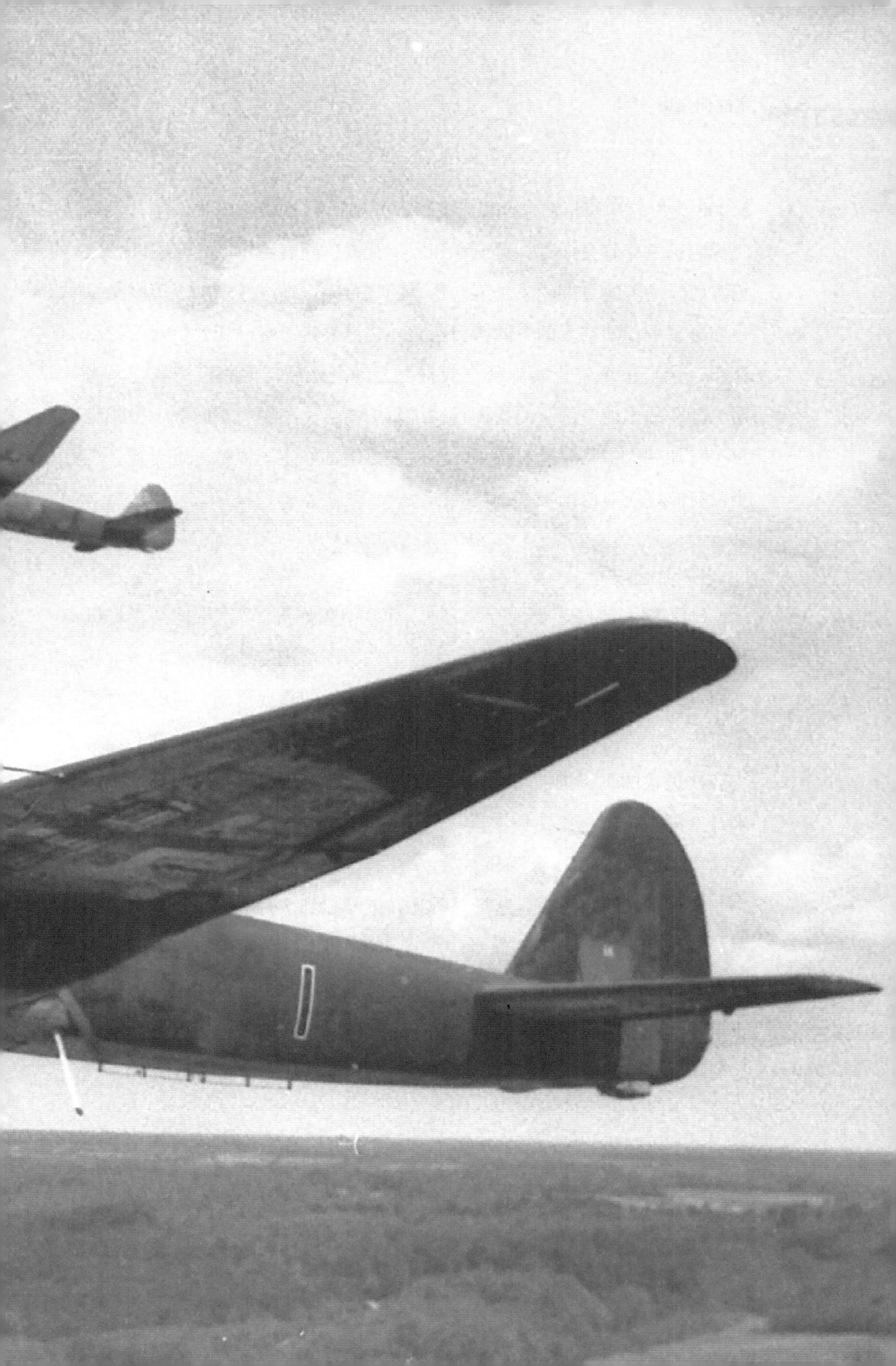

36000 英尺（10973 米）的高空飞行，开始侦察苏联的前线区域，最远飞到东部的摩尔曼斯克、莫斯科和罗斯托夫。随着希特勒预定发动“巴巴罗萨行动”的日期越来越近，德军的飞行架次在继续增加。苏联空军也充分了解德国空军的企图，但斯大林仍然决定不惜一切代价对希特勒让步，亲自下令禁止实施截击或报复行动。最后，他决定清洗空军高层，苏联战术航空部队的指挥官帕维尔·雷恰戈夫中将被解职，由帕维尔·日加列夫中将代替。结果，本就茫然的苏联空军更是群龙无首，完全没有做好应对德国空军进攻的准备。

拂晓进攻

6 月 22 日拂晓，德国空军启航。500 架轰炸机、270 架俯冲轰炸机和 480 架战斗机分两个波次向东飞去，在不断前进的地面部队的头顶呼啸而过。它们的目标是集结于大部分苏军飞机的重要机场，目的是对苏军实施突然袭击，然后将其在地面击溃。这次进攻取得完全的胜利。第一波次进攻的飞机摧毁了约 1800 架苏联飞机，几乎所有的苏军飞机还未升空即被击毁。第二波次进攻的飞机声称又摧毁了 700 架苏联飞机。德国空军损失总计 35 架飞机。

在接下来的数天内，这场杀戮还在继续。到 7 月初为止，据德国空军最高指挥部统计，苏联总计损失了 4990 架飞机，德国有 491 架飞机被摧毁，316 架飞机受损。希特勒获得他所要求的制空权。德国空军大获全胜，许多飞行员自信满满，期待着最晚于 9 月初就返回西线，继续与英国皇家空军的战斗。

进攻继续

德国空军获取制空权后，就开始全力以赴支援德国国防军的地面部队。这支部队目前正一路高歌，不断击垮苏联防线，让斯大林准备不足的军队遭受巨大损失。希特勒的3个集团军群都进展神速。截至7月14日，中央集团军群已经俘获了60万名俘虏。它已经深入到斯摩棱斯克，而其装甲先头部队正在向莫斯科推进。7月21日，德国空军开始针对苏联首都发动闪电战，迫使斯大林及其部僚进入地铁系统的地道中藏身。北方集团军群已经占领了拉脱维亚、立陶宛以及爱沙尼亚的大部分地区，且已经向着列宁格勒（今天的圣彼得堡）开进。南方集团军群正快速向着基辅推进，并在行进的过程中夺取了乌克兰大部分地区的控制权。芬兰军队切断了摩尔曼斯克，然后从北部向列宁格勒开进，而德国和罗马尼亚的军队则向南推进，进入比萨拉比亚[2]。

德军进展实在过快，在发动首轮进攻的几周内，德国空军的许多飞行中队都从距离本国机场以东372英里（599公里）临时新建基地起飞。德国空军不断地向前推进，后续出现补给困难，这对可以派出的飞行架次产生了很大的影响，另外可以服役的飞机数量也开始大幅度减少。到9月6日，也就是开始进攻基辅的日子，德国空军3个航空队只有1005架飞机可以投入行动。

此时显而易见的情况是，德国飞机工业的生产速度已无法跟上德国空军损失的步伐，更不用说增加它的战斗实力。德国的平均损失现在已经达到每月741架飞机。德国航空部本来寄予厚望的新式战斗机和轰炸机，其原型机都存在严重的研发初期问题，远远无法投入全面生产。另一边的苏联正在弥补自己的损失，利用最新式的战斗机和轰炸机来重新装备受到重创的空军。苏联的飞机制造商也与其他的武器和弹药制造厂一样，正在从危机四伏的乌克兰工业区向东部转移，搬到比乌拉尔地区更远的地方，远离德国空军轰炸机的进攻范围。这次

1 / 4
f=504.3

在德国发动进攻之前，纳粹空军秘密航空侦察活动拍摄到苏联第二大城市列宁格勒的俯瞰图。西奥多·罗韦尔上校从1934年就开始秘密地对苏联进行拍摄工作，正是他对德国的侦察工作进行了周密的计划。1940年9月21日，纳粹最高指挥部授权开始实施系统的航空侦察活动。在接下来的几个月内，罗韦尔的飞行员飞行了大约500个架次，不仅对前线地域进行侦察，最远还飞到东部的莫斯科、罗斯托夫和摩尔曼斯克。

转移行动于7月开始，11月结束，届时有大约1360家武器工厂最终成功地转移到东部，转移工作动用了150万节火车车皮。那些无法转移的武器，都被破坏或彻底销毁。

严冬

就在德军进攻步伐放缓之际，元首希特勒开始与德国将领就最佳行动方案争执不休，东线许多德国高级将领得出结论，认为苏联的军事实力和恢复力被严重低估。陆军总参谋部部长弗朗茨·哈尔德将军在日记中写道："在战争最开始，我们认为敌方有200个师，现在我们已经统计到360个。这些师的装备之差，无法用语言形容，在战术层面，其指挥官的能力严重不足。但它们就驻守在那里，就算我们摧毁十几个师，苏联人又会堆上十几个师。"

纳粹空军现在也面临自己的问题。纳粹空军第2航空队[3]的指挥官阿尔贝特·凯塞林元帅能够集结1320架飞机（这几乎是纳粹空军在东线一半的实力）来支援对莫斯科的进攻，苏联人能够集结708架飞机反击，其中344架是苏联的首都空防力量。而纳粹空军因为持续的飞行任务，已经开始出现装备损耗的情况。虽然纳粹空军正在实施针对苏联主要城市的打击（莫斯科、列宁格勒、基辅和其他城市都遭到猛烈的轰炸），但其道尼尔、亨克尔和容克等飞机，均无法对苏联军工生产的中心地带造成重创。秋雨已至，德国的很多临时机场跑道都变得泥泞不堪。

就在德军装甲先锋部队靠近莫斯科郊外之际，苏联已经准备好实施反击。苏联从间谍处获知，日本无意参加对苏战争，这样斯大林就可以将援军调至前线，保卫其面临严重威胁的首都。12月5日，苏联开始实施进攻，将眼前德军打得乱作一团。

3 架伊留申 IL2 地面进攻飞机[4] 正在俯冲，准备进攻。伊留申飞机被苏联红军的陆军士兵称为“飞行坦克”，是苏联在这场战争中最为成功的飞机之一。斯大林认为继续大规模生产这款飞机十分重要，因此当有工厂推迟交付时，他愤怒地打电话给这家工厂的厂长，称伊留申飞机“对于红军来说就像空气和面包一样重要”。他凶狠地总结道：“我需要更多这种机器。这是我最后的警告。”

除这些援军外，苏联最高统帅部占据了天时之利。当时气温直降到零度以下，天空开始大雪纷飞，苏联严冬已至。多亏了元帅埃哈德·米尔希，不同于德军其他军种，空军装备了加厚的冬装。尽管如此，德国可以飞行的架次已经严重缩减，大雪使得许多从地面起飞的飞机被迫停飞。

让纳粹空军余下的飞机能在北极严冬条件下继续保持适航性，是一件非常困难的事。德军被迫挖出被飘落雪花所掩埋的飞机。金属工具在严寒中变得十分脆弱，机油也开始结冰，液压油发生胶化，橡胶飞机轮胎出现破碎。发动机必须定期更换，确保其不会完全结冰。事实证明，发动机是精密的冷启动设备，在这种天气条件下会变得十分脆弱，但许多地勤人员却忽视了一个更为简单的处理程序——在发动机还温热时，用少许汽油稀释机油即可，而这原本是纳粹空军最先想到的方法。

空中救援

就在莫斯科郊外的纳粹国防军溃不成军之际，希特勒开始迅速行动，阻止了国防军的进一步溃败。他将陆军总指挥瓦尔特·冯·布劳希奇元帅撤职，自己接管陆军的指挥任务。他认为在罗斯托夫郊外的德军面临被包围的危险，因此将南方集团军群的指挥官格尔德·冯·伦德施泰特元帅撤职，以便埃瓦尔德·冯·克莱斯特–施梅兹将军可以将装甲部队从那里撤回。可能是希特勒手下最优秀的装甲部队指挥官海因茨·古德里安将军，还有埃里希·赫普纳将军，也都因为没有遵守元首的命令而付出了代价。希特勒笃信一条简单的道理：东线的军队不能后退，要坚守整个前线阵地。

尽管德军最后稳住了自己的前线，但军事形势变得更加扑朔迷离，

图波列夫 Tu2 高速日间轰炸机[5]，是苏联抗衡 Ju88 的利器。它于 1942 年 3 月首次投入行动，并快速成为苏联第二重要的双引擎轰炸机。该飞机可以携带较重的炸弹负荷，却几乎能够像战斗机一样机动，飞机的构造还使其能够承受敌方猛烈的连续打击。

雅克列夫 Yak9[6] 战斗机编队正在克里米亚的塞巴斯托波尔市上空飞行。这款飞机是 Yak7 的一个改良版，重量较轻，在 1942 年底的斯大林格勒战役期间首次参战。该飞机尽管在武器装备方面逊于东线的主要对手 Me109 和 FW190[7]，但在较低的海拔高度上，其速度和机动能力都超过了这些德国对手。

苏军正在努力消灭那些困兽犹斗的德军残部——他们没能突围，正试图打破苏军的新阵线。1942 年 2 月 9 日，苏军在德国北方集团军群最为脆弱的右翼，切断了瓦尔特·冯·布罗克多夫－阿勒费尔特中将所部第 2 军。95000 名德军在德米杨斯克市被包围，5000 多名德军在西南的霍尔姆市被围。这些德军要想坚持到救援到来，唯一方法就是得到纳粹空军的空中支援。希特勒亲自承诺，在一周内会将 337 架运输机调至第 1 航空队，增强阿尔弗雷德·凯勒[8]将军所能投入此次作战的全部飞机的实力。

德军这次空中补给行动非常成功。由于纳粹空军的缘故，德军残部得以坚守了近 3 个月，最终等到了援军。但这次成功却将带来致命的后果。因为从那时起，希特勒就坚信，即便德国守军部队遭到包围而孤立无援，但只要意志坚定，在得到空中支援的情况下，就可以抵挡任何数量的苏军。在长达 9 个月的斯大林格勒战役中，德国国防军和空军就是因为这样的信念，付出了高昂的代价。

注释

[1] Yak1 是苏联雅克列夫设计局生产的一款单座单翼战斗机。

[2] 比萨拉比亚，指德涅斯特河、普鲁特河、多瑙河和黑海形成的三角地带。1812 年沙俄夺取这个地区之后，用该名称来区别于摩尔多瓦的剩余领土。在历史上，该地区后来在罗马尼亚和苏联之间几度易手。

[3] 纳粹空军第 2 航空队，是二战期间德国空军的主要分支之一，建于 1939 年 2 月 1 日，于 1941 年 11 月 15 日被部署在意大利，1944 年 9 月 27 日解散。

[4] 伊留申 IL2 飞机，是（1933 年建立的）苏联伊留申设计局研发的一款地面进

攻飞机。

[5]　图波列夫 Tu2 飞机，是（1922 年建立的）苏联图波列夫设计局生产的一款双引擎高速日间轰炸机。

[6]　Yak9 是苏联雅克列夫设计局制造的一款单引擎战斗机，是该设计局 Yak7 战斗机的一个轻型改良版。

[7]　FW190 是（1923 建立的）德国福克 – 沃夫飞机公司生产的一款单座单引擎战斗机。

[8]　阿尔弗雷德·凯勒（1882—1974），是二战期间纳粹德国空军将军，负责指挥纳粹第 1 航空队。

第 15 章

珍珠港与太平洋

1941 年 12 月 7 日，日军偷袭位于珍珠港的美国太平洋舰队，这次突然袭击让美国措手不及。美军的航空侦察活动本可以在日本航母发动毁灭性的首轮进攻之前就发现它们，但夏威夷的美军却因为飞机数量不足而无法实施航空侦察。另外，袭击发生在周日，这点也十分不利，因为新建的雷达站本来可以在日本飞机接近时就探测到它们，但这一天却是关闭的。

太平洋战争爆发时，双方都没有在搜集和分析航空情报方面做好足够的准备。尽管战前日本通过航空侦察，已经制作出马来半岛和菲律宾的详细地图，但其军事思想狭隘，加之军种间内讧激烈，因此日军没有充分发挥航空侦察的作用。

偷袭珍珠港期间，日本利用便携式相机拍摄了 20 张照片，用于分析其俯冲轰炸机和鱼雷飞机所造成的损失。三菱 C5M2“巴布斯”飞机[1]从日本占领的法属印度支那起飞，在马来半岛海岸线附近发现英国军舰——战列巡洋舰“威尔士亲王”号和“反击”号，于是拍下它们的照片。日军还在入侵菲律宾群岛中最大的吕宋岛之前，拍摄了林加延湾海滩的照片；而在偷袭珍珠港的第一波轰炸袭击期间，日军也从阿留申群岛拍摄了荷兰港的照片，并对其有效利用，帮助筹划接下来在那里实施的轰炸进攻行动。

除上述例子外，日军还从中国出动一些飞机进行航空摄影侦察，但日本仍然很难在太平洋战区完全开展航空摄影活动。战后美国对此的评估称："少数日本军官认识到航空侦察具有更大的潜在价值，但手头成功的战例太少，很难说服满腹怀疑的上级。"后来，日本海军集合了100人，参加在横须贺海军基地举办的照片判读训练，但参加的人员数量太少，时间上也太迟，日军准备组建的判读单位也未能运行起来。1945年6月，日本陆军尝试对进攻冲绳岛的美军实施航空侦察时，情况也没好到哪儿去。

事实证明，这种忽视最后让日军付出了高昂的代价。因为日军当时拥有的双引擎三菱Ki46"黛娜"飞机[2]，是二战时双方所能生产飞机中最为卓越的航空侦察飞机。这款飞机的最高速度可达每小时400英里（643公里），实用升限可达

中岛B5N"凯特"飞机[3]

类型：鱼雷轰炸机

机组成员：3人

长度：33.79英尺（10.3米）

翼展：50英尺11英寸（15.52米）

速度：每小时235英里（378公里）

航程：1237英里（1990公里）

尽管B5N飞机即将过时，但仍然被认为是自1941年该飞机首次参战起，世界上最好的鱼雷轰炸机。B5N飞机在当年12月日本偷袭珍珠港事件中取得巨大的成功。至少有144架B5N飞机参与这次进攻，其中一架还击沉了战列舰"亚利桑那"号。它们还在1942年底击沉美国航母"黄蜂"号和"莱克星顿"号，并使"约克城"号失去作战能力（"约克城"号舰员弃船，后在拖拽的过程中被一艘日本潜艇击沉）。

36000英尺（10973米），有效航程约为2400英里（3862公里）。这些性能让德国人都非常叹服，因此在这款飞机于1941年7月首次在战场上出现之后，德国人开始与日本谈判，希望可以根据《日德技术交换协议》，允许德方自行生产这款飞机，但最后的计划并未付诸实施。日军因为这款飞机卓越的性能而占据优势，并将该飞机作为一款高海拔战斗机服役，对抗美国的波音B29“超级空中堡垒”[4]远程战略轰炸机——后者在战争接下来的时间里，成为日本的眼中钉。

这是福德岛附近美国战列舰编队[5]的俯瞰图，是1941年12月日本袭击珍珠港期间日军机组成员拍摄的照片之一。当时，日本鱼雷轰炸机正飞来参加进攻行动。3艘不设防的美国战列舰都遭到鱼雷袭击，“西弗吉尼亚”号和“俄克拉荷马”号在喷射油料，并向左舷倾斜。远处的西卡姆机场[6]有白烟升起，在那里，许多美国飞机都是在休憩时遭到突袭，未能升空即被摧毁。

距离问题

日本和盟军必须要应对同样一个地理问题：距离。对于盟军来说，在战争开始的几个月内，美国被日本夺走威克岛[7]和吕宋岛的机场，此后，要想攻击太平洋战区最重要的战略要地，除了航母舰载飞机之外，其他飞机的航程都无法企及。美国因此决定，太平洋舰队的3艘重要航母只得用于大规模的舰队行动，或者实施针对日军的全面海上进攻，此外不会冒险参与其他任何行动。

在战争开始之前，日本人也面临着同样的问题。日本要想从空中拍摄美国太平洋舰队最重要的海军基地珍珠港，唯一的途径就是将日军航母驶入夏威夷周围。但如果他们的侦察飞行被发现，美国人就会提高警惕，意识到日军的进攻迫在眉睫。这可能也是为什么日本联合舰队的总指挥山本五十六将军在制订计划时，否定了所有实施预先航空侦察活动的提议。

“虎！虎！虎！”[8]

1941年秋末，执行珍珠港偷袭行动的特遣舰队秘密在日本北部的桶柑湾集结。该特遣舰队汇聚了日本联合舰队的所有精锐力量。航母“赤城”号、“飞龙”号、“苍龙”号、“加贺”号、“瑞鹤”号和“翔鹤”号是其核心力量，另外还有战列舰、重型巡洋舰、驱逐舰和掩护潜艇提供支援。海军中将南云忠一负责指挥。

11月26日，特遣舰队启航，取道北面的航路，驶向夏威夷。尽管天气恶劣，海上波浪滔天，这些日本人却相信冬季风暴可以更好地掩护自己的抵近行动。正因为这个原因，他们严格保持无线电静默。12月2日，南云忠一收到东京电报，内容十分简单：“攀爬新高山”。这其实是继续实施进攻的信号。4天后，这些日本人已到达欧胡岛以北230英里

(370 公里）的地方，恰恰位于可对珍珠港实施袭击的距离范围内。次日早上 6 时，这些巨大的航母迎着海风，放飞了第一波次的偷袭飞机。这些飞机由日本海军首席王牌飞行员、海军少校渊田美津雄负责指挥。他和日本首席空中战术官、海军少校源田实已制订好空中袭击的详细计划。第二波次飞机在一个小时后发动，那时，渊田美津雄正在靠近目标的途中。

渊田美津雄于上午 7 时 50 分发动进攻。15 分钟内，他所部鱼雷轰炸机击沉了 5 艘美国战列舰，重创了 3 艘以上的战列舰，成群结队的轰炸战斗机和俯冲轰炸机攻击了位于卡内奥赫湾、西卡姆、埃瓦、贝洛以及惠勒的机场，摧毁了所有还停在地面上的美国飞机。第二波次的飞机在上午约 8 时 50 分到达珍珠港上空，继续发动进攻，几乎没有遭到任何反击。上午 9 时 45 分，日军的进攻已经接近尾声。南云忠一派遣的

珍珠港

日军分两个波次袭击珍珠港。如图展示了日本的总体进攻计划，由 49 架高空轰炸机、51 架俯冲轰炸机、40 架鱼雷飞机和 40 架战斗机组成的第一波次飞机，从欧胡岛以北 250 英里（400 公里）的日本海军的 6 艘航母上起飞，于上午 7 时 50 分左右到达珍珠港。这些飞机不是同时到达的，战斗机先于轰炸机到达，以便在目标上空建立制空权。第二波次袭击由 170 架飞机组成，于上午 7 时 15 分左右起飞，在 8 时 50 分到达珍珠港。

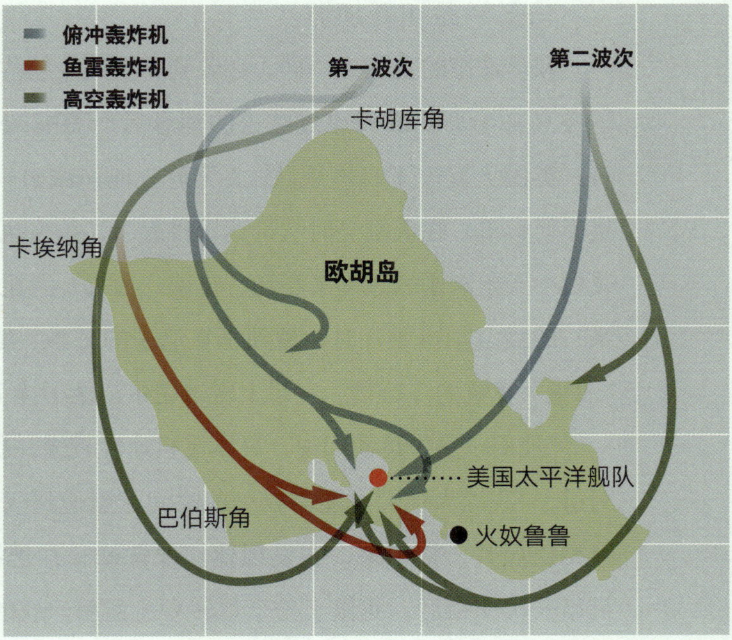

360 架日军飞机中，只损失了 29 架。

美军太平洋舰队的 8 艘战列舰或被击沉，或是失去行动能力，但日军这次进攻并没有获取山本五十六期望的那种全面胜利。他本来想着要击沉或击毁太平洋舰队的 3 艘航母，但这 3 艘航母仍然在海中航行，所以逃过被摧毁的命运。更为重要的是，由于南云忠一并不知道那些失踪航母的具体位置，所以出于谨慎考虑，他决定先返回，没有派出侦察机继续追踪这些航母，也没有按照山本五十六总体进攻计划的要求，发动针对珍珠港的第三波次空袭。虽然 3500 多名美国人死亡或受伤，18 艘舰船被击沉或遭受重创，350 多架美国飞机被摧毁，但珍珠港巨大的储油库却幸免遭受袭击。如果真如山本五十六所计划的那样，日本再次发动进攻并摧毁所有这些设施和装备，太平洋舰队可能会在接下来的数个月内，完全丧失行动能力。

马来半岛和新加坡

和珍珠港的美国人一样，在收到日本入侵航队驶入暹罗湾、向着泰国及马来半岛北部海岸线驶去的消息后，英国人也大吃一惊。12 月 8 日，英国人发现了日本舰队。2 天后，他们派出一架皇家空军“蒲福”摄影侦察机，在天刚亮时从哥达巴鲁起飞，前去执行侦察任务——这架飞机一天前刚刚去过马来半岛。这架“蒲福”飞机在 20000 英尺（6096 米）的高空拍摄照片时，遭到正在巡逻的日本“零”式战斗机的猛攻。“蒲福”飞机的飞行员、空军上尉米切尔记录了接下来发生的事情。

“他们一直告诉我们说，日本飞机速度较慢，我一直是相信的。”他写道，“我以为他们可能需要一些时间才能达到我们的高度，所以就继续拍摄照片。接下来，我发现他们像黄蜂一样把我们包围了……在飞机第一次交错后，我做了一个急转弯。然后，我的左翼发动机被击中，

照片中是一架道格拉斯 TBD1 型鱼雷轰炸机。1942 年 2 月 24 日，它从巡航威克岛的美国航母“企业”号上起飞。我们可以注意到，照片中燃烧的大火，可能是因为美国之前对下方中心区域发动轰炸进攻的结果。日本将夺取位于太平洋中部的这些小环礁作为首要军事任务，因为这些环礁具有重大的战略意义。日本在偷袭珍珠港数小时后，便开始轰炸美国位于环礁上的阵地，并于 1941 年 12 月 11 日尝试首次登岛行动。尽管美国守军发动反击，日本在 12 月 23 日的第二次尝试还是取得了成功。美国守军坚持了 3 个小时，之后被迫投降。

‘蒲福’飞机开始向后滚动，并开始旋转。我降至 10000 英尺（3048 米），摆脱这些日本战机，向最近的云层飞去。”

米切尔驾驶遭受重创的“蒲福”飞机向着哥达巴鲁返航，但发现自己正在遭受密集持续的空中打击。他贴着丛林低空飞行一段时间，等到轰炸和炮火扫射出现停顿时，快速迫降。事实上，日本的入侵行动在前一天就已经全面开展，并且已经控制了位于哥达巴鲁、龚吉打基地[9]、金河、南泰、巴特沃斯和亚罗士达的机场——它们也正是日军的首要目标。

Z 部队[10]

在收到日本登陆行动的消息后，新加坡方面反应比较平静。3 个月前，兰开斯特公爵郡大臣达夫·库珀被丘吉尔派到远东地区，对那里的形势进行分析。据他的记录，12 月 8 日凌晨 3 时，他和妻子被秘书叫醒。他写道：“他（秘书）将头探入我们的房间，然后说：‘日本人已在马来半岛东北海岸登陆。’但我们对此一筹莫展。所以，我们强迫自己继续睡觉，只是仍然会被炸弹落下、爆炸、火炮响起以及最后的空袭警报等见怪不怪的声音惊醒。所以说，日本人已经打响了战争。”

日本人的登陆行动原本不应让人感到意外。1937 年 5 月，伦敦的各军种参谋长已经发出警告，称日本的目标可能是“派陆军在马来半岛登陆，以便向新加坡进军”。他们继续警告道：“日本人可

这是日本轰炸机拍摄的照片，见证了 1941 年 12 月 10 日在马来半岛海岸附近，英国不幸的 Z 部队所遭遇的一切。在照片下方可以看到，战列巡洋舰“反击”号遭到一枚炸弹的攻击，但周围溅起的水花说明只是险些命中。照片上方附近，战列舰“威尔士亲王”号正冒着大量烟雾。Z 部队在没有空中掩护的情况下出航，在遭受日军无情空中打击时无力自保。多次被鱼雷击中的“反击”号于中午 12 时 33 分首先被击沉。“威尔士亲王”号在下午 1 时 18 分倾覆，在其倾覆并沉没之时，还意外撞上正在努力撤离船员的驱逐舰“信使”号。

能希望通过消耗战、空战和陆地进攻的共同作用，迫使我方守军在我方舰队到达并实施救援之前投降。”英国在马来半岛的防卫力量薄弱。“如果没有增援部队派驻新加坡，”他们总结道，“我们现有力量无法阻止日本在马来半岛的登陆行动……这些数量有限的部队……不可能阻止日军在战争打响的 2 个月内，在柔佛州[11]南部扎稳脚跟。”

因此，所有一切都取决于英国是否有能力增援其地面力量和空中力量，并且在合适的时间将舰队派到新加坡。从地面力量来看，印度陆军第 9 师已经驻扎在马来半岛西部，位于吉隆坡附近，第 11 师驻扎在马来半岛北部。位于新加坡岛北面，也是马来半岛最靠南面的柔佛州，由澳大利亚第 8 师进行守卫。显而易见，英军的空中力量十分薄弱。虽然这些参谋长都认为成功的空中防卫至少需要 336 架飞机，另外还需要 327 架飞机待命，但此时中东地区持续提出空中支援的要求，也意味着那个地区才是最优先的防卫区域。丘吉尔坚持要派 300 架“飓风”飞机前往苏联，并没有采纳其顾问提出在马来半岛部署力量远比在东线部署更好的意见。澳大利亚总理罗伯特·孟席斯也施加压力，要求将“飓风”战斗机派至远东，他略带讨好地做出保证，先期已经抵达的 170 架布鲁斯特“水牛”飞机[12]“看上去非常令人满意”。

新加坡建造的海军基地本来是供英国舰队使用的，但它们却从未来过这里。相反，海军部将新的战列舰“威尔士亲王”号，以及一战时期老旧的战列巡洋舰“反击”号派往远东地区，除此之外，也没有其他可以派出的舰船。达夫·库珀描述了 12 月 2 日它们达到时的情况。“这些军舰转过弯道，进入海峡中的狭窄水域。正是这些水域将新加坡岛与大陆隔开。这的确是一个非常了不起的时刻。”他写道，“我们都在海军基地，等着欢迎它们的到来，而它们和负责护卫的 4 艘驱逐舰分秒不差地准时到达。它们给我们带来了一种彻底的安全感。”

达夫·库珀为何会如此自信，现在看来仍然不得而知。但这支刚刚抵达的海军中队指挥官、海军上将汤姆·菲利普斯也同样自信，他甚至透露，自己没有独立的空中掩护力量——本来这些英国舰船应该与新型航母“不屈”号一同到来，然而这艘航母在西印度群岛试航时搁浅，还没修好，所以未能及时派出。

Z 部队向北航行

日本通过航空侦察确认 2 艘主力舰抵达新加坡后，派出更多的鱼雷轰炸机，以增援驻扎在印度支那的部队。英国皇家空军也明确告知菲利普斯，称此时无法为其提供任何有力的空中支援。但在收到日军登陆的消息后，菲利普斯决定尽快向遭到入侵的地区驶去。

Z 部队于 12 月 8 日下午晚些时候开始启航。菲利普斯决定一路向北，朝着哥达巴鲁航行，因为据报告日军正在那里进行大规模的登陆行动。他决定摧毁登陆驳船，然后撤回部队。但这个计划获得成功的前提是日军不会发现 Z 部队。12 月 9 日，菲利普斯的舰队被日本飞机发现。当天晚上，他取消了这次行动，Z 部队返回新加坡。

当时，菲利普斯接到报告称又有日军登陆，这一次是在更靠南部的关丹，于是他改变航向前往探查，但他到达时什么也没有发现。他派出去实施海岸抵近侦察的驱逐舰“信使”号报告称，“非常平静，就像普通的雨中周日下午”。菲利普斯继续向着南部进发。

日军进攻

这次延迟几乎成为对 Z 部队的致命一击。12 月 10 日上午 10 时 15 分左右，Z 部队再次被日军飞机发现，一个小时后，日本轰炸机和

三菱G4M1式（II型）“贝蒂”飞机[13]

类型： 中型轰炸机和鱼雷轰炸机

机组成员： 7人

长度： 65英尺6.25英寸（19.97米）

翼展： 81英尺7.75英寸（24.89米）

速度： 每小时256英里（428公里），巡航速度为每小时196英里（315公里）

航程： 1771英里（2862公里）

被盟军戏称为“贝蒂”的这款飞机，是二战期间日本帝国海军的主要陆基轰炸机。它因为结构轻巧，所以航程较远，这也意味着机组成员没有装甲保护。因为没有自动防爆油箱，所以它很容易在被击落时起火。曾经筹划过珍珠港袭击，同时也是日本联合舰队司令的海军上将山本五十六，就是 1943 年 4 月乘坐这款飞机时被击落丧命的。

鱼雷轰炸机将其包抄，实施狙击。日军共出动 85 架鱼雷轰炸机，其中有 34 架三菱 G3M“内尔”高空轰炸机[14]和 57 架三菱 G4M“贝蒂”飞机[15]。它们聚集在一起，对 Z 部队发动进攻，第一波飞机在高空飞行，以引开 2 艘舰船的防空火炮，第二波飞机在低空飞行，发射鱼雷弹。即使在进攻开始之后，菲利普斯也没有打破无线电静默，寻求空中掩护，相反，他只是向新加坡方向简单发电：“情况紧急。已遭到来自港口方向的鱼雷攻击。‘反击’号被一枚鱼雷击中。速派驱逐舰。”

菲利普斯为何认为增派驱逐舰即可，这一点至今成谜。他的下次发电是请求新加坡基地派出“所有可用拖船”，这是他的最后发电。下一个发电来自驱逐舰“厄勒克特拉”号，内容十分简单，就是“威尔士亲王”号已被击沉。“反击”号舰长虽然成功地躲开 19 枚鱼雷，但还是成为日军进攻的牺牲品。日本总共损失 3 架飞机，其中 1 架在 2 个小时的遭遇战中被防空炮火击落。

新加坡沦陷

陆上的情况也是一样糟糕。驻守前沿阵地的印度军队从未见过装甲部队，所以一看到日军坦克出现时，他们马上陷入一片混乱，迅速溃败。1942 年 2 月 8 日，日军抵达马来半岛南端，佯装要跨过柔佛海峡。尽管驻守新加坡的部队在数量上远远超过入侵日军，但到 12 月 10 日晚间，该岛西部还是落入日军手中。很快，除一个机场外，日军夺取其他所有机场，并控制了该岛屿中所有淡水资源。

因为淡水已全部用光，而救援无望，英军指挥官阿瑟·帕西瓦尔中将只得投降。2 月 15 日，他下令手下部队放下武器。丘吉尔说："这是

三菱 Ki67 飞机[16]正在以经典的阶梯编队飞行。日本人称这款飞机为"飞龙"，盟军则称之为"佩吉"。"佩吉"最初是为日本陆军航空局而设计，该飞机全副武装，还配备自动防爆油箱，其设计者显然从过去的错误中吸取了教训。到 1944 年 10 月该飞机准备服役之时，盟军发动轰炸突袭，阻碍了它的生产进程。结果，到战争结束之前，这种飞机总计生产 698 架。另外，机组成员经验不足，以及油料短缺，也使得该飞机无法获取成功。

照片中是飞行中的三菱 G3M“内尔”飞机。和“贝蒂”一样，“内尔”飞机也是日本在战争初期的主力重型轰炸机，航程极远。1941 年“内尔”飞机即将被淘汰，它们仍然从位于日据法属印度支那（越南）的基地起飞，发动了对新加坡的轰炸攻势。1942 年 2 月 19 日，它们还参与对澳大利亚达尔文市的轰炸行动，当时共有 188 架该款飞机袭击该市。在执行此次行动时，它们都是从荷属东印度（今天的印度尼西亚）起飞的。

英国历史上最具灾难性和规模最大的被俘事件。”这也证明，即使是久经沙场的主力军舰，在空袭中也未必能够幸免于难。战列舰的时代已经结束，航母的时代已经来临。

注释

[1] 三菱 C5M2“巴布斯”，是（1870 年建立的）日本三菱集团研发的一款双引擎侦察机，“巴布斯”是盟军对这款飞机的戏称。

[2] 三菱 Ki46“黛娜”飞机，是三菱集团研发的一款双引擎侦察机，“黛娜”是盟军对这款飞机的戏称。

[3] 中岛 B5N“凯特”飞机，是（1919 年建立的）日本中岛飞行株式会社研发的一款标准的舰载鱼雷轰炸机，“凯特”是盟军对这款飞机的戏称。

[4] B29“超级空中堡垒”飞机，是波音公司研发的一款四引擎螺旋桨驱动重型轰炸机。

[5] 这里的“战列舰编队”就是指珍珠港袭击时，停泊在福德岛中遭受到首轮冲击的8艘美国战列舰。

[6] 西卡姆机场，位于夏威夷岛珍珠港的美国空军基地，后与珍珠港的美国海军基地合并成为珍珠港联合基地——西卡姆基地。

[7] 威克岛，是太平洋中部的环礁，美国无建制领地。

[8] “虎！虎！虎！”这条密电是日本偷袭珍珠港行动的暗语，意思是“攻击！攻击！继续攻击！”该暗语是日本密码专家多田一紫和多位专家设计的，选“虎”字，可能缘于日本民间谚语“虎行千里必凯旋”。也有人说渊田美津雄发出的暗语其实是“东风，雨！”，表示“日美开战”，但因为日语发音的问题，被误听为“虎！虎！虎！”

[9] 粪吉打基地，是马来西亚皇家空军的一个空军基地。

[10] Z部队，即海军上将汤姆·菲利普斯所部前往新加坡的英国海军中队，由战列舰“威尔士亲王”号、战列巡洋舰“反击”号以及随行的驱逐舰组成。

[11] 柔佛州，是马来西亚13个州之一，位于马来西亚西部最南端。

[12] 布鲁斯特“水牛”飞机，是（20世纪30年代建立的）布鲁斯特航空公司研发的一款战斗机。

[13] 三菱G4M1式（II型）“贝蒂”飞机，是三菱G4M“贝蒂”飞机的一款改版。

[14] 三菱G3M“内尔”高空轰炸机，是日本三菱集团研发的一款轰炸机和运输机，“内尔”是盟军对这款飞机的戏称。

[15] 三菱G4M“贝蒂”飞机，是三菱集团研发的一款双引擎、陆基轰炸机，“贝蒂”是盟军对这款飞机的戏称。

[16] 三菱Ki 67飞机，是三菱公司研发的第一款双引擎中型轰炸机。

第四部分

战争转折

1941 年 12 月美国参战之后，罗斯福和丘吉尔开始制定一个宏大的战略，确保能够让两国和苏联获取针对轴心国的全面胜利。两位首脑一致认为，必须先打德国，后打日本。之所以做出这个决定，是有一个不可明言的潜在原因，他们都在担心，若不如此，受到重创的苏联可能会决定与希特勒媾和，让西方各国自己去面对纳粹国防军。问题在于，除根据双方之间的《租借法案》[1]为苏联提供武器外，他们还应该做些什么，才能既取悦这位盟友，同时又可以大步向着战争的胜利迈进呢? 以前所未有的规模发动一场战略轰炸攻势，似乎就是显而易见的答案。英国皇家空军的轰炸机司令部对第三帝国实施夜间打击，而美国陆军航空队则在日间实施精确轰炸。尽管这一轰炸攻势在 1943 年之前一直未能全面展开，但它已经为发动整个战争期间规模最大、耗时最长的空中冲突做好了铺垫。

第 16 章

美国参战

在美国参战之前，美国陆军就派出上尉小哈维·布朗前往英国皇家空军迈德曼汉姆中心，接受照片判读培训。他一回到美国，就开始充分应用新学到的知识。他帮助美国在宾夕法尼亚州的哈里斯堡建立了一所照片判读学校，作为对现有的位于丹佛市洛瑞基地[2]照片判读学校的补充。正是这些相对微小的举动，使得美国的航空侦察工作得以开始向前发展。

艾略特·罗斯福加入

1942 年 4 月，罗斯福总统的次子艾略特·罗斯福少校，乘坐一架波音 B17“空中堡垒”轰炸机，来到英国在西非的殖民地塞拉利昂首府弗里敦。最初，艾略特对于被派往远离战斗的职位并无太多兴趣，但包括他父亲在内的很多人都向他解释过这项任务极其重要。他和手下团队受命开展航空侦察，以绘制北非的地图，为盟军在当年晚些时候筹备进攻阿尔及利亚和突尼斯的“火炬行动”[3]做准备。

艾略特出色地完成了任务。在“火炬行动”成功后，他晋升为中校，并负责指挥第 3 摄影行动小组。该小组装备了经过特殊改装的洛克希德 P38“闪电”飞机[4]，基地位于阿尔及尔。在阿尔及尔，他认识了一些在地中海战场活动的顶级英国侦察飞行员。尽管他非常敬仰他们，但美国照片判读人员与经验更为丰富的英国同僚之间，还是会存在一些冲突。艾略特很固执地试图将美国的航空侦察工作与英国的分开，此举也预示了他后面即将采取的政策，因为 1944 年初，在诺曼底登陆和“霸王行动”发动之前，他被调到英国，负责美国在英国的航空情报工作。

破坏性的分歧

1942 年 9 月，美国首批照片判读人员到达英国皇家空军迈德曼汉姆中心，恰好是美国第 8 陆军航空队针对法国沦陷后国内目标发动首次日间轰炸行动的一个月后。有些美国人能与英国人相处良好，但有些则不然。幸运的是，无论两国人员之间发生什么事情，都没有升级恶化。越来越多的美国人来到迈德曼汉姆中心工作。最初该中心只有 30 个人，很快就翻倍到 60 人。到 1944 年初，这个数字已经达到 163。

就在那时，艾略特・罗斯福也来到英国。他的目标仍然是确保美国的航空侦察和情报行动，与英国的相关行动完全分开。他和美国第 8 陆军航空队指挥官詹姆斯・杜立特将军一起，劝说目前在迈德曼汉姆的所有美国照片判读人员，搬去第 8 陆军航空队总部所在地潘恩垂，并在那里建立一个全新的、独立的行动中心。英国高层和大部分美国高级军官都对这个计划惊恐不已，不仅因为实施这个计划浪费资源、代价高昂、耗时极长且需要加倍付出努力，同时也因为该计划与时任盟军欧洲最高指挥官德怀特・艾森豪威尔将军全力倡导的英美合作精神完全背道而驰。艾森豪威尔曾警告称，任何美国军官，只要无法与英国军官建立

一架 B17 轰炸机飞离燃烧的福克－沃夫飞机制造厂的上空。1943 年 10 月 9 日，100 架 B17 轰炸了位于德国马林堡的这家工厂。美国第 8 陆军航空队的指挥官是卡尔·斯帕茨将军，他在率部到达英国的那一刻起，就一直认为应当对关键工厂目标实施日间精确轰炸，如此才是让德国战争经济屈服的最快方法。

密切关系，或与他们发生冲突，无论其军衔有多高，都将立即被送回老家。

艾略特并未被此吓住。美国驻伦敦大使詹姆斯·怀南特直截了当地警告他，说这样的固执“可能会威胁到英美关系的未来”。但即便如此，艾略特仍威胁称要把这项争端交给自己的父亲裁决。最后，幸亏有怀南特和美国驻欧洲战略空中部队总指挥卡尔·斯帕茨将军出面斡旋，争执双方才终于达成妥协。妥协结果是成立一个新机构，即联合摄影侦察委员会，在这里美国人与英国人平起平坐，该委员会还规定了航空侦察的优先事项。皇家空军迈德曼汉姆中心重新更名为盟军中央判读小组，保留对照片判读工作的控制权，但不负责战损评估——这部分工作交由潘恩垂负责。英国皇家空军和美国陆军航空队的侦察飞行活动仍然分头进行，英国皇家空军从本森基地起飞开展行动，而美国第 8 航空侦察联队则从农场山[5]起飞执行任务。艾略特输掉了这一仗，1944 年 11 月，他被召回华盛顿，在五角大楼任职。

“轰炸机男爵”

当然，这绝非两个西方同盟国之间唯一的一次争端。双方还有一项争议，即究竟在什么时间、从什么地点对被占领的欧洲发动进攻？美国人认为应该尽快进攻法国，对此苏联人也一直在坚持。英国人的回应则是，这次行动最快不能早于 1943 年，因为在此之前几乎不可能实现行动目标，而 1944 年以前实施这种行动也不太切合实际。对此，丘吉尔及其军事顾问都认为，一旦轴心国部队被赶出北非，最好的选择就是继续在地中海地区对其施压，同时进攻意大利本土，迫使意大利退出这场战争，然后继续解放巴尔干。美国人勉强同意了这项计划中的第一部分。

不过，华盛顿和伦敦都完全同意的一件事，就是应该发动一次大规模的战略轰炸攻势，将战争推至第三帝国的核心地带。双方的空军指挥官（被称为“轰炸机男爵”）都赞同这个决定，但在最佳执行方案的问题上，双方仍然存在分歧。

1942 年 2 月，阿瑟·哈里斯爵士接任英国轰炸机司令部指挥官，他坚定地认为轰炸行动应该在夜间进行，并且应该以前所未有的规模进行，这样才能完全压制德国空中防御力量，依靠大范围破坏来消弭德国平民的士气，从而使得同盟国打赢这场战争。“看过轰炸伦敦之后，”他写道，“我相信充分地利用轰炸攻势以及使用正确类型的炸弹，坚持足够长的轰炸时间，那么世界上任何一个国家都将无法承受此种轰炸。”英国飞机制造厂源源不断地制造出四引擎的“斯特林”、“哈利法克斯”及“兰开斯特”重型轰炸机，它们就是他用以完成这项任务的工具。革命性新式雷达提供辅助，再加上新的领航人员，可以帮助哈里斯手下的机组成员在哪怕最黑暗的夜晚，找到目标，并精确地实施轰炸。

英国航空部还专门向轰炸机司令部下发了一个优先目标列表。埃森市、杜伊斯堡、杜塞尔多夫和科隆被定为“重要工业区”；而对于吕贝克、罗斯托克、不来梅、基尔、汉堡、汉诺威、法兰克福、曼海姆、斯图加特以及施韦因富特等“备选工业区”，哈里斯也一样乐于进攻。哈里斯的空中“无敌舰队”将不断发起进攻，正如他所说，“直至纳粹德国的心脏停止跳动”为止。他对于获胜信心十足。

美国陆军航空队的高层与哈里斯一样自信，认为战略轰炸可以取得成功。但他们与他也有分歧，即什么才是能将这一想法付诸实践的最佳途径。在遭遇 1939 年和 1940 年的灾难性经历之后，英国皇家空军认为：其一，让没有护卫的轰炸机发动日间空袭，无异于自取灭亡；其二，无论如何，英国机组成员都无法具备精确轰炸所要求的能力。美国人则在这两个方面都持不同意见。

轰炸机和投弹瞄准器

对于波音B17“空中堡垒”，美国人相信，它可在没有护卫的情况下在德国上空执行日间任务，无论纳粹空军向其发射什么，都不会影响任务执行。“空中堡垒”飞机以密集编队飞行，每组轰炸机“箱状编队”[6]都可以彼此支援，将任何来袭的战斗机击落。

这款波音飞机的确是一个了不起的航空设计，巡航速度可以达到每小时260英里（418公里），航程3750英里（6035公里），实用升限35600英尺（10668米）。它还装有坚固的装甲，装备大量武器，有不少于11到13挺机枪。缺陷是携带炸弹的能力不足，一架“空中堡垒”仅可携带4800磅（2177公斤）炸弹，而一架普通的“兰开斯特”飞机都可以携带14000磅（6350公斤）炸弹。

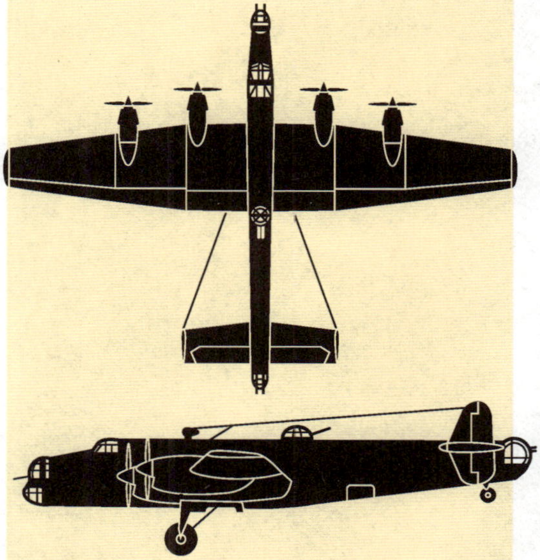

汉德利·佩奇“哈利法克斯”HP57 III型飞机[7]

类型：重型轰炸机

机组成员：7人

长度：71英尺7英寸（21.81米）

翼展：104英尺2英寸（31.74米）

速度：每小时282英里（454公里）

航程：1860英里（3000公里）

“哈利法克斯”飞机比同类飞机阿夫罗“兰开斯特”早一年服役，虽然性能较之有所逊色，但它仍然是皇家空军在二战期间所生产的功能最多的飞机之一。它既可以用作战略轰炸机，也可以用作“探路者”、空中救护飞机、滑翔机拖曳机、运输机以及海上侦察机。但第一批“哈利法克斯”飞机速度过慢，而且方向舵也存在问题，会让它失控旋转。直至III型机被生产出来，这些问题才被完全改正。

但是，美国人坚信自己手上还有另外一张王牌，这就是“诺登”轰炸瞄准镜。它是美军最高机密，是整个战争进程中最为先进的轰炸技术之一。这个瞄准镜类似于一台机械模拟计算机，投弹手可以用它来算出投放炸弹的精确时间，准确击中目标。它的精确性极高，据称可以让投弹手从 21000 英尺（6400 米）的高空，击中一个直径 100 英尺（30.4 米）的圆形地面目标。但在实际战斗条件下，其精确性要低一些，这也是可以理解

这张垂直拍摄的侦察照片显示，1942 年 9 月 10 日，英国轰炸机司令部的 479 架飞机对鲁尔地区的杜塞尔多夫市发动猛烈轰炸之后，对该市造成的破坏极其严重。该市利文菲尔德区一个重要的钢管工厂——德意志罗亨韦克工厂，几乎被彻底摧毁。这不是杜塞尔多夫市第一次遭到突袭，也不会是最后一次。轰炸机司令部在 1942 年 8 月 31 日发动第一次主攻，在 1944 年 11 月 2 日发动最后一次主攻。加在一起，轰炸机司令部共对杜塞尔多夫市发动 10 次空袭，据估计摧毁了该市 64% 的区域。

在马丁 B26“掠夺者”飞机[8]的机首里，埃弗里特·格伦·黑尼斯少尉正蜷伏在“诺登”投弹瞄准器上。这架飞机隶属美国第9陆军航空队第344轰炸大队。这个瞄准器是一台重50磅（23公斤）、复杂的机械模拟计算机，由陀螺仪、发动机、传动装置和一台包含2000个精密零件的望远镜组成。投弹手的工作就是为瞄准器提供所需信息，让它算出命中目标的精确航线，然后投放炸弹。在“曼哈顿计划”[9]实施之前，它是美国最秘密的武器。

1943年11月13日，美国第8陆军航空队的B17轰炸机穿过厚厚的云层，在不来梅投下炸弹。投弹信号由“探路者”飞机投放的航空标记器发出。该机型装备H2X机载雷达，是对英国皇家空军原有的H2S雷达系统进行大幅度改造后制造的。B17轰炸机在西欧经常会遭遇云层过厚的问题，无法进行精确轰炸，甚至连“诺登”投弹瞄准器也无法应对多云的天气状况，直到H2X雷达出现，这一情况才有所改变。尽管这种雷达制导的轰炸方式仍不能达到美国轰炸部队指挥官要求的完全精确化，但还是可以一劳永逸地解决上面这个问题。

的。它通常还会受到欧洲上空多云的飞行条件的影响。

第一次进攻

1942 年 8 月 17 日，第 8 陆军航空队终于开始执行第一次飞行任务，即轰炸位于法国北部鲁昂的铁路调车场。当时只有 18 架轰炸机起飞，其中 12 架对铁路调车场发动进攻，而其他飞机在英吉利海峡海岸线上空掠过，以分散敌人的注意力。后来，所有飞机都安全返回，有的命中目标，有的险些命中。第 8 陆军航空队指挥官艾拉·埃克将军就搭乘其中一架轰炸机，他迅速宣称这是一次彻底的胜利。但他没有指出的是，“空中堡垒”全程受到英国皇家空军“喷火”飞机的保护——在出发前往目标的路途中有 4 个“喷火”飞行中队提供保护，返航时有 5 个“喷火”飞行中队保护。所以，这算不上公正的测试，无法验证美国宣称的“空中堡垒”可以独自应对纳粹空军的言论。

从那时起到 12 月底，第 8 陆军航空队在欧洲又执行了 26 次飞行任务，但这些行动都不是针对德国的。行动总计出动 1547 个飞行架次，只损失 32 架飞机，伤亡率小于 2%。“空中堡垒”的机枪手宣称已经击落大量的纳粹空军战斗机。至少从表面看，似乎美国希望的事情都已得到验证。埃克也很赞同这个观点，他认为，如果到 1943 年 6 月，他能拥有 20 个可以投入战斗的轰炸机大队，在充分“得到英国夜间轰炸支援的条件下，完全可以令德国工业和商业陷入混乱，使得敌人失去赢得战争的手段”。

美国驻欧洲航空总指挥官卡尔·斯帕茨将军与埃克一样非常乐观。哈里斯也是如此，他并不在乎美国人做什么，只要不让他放弃最重视的区域轰炸攻势即可。对于美国人来说，他们也不关心轰炸机司令部会做什么，不会做什么，只要他们能够有机会用自己的方式来打这场轰炸战就可以。

1943 年 1 月召开的卡萨布兰卡会议[10]确定，目前官方称为“联合轰炸攻势”的做法已成为盟军正式的政策。该政策的目标非常简单，就是“削弱德国的战争能力，直至能够对其实施进攻行动”。会议中还对盟军的轰炸机指挥官继续做出指示：“你们的主要目标是逐步破坏和扰乱德国的军事、工业和经济体系，打击德国人民的士气，直至他们武装抵抗的能力被完全削弱。”

这个政策非常清楚，现在是时候让英国皇家空军和美国陆军航空队将各自的计划付诸行动。但哪一方能够取得成功，人们只能拭目以待。

注释

[1] 《租借法案》，正式名称为《促进美国国防法案》，规定美国应该免费或有偿向法国、英国等提供粮食、军事物资，1941 年至 1945 年期间还需提供武器装备。

[2] 洛瑞基地，二战期间是美国陆军航空队的训练基地，后来改名洛瑞空军基地。

[3] “火炬行动”，最初被称作“体操员行动”，是英美在二战北非战役期间进攻法国的行动，于 1942 年 11 月 8 日开始实施，这也是美国在二战欧洲和北非战场发动的第一次大规模行动。

[4] 洛克希德 P38“闪电”飞机，是（1912 年建立的）美国洛克希德公司研发的一款活塞发动机驱动的战斗机。

[5] 农场山，是英国皇家空军之前的站点，位于英格兰南部的多尔切斯特市以北 4 公里处。

[6] 箱状编队，是二战期间美国陆军航空队重型轰炸机（战略轰炸机）的一种常用

战术，也被称作“交错编队”。

[7] 汉德利·佩奇“哈利法克斯”HP57 III 型飞机，是汉德利·佩奇飞机有限公司研发的“哈利法克斯”飞机的第一款改版。

[8] 马丁 B26“掠夺者”飞机，是格伦·马丁公司研发的一款双引擎中型轰炸机。

[9] “曼哈顿计划”，是美国陆军部于 1942 年 6 月开始实施利用核裂变反应来研制原子弹的计划。

[10] 卡萨布兰卡会议，1943 年 1 月 14 日至 24 日在摩洛哥的卡萨布兰卡举行。会议讨论二战后期非洲、地中海、太平洋战局，以及后续对轴心国作战问题，并就加强对德国的轰炸、土耳其在战争中的立场以及亚洲殖民地的命运问题进行磋商。会议结束后，罗斯福宣布，将把对轴心国的战争进行到三国“无条件投降为止”。

第 17 章
杜立特空袭

日本对珍珠港发动毁灭式的进攻之后，看似无敌的日军在美国面前横扫一切，因此富兰克林·罗斯福总统以美国国家的名义，敦促军方高层制订一个可以让美国迅速反击日本的计划。罗斯福此举有两个目的：首先，他期望让日本人民知道，虽然日本政府已经对国民做出保证，但仍然无法抵御美国的进攻；其次，美国的一次成功会像及时注射强心剂一样，既可以振奋国内的民心，也可以提高前线美军的士气。

但仍有很多困难需要克服。美国太平洋舰队并不适合立即发动攻击。即便它原本可以，但其舰载飞机航程有限，而且飞机载弹量并不足以对日本实施一次大规模打击。解决这一难题的最终答案，就是航母搭载陆基轰炸机，对日本本岛目标实施打击，这次打击行动也被称作“杜立特空袭”。这个想法颇有些让人意想不到。美国海军负责反潜艇战争的助理参谋长弗朗西斯·洛上校最先提出这一构想，美国陆军航空队的詹姆斯·杜立特中校主动筹划并主导了这次进攻。

杜立特是一位全美英雄，他第一次赢得公众关注是在 1922 年，当时他独自驾驶哈维兰 DH4 飞机横穿美国，从佛罗里达州一路飞到加利

詹姆斯·杜立特中校（前排左立者）及其手下机组人员（全部为志愿者）前往日本本岛实施进攻之前，在美国航母“大黄蜂”号的飞行甲板上合影留念。这些 B25 [1] 在 1942 年 4 月 18 日上午 8 时左右起飞，比预计时间略早。“大黄蜂”号在距离突袭目标仍有 600 英里（965 公里）的位置就被日本巡逻艇发现。杜立特率领 16 架 B25 飞机成功起飞，它们中的大多数到达东京地区，并实施了轰炸，但另一些却转而进攻名古屋。

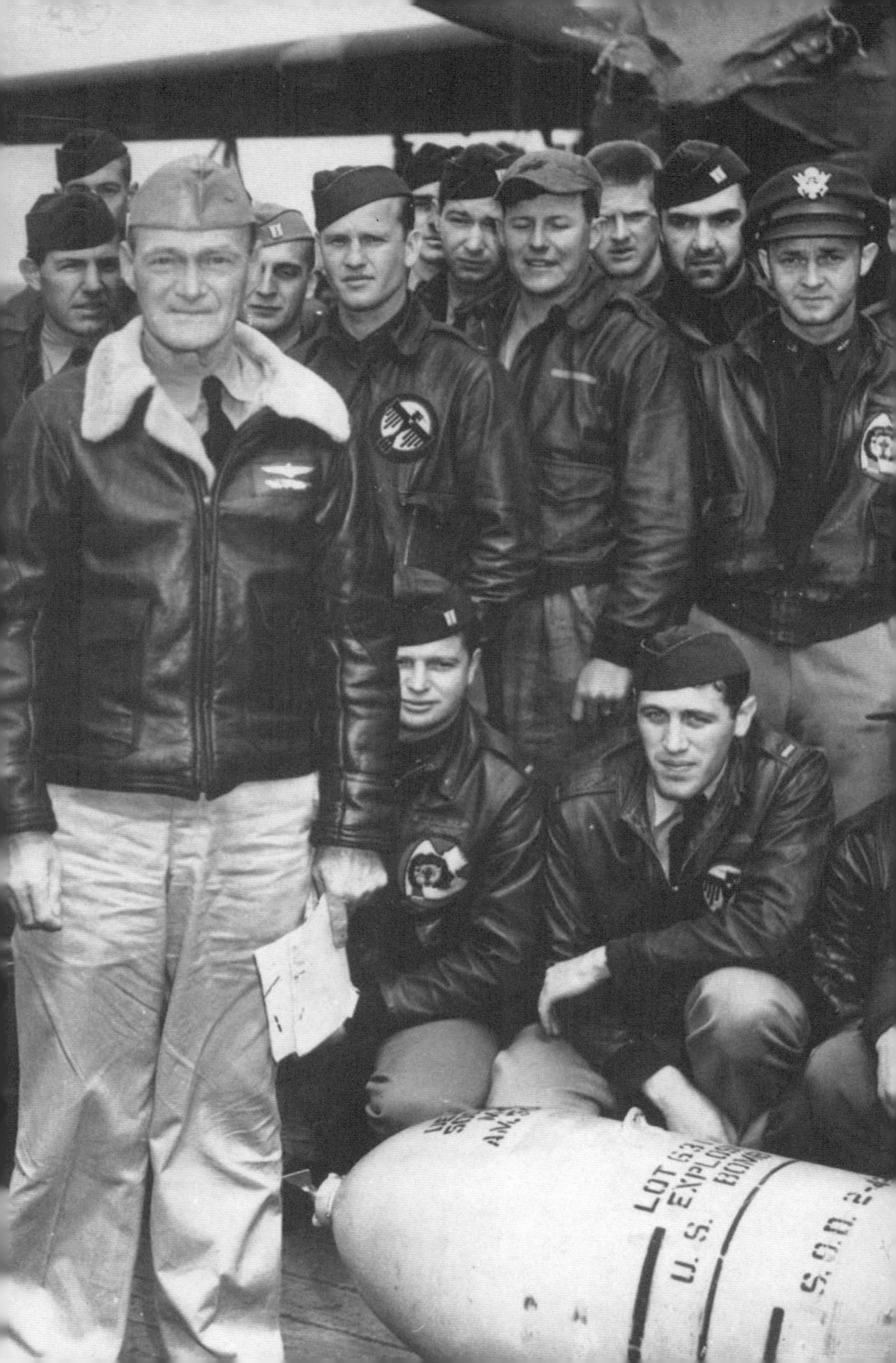
LOT 631
U. S.
S.O.D.

杜立特的空袭虽然成功，但只对日本造成很少的损失，不过却令日本最高统帅部极度尴尬。杜立特的计划原本是让 B25 继续飞行，安全飞入中国国统区[2]，但事情却出了差错，15 架 B25 或是坠落（照片里显示的就是杜立特中校自己飞机的残骸），或是机组

成员被迫跳伞。1架飞机在苏联着陆，机组成员被拘禁。8名飞行员被日本人俘获，并因战争罪受到日本审判；其中3人被枪决，1人死在狱中，剩下4人则在战俘生涯中幸存下来。

福尼亚州。他的其他飞行成绩还包括于1925年赢得“施耐德奖”和“麦凯奖”[3]，1930年赢得“哈蒙奖”[4]，1931年赢得“班迪克斯奖”[5]，以及1932年赢得“汤普森奖”[6]。1928年，他打破飞机着陆速度的世界纪录。但他并不是一个只会逞匹夫之勇的飞行员，他还首次实践了盲飞，也就是仅仅依靠仪器的帮助来飞行。美国没有其他飞行员更适合从事这样一项危险重重的工作。他因为成功地主导这次进攻，并且亲自驾驶飞机参战，赢得“国会荣誉勋章”[7]。

筹划突袭

美国海军作战参谋长欧内斯特·金上将以及美国陆军航空队指挥官“哈珀”·阿诺德将军，都是这个想法的积极拥护者。欧内斯特·金让自己的空中作战官唐纳德·邓肯上校进行了可行性研究。研究显示，可以成功地在航母上放飞一个双引擎B25中型轰炸机（绰号“米切尔”）编队，这个编队的飞机可以根据任务要求，飞行大约2000英里（3218公里）。当前的问题是，尽管这些“米切尔”可以安全地从航母上起飞，但当它们完成任务后，却是不可能返回航母的。

杜立特接管了实际的筹划工作。他认为，这些“米切尔”可以从一艘距离日本本土岛屿500海里（926.5公里）的航母上起飞，然后携带2000磅（907公斤）重的炸弹飞抵东京。在完成对东京或本州的关键工业设施和军事目标的轰炸任务后，它们可以飞入中国国统区，在那里的机场降落。

下一步就是将这个想法付诸实践。1942年2月2日，2架部分挂载炸弹的“米切尔”从全新的航母“大黄蜂”号甲板上起飞——这时，“大黄蜂”号正在弗吉尼亚州诺福克附近的大西洋海域进行海上测试。这次试飞成功后，杜立特下令给将要随他执行这次任务的8架飞机安上副油箱，并挑选执行任务的机组人员，对他们进行情况简报和训练。这些人和他一样都是志愿者。训练的密度大，时间短。留给他们的时间只有 3 周。

逐步推进

与此同时，“大黄蜂”号航母正驶离大西洋，取道巴拿马运河，前往加利福尼亚州。它的第一个停靠港是圣迭戈的海军基地，并在那里搭载本舰的战斗机和俯冲轰炸机，然后再次启航，去往一个出人意料的目的地。3 月 28 日，航母指挥官马克·米切尔上校接到密令，他将不再驶往珍珠港与太平洋舰队的 3 艘航母会合，而是驶向旧金山的阿拉米达海军航空站[8]，在那里搭载杜立特的“米切尔”飞机，让它们成为舰载机。

3 月 25 日，“大黄蜂”号到达阿拉米达基地。同一天，“米切尔”飞机从萨克拉门托飞抵该基地。24 个小时内，所有 16 架“米切尔”飞

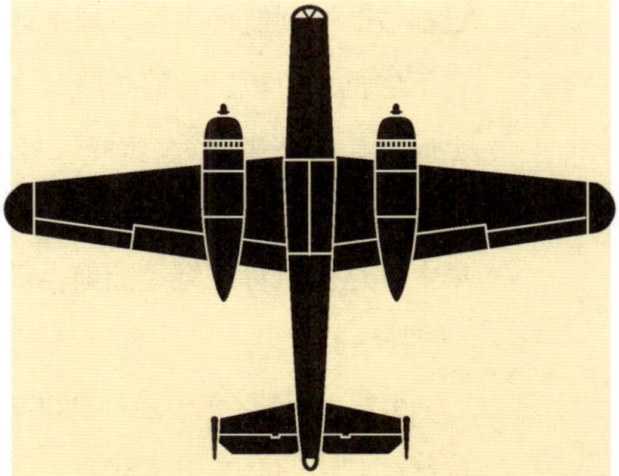

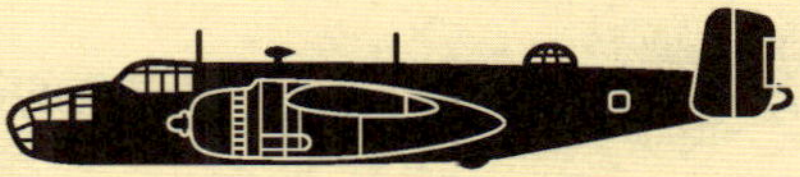

北美“米切尔”B25飞机

类型：中型轰炸机

机组成员：6人

长度：52英尺11英寸（16.3米）

翼展：67英尺7英寸（20.6米）

速度：每小时272英里（438公里），每小时巡航速度为230英里（370公里）

航程：1350英里（2174公里）

B25 是以美国航空先驱比利·米切尔少将的名字命名的，最初作为常规中型轰炸机服役。杜立特选择这款飞机参加自己著名的突袭行动，是因为尽管它过于沉重而无法在航母上着陆，但却可以从航母上起飞。这就意味着，B25 在完成对日本的进攻后，必须继续飞行，在中国国统区着陆。后来，这款飞机作为太平洋战区的地面攻击机，表现出巨大的潜力。该款飞机还曾在英国皇家空军和盟军空军服役。

机都被装载到航母飞行甲板上，因为体积太过庞大，它们甚至无法停放在下层机库甲板。它们按照起飞顺序列队，机组成员和地勤人员也都登上航母。接下来，“大黄蜂”号启航，停泊在旧金山湾。这是一个大雾笼罩的夜晚，马克·米切尔不想冒险在黑暗中将航母驶出海湾。第二天早上，这艘航母才继续启航，随行的是2艘护卫巡洋舰、4艘驱逐舰和1艘补给船。

4月13日，在中途岛西北方，“大黄蜂”号及其护卫舰与2天前从珍珠港驶出的海军中将威廉·“公牛”·哈尔西所部特遣舰队汇合。该特遣舰队由航母“企业”号、2艘巡洋舰、1艘补给船以及4艘驱逐舰组成。“企业”号要在进攻的第一个阶段提供空中掩护。

突袭发动

4月17日，“米切尔”飞机已经做好执行任务的准备。每架飞机都装备4枚重达500磅（226公斤）的炸弹，其中3枚是高爆炸药，另外1枚是燃烧弹。这时意外出现了。第二天，就在哈尔西的特遣舰队距离计划进攻地点仍有150海里（278公里）之时，它被一艘日本巡逻艇发现。其中一艘负责护卫的巡洋舰迅速击沉了这艘巡逻艇，但并未来得及阻止后者发出无线电警报。

哈尔西决定立刻实施进攻，这比计划时间提前了12个小时，而且当时与日本的距离也比计划的更远。此时天气状况不断恶化，风速最高可以达到20节，大浪也漫过这些舰船的船艏。飞机起飞还面临一个更大的难题：包括杜立特自己在内的所有B25飞行员，以前从未真正在航母上起飞过。

飞机从上午8时20分开始起飞，虽然耗时约1个小时，但16架飞机都成功升空。然后，它们以2架或4架为一组向日本飞去，靠近海岸线时降到几乎与水面波浪一样的高度，以减少被发现的危险。它们大约在中午时分到达日本上空，然后分散开来，对指定的目标发动进攻，其中 10 个目标在东京，2 个在横滨，神户、大阪、名古屋以及横须贺各有 1 个。日本防空力量被打了个措手不及。日军防空火炮威力不强，也没有战斗机能够及时起飞来截击这些突袭者。这些低空飞行的轰炸机居然还受到日本平民的欢迎，因为他们认为这些都是日本飞机。

结果与影响

突袭完成后，15 架轰炸机按照计划，向西南方向的中国飞去。因为油料不足，另外 1 架飞机只能就近向苏联领土飞去，它成功着陆，但机组成员却被拘禁（苏联在 1945 年之前并未参加对日作战）。所有预定飞往中国的飞机，最后都没有到达目的地，油料耗尽后，机组成员被迫放弃飞机，或跳伞到达安全地带，或试图紧急迫降。3 位机组成员在跳伞时死亡，8 位机组成员被日本人俘获，其中 3 人被处死，第 4 人在囚禁期间死亡，其他人最后幸存下来。

杜立特是其中一个幸免于被捕的人。他认为这次突袭是一次令人沮丧的失败，因为他损失了所有的飞机，对日本却只造成微小的破坏。但他错了，日本人对这次进攻十分震惊，多个战斗机中队被迅速召集起来，以保卫本土岛屿。更为重要的是，这次突袭迫使山本五十六迅速组织起对中途岛的进攻，以示报复。事后证明，这个决定为日本带来了灾难性的后果。

注释

[1] B25飞机，是北美航空公司研发的一款双引擎中型轰炸机。

[2] 国统区，即国民党统治区。一般是指1927年至1949年，也就是中国抗日战争和解放战争期间国民党统治的区域。

[3] “麦凯奖”，是美军每年对空军中“年度最有价值飞行”个人或组织给予的奖励，由美国国家航空协会颁布。

[4] “哈蒙奖”，是美国每年向全世界最出色的男女飞行员或驾驶员颁发的奖项，一共包括3种国际奖项。

[5] “班迪克斯奖”，是美国的一种航空竞速比赛奖项，1931年由企业家文森特·班迪克斯赞助设立，1962年取消。

[6] “汤普森奖”，始于20世纪30年代，是美国国家航空竞速比赛奖项的一种，1929年开始设立，1961年取消。

[7] “国会荣誉勋章”，是美国政府设立的最高军事荣誉勋章，颁授范围面向美国武装力量所有分支的成员。

[8] 阿拉米达海军航空站，位于加利福尼亚州的旧金山湾。

第 18 章
中途岛战役

在珍珠港突袭取得成功后，日本海军这 6 艘舰队航母，以及舰上大约 400 架舰载飞机，便成为太平洋地区最强大的海军。它们最远航行至印度洋，在那里它们似乎可以随意地击沉英国军舰；澳大利亚北部也在其打击范围内，它们也曾从空中重创澳大利亚的达尔文市。此时的日军已经横扫了太平洋南部和西部，看似势不可挡。

直到 1942 年 5 月初，横行无忌的日军终于在胜负难断的珊瑚海海战 [1] 中遭受遏制。尽管美军损失的舰艇多于日军，但日本这 6 艘舰队航母中还是有 2 艘受损。按理来说，所有航母都应该返回本土港口进行维修。

事实上，这也是山本五十六本来的打算，但一个意外事件却改变了他的想法。4 月 18 日，詹姆斯·杜立特中校带领美国陆军航空队的 16 架“米切尔”B25 轰炸机，针对东京和日本本土其他城市，发动一次大胆的空袭。尽管这些轰炸机造成的损失非常微小，但对于日本民间的心理和士气都造成巨大的冲击。颜面扫地的山本五十六下令再次发动进攻。

上图是日军航空侦察部队拍摄的达尔文市的照片。它摄于 1942 年 2 月 18 日，也就是日军对达尔文市实施轰炸之前。日军接连发动两轮进攻。执行这次轰炸行动的，是 54 架陆基轰炸机，以及来自日本航母的大约 188 架其他飞机。第一轮进攻在上午 10 时前启动，第二轮进攻则在 1 个小时后发动。日本人的计划是击溃达尔文市的军事潜力，以便随意入侵帝汶岛，这也是他们第一次对澳大利亚大陆实施空中突袭。

6 架俯冲轰炸机从最后幸存的日本航母“飞龙”号上起飞，成功在水中阻停美国航母“约克城”号。最终，“约克城”号还是启程前进，但再次遭到攻击而停止，然后开始出现严重的倾斜。“约克城”号舰长担心指挥部倾覆，下令船员弃船。但这艘航母仍然没有沉没，直至日本潜艇给了它致命一击。这艘日军潜艇成功地穿透美军驱逐舰屏障，再次发射鱼雷弹击中“约克城”号。

筹备战斗

山本五十六选择中途岛作为目标。中途岛虽然贫瘠，但战略地位十分重要，是距离夏威夷岛西部1200英里（1931公里）的前哨岛屿。这位日军总司令筹划了一个非常复杂的进攻计划：首先，他决定佯攻阿留申群岛，将敌军引至北方；次日，他的主力部队——海军中将南云忠一所部航母为先锋、山本五十六所部战斗编队紧随其后，将进攻中途岛。届时，匆忙向南回援该岛的美军，将会完全陷入日军的圈套。为了给胜利打上双重保险，山本五十六下令在中途岛和珍珠港之间部署一道潜艇屏障，截击一切进入该海域的美国海军增援部队。

美国海军最高指挥官、海军上将切斯特·尼米兹知道，从数量的角度来讲，日军远远超过美军，因此他必须以智取胜。在这方面，他有一个极其重要的优势，他的密码破译人员已经破译了日本的海军密码，正在监听山本五十六与他分散各处的舰队之间的通信信号。有了这样的情报，尼米兹开始行动了。他秘密加派飞机，增援驻守中途岛上的美军飞机，同时仅将一个象征性的特遣部队派往阿留申群岛。他将手下的主要力量分成2个航母战斗群，分别由海军少将雷蒙德·斯普鲁恩斯和海军少将弗兰克·弗莱彻指挥。第一个战斗群由航母“大黄蜂”号和“企业”号组成，由6艘巡洋舰和9艘驱逐舰护卫。日本人以为航母“约克城”号已被击沉，但它其实已被快速修好，成为第二个战斗群的旗舰，且由2艘巡洋舰和5艘驱逐舰护卫。

战斗打响

到6月2日，美国2个航母战斗群到达距离中途岛东北250英里（402公里）的作战阵地，蓄势待发，准备击败日本，扭转局面。但问题在于，它们并不知道敌人在哪里。第二天，美军通过一次远程侦察飞行发现了日本入侵部队的运兵船，直到第三天早上，一架“卡特琳娜”水上飞机[2]才发现了南云忠一的航母。于是，美国人开足马力，向着最后报告日本航母出现的位置驶去。

南云忠一在凌晨4时30分，对中途岛发动第一次进攻。他相信一次进攻就可以击溃岛上的防卫力量，但这个想法很快就幻灭了。就在他的轰炸机冲向目标时，美军战斗机群起而攻之，一起截击这些日本飞机，而中途岛的美军鱼雷轰炸机和“掠夺者”轰炸机也开始对南云忠一的航母发动反击。

尽管美军飞机被日军驱离，而且也未能给对方造成重创，但是显然，中途岛的防卫力量仍然坚固，还需要展开第二次进攻。这位谨慎的日本海军中将犹豫不决，他之前已经下令，将剩下的飞机装载鱼雷和穿甲弹，用以防备美国海军进攻。现在，这些飞机必须重新装载燃烧弹和高爆炸弹。因此，他再次下令。

美军反击

在南云忠一看来，现在形势似乎还是比较安全，因为他还不知道美国的航母已经到达，他更不知道这些航母正在靠近他的阵地。就在地勤人员奋力为轰炸机装载弹药时，他接连收到2份警示性的航空侦察报告。第一份内容模糊，一架负责侦察的水上飞机报告称发现了一些美国军舰，大概距离200英里（321公里）。直至早上8时30分，他又收到一份更加精确的情报，内容十分简洁，里面写道：“敌军附近跟随的似乎是一艘航母。”

南云忠一再次犹豫起来。第二波进攻所需弹药的装载工作几乎完成，现在可能还要重新装载。与此同时，作为掩护屏障的战斗机油料不足，而他又不得不回收第一波出击的返航飞机。因此，他迅速下令

道格拉斯SPD5“无畏”飞机

类型：侦察机和俯冲轰炸机

机组成员：2人

长度：33英尺1.25英寸（10.09米）

翼展：41英尺6.75英寸（12.66米）

速度：每小时255英里（410公里）

航程：1115英里（1759公里）

在1940年中期到1944年中期，“无畏”飞机是美国海军的主要舰载轰炸机，该飞机毫无疑问是这场战争中最好的俯冲轰炸机。该飞机在美国太平洋舰队赢得中途岛战役中发挥了决定性作用。在陆地上，该飞机从瓜达康纳尔岛的韩德森空军基地起飞，对日本舰船造成致命的损失。机组成员都很钟爱这款飞机，因为它坚固且可靠。该机型总计生产5936架。

将所有聚集在飞行甲板上的飞机运到下层甲板，让尽可能多的飞机装载鱼雷弹。与此同时，战斗机和第一波出击的返航飞机在航母上降落。

结果是日军几乎阵脚大乱。当南云忠一将航向改为向东，以应对来自美国的威胁之时，其所部航母的飞行甲板上挤满飞机，有的并未装载武器，有的正在装载武器，有的正在加油，有的则在等待机会准备起飞。此时，从“大黄蜂”号和“企业”号上起飞的美国飞行员开始加入战斗。道格拉斯“破坏者”鱼雷轰炸机[3]，加上为它们护卫的格鲁曼F4F“野猫”战斗机[4]，开始低空飞行，扑向南云忠一所部舰队。在南云舰队上方，从“企业”号和“约克城”号上起飞的道格拉斯“无畏”俯冲轰炸机也在悄悄潜行，等待机会，一旦发现目标就会发动进攻。

美军第一次进攻毫无斩获。从“大黄蜂”号上起飞的15架“破坏者”都被击落，有些是被防空炮火击落，其他则是被南云忠一的战斗机屏护部队击落。14 架从“企业”号上起飞的“破坏者”里，有 11 架也遭遇了同样的命运。从“约克城”号起飞的 12 架“破坏者”在最终到达后，也被摧毁。此次进攻中，只有 2 架“破坏者”幸存下来。所有鱼雷都没有命中日本航母。

南云忠一认为自己再次获得主动权。就在日军重新装载的飞机准备起飞之际，从“企业”号和“约克城”号上起飞的俯冲轰炸机开始发动进攻，南云忠一的战斗机无力应对。55 架美军飞机从天而降，令日军防空力量措手不及。南云忠一旗舰“赤城”号是最先被击中的航母，紧接着是“加贺”号和“苍龙”号。很快，3 艘航母都燃起熊熊大火，直至最后沉没——“赤城”号船员弃船，后被日军鱼雷击沉。

由此，南云忠一手头航母只剩下“飞龙”号。他坚信自己面对的只有“约克城”号，所以下令出动剩下的飞机，去击沉这个眼中钉。“飞龙”号航母已经在中途岛损失了三分之一的舰载飞机，现在又将剩余所有飞机全都放飞出去。在 18 架俯冲轰炸机中，有 8 架成功突破美方火力防线，前去进攻“约克城”号，它们成功地发动了 3 次打击。2 个小时后，“约克城”号遭到 4 架鱼雷轰炸机的进攻，被 2 枚鱼雷炸弹击中后，这艘航母终于在水中无法动弹。第二天，在它被拖往珍珠港的途中，再次遭到一艘日本潜艇的鱼雷攻击。它的船员最后弃船，而这艘航母也倾覆，并在几个小时后沉入水中。

后果

中途岛海战是海军历史上第一次完全由飞机交战的战役，没有水面舰艇参战。山本五十六得知麾下航母遭遇的灾难之时，正位于交战地点以西数百英里处，于是他改变航向，返回日本。而美国人因为害怕掉进另外一个陷阱，拒绝追踪南云忠一特遣舰队的残部。

美国的鱼雷轰炸机停在航母“企业”号的飞行甲板上，准备起飞。它们在中途岛对日军航母发动的进攻是失败的。“企业”号上起飞的俯冲轰炸机却更为幸运，它们击沉了“赤城”号和“加贺”号，对战斗后期击沉日本“飞龙”号航母也做出了重要贡献。而航母“约克城”号上起飞的飞机击沉了“苍龙”号。这让日本人一开始就被打得手忙脚乱，完全措手不及。接下来，日本特遣舰队指挥官海军中将南云忠一的犹豫不决，使战斗的天平坚定地倒向对美军有利的一面。

一天之内，日本人损失了所有的舰队航母力量，也随之失去了对太平洋的控制权。现在的日军只得被迫进入防守状态，因为战略平衡开始变得对日本不利。

注释

[1] 珊瑚海海战，1942 年 5 月 4 日至 8 日期间美军与日军进行的一次海战，以阻挠日本袭击澳大利亚的计划。美军最终取得胜利。

[2] “卡特琳娜”水上飞机，是美国团结飞机公司研发的一款两栖水上飞机，也是二战期间最常用的水上飞机之一。

[3] 道格拉斯“破坏者”鱼雷轰炸机，是（1921 年建立的）道格拉斯飞机公司为美国海军研发的一款鱼雷轰炸机。

[4] 格鲁曼 F4F“野猫”战斗机，是（1929 年建立的）美国格鲁曼飞机工程公司研发的一款美国舰载战斗机，1940 年开始在美国海军和英国皇家海军服役。

第 19 章

千机大轰炸

1942 年 5 月 30 日晚，一缕白色月光透过如絮般的云幕，挥洒在科隆上空。就在午夜过后，这座德国第三大城市被凄厉的防空警报声惊醒。睡眼惺忪的德国居民一边发着牢骚，一边慢吞吞地走向防空洞和地下室。该市以前曾经遭遇过轰炸袭击，所以，人们已经习惯于这种防空演练。然而此时，情况却有所不同。1046 架英国皇家空军轰炸机组成空中“无敌舰队”，正在飞往该市的途中。它们抵达这座位于莱茵河畔的城市之后，就分成三个波次飞越该市上空，速度大概是每 6 秒钟一架飞机，“惠灵顿”“惠特利”和“汉普登”飞机首先发动进攻，然后是“斯特林”和“哈利法克斯”，最后是“曼彻斯特”[1] 与“兰开斯特”。“哈利法克斯”的机组成员在返航之后，形容经过科隆上空的飞机“像是皮卡迪利广场[2] 上川流不息的车流”。

地面陷入一片混乱。该市的许多防空炮台被迫停火，因为运输弹药的部队无法穿越市区，补给新的弹药。探照灯来回晃动，将光束射向天空。这些轰炸机一共投下 1500 吨的高爆炸弹和燃烧弹，在惊恐不已的科隆居民眼中，这个过程似乎永无停歇。事实上，整个过程持续大约一个半小时。

战损评估

当空袭解除的警报响起时，科隆市大约有600英亩（242公顷）的地方被夷为平地。大部分破坏都集中于该市的中心地带，市中心大约有90%的地方被摧毁。轰炸还造成12000多处火灾，由于火势滔天，令远在150英里（241公里）外的荷兰海岸线的轰炸机机组成员都能看到。当这些轰炸机飞过这座遇袭城市的上空时，机组成员吃惊不已，因为他们看到科隆市似乎已经完全陷于熊熊大火之中。3300座房屋被彻底摧毁，2000多座房屋被严重损坏，约7000座房屋被部分损坏，45000人无家可归。该市的工业也遭受了同样的境遇，36家工厂被彻底摧毁，70家遭到重创，200多家被部分损坏，自来水总水管爆裂，电力和燃气供应中断，电话系统被破坏。铁路系统也陷入混乱，该市的电车轨道在一周时间里完全瘫痪。科隆市居民有4500人死亡，5000人受伤。

这是一场前所未有的灾难，但戈林不愿意接受这一事实。在进攻发生的第二天早上，希特勒新近任命的装备部长阿尔伯特·施佩尔与陆军元帅埃哈德·米尔希一道拜访了这位帝国元帅。两人到达时，戈林正在与科隆市地方长官约瑟夫·格罗厄通话，而格罗厄早已向希特勒汇报了袭击的规模和最后造成的破坏。“你们警察局局长做的报告完全是一个卑鄙的谎言，”戈林咆哮道，“我以帝国元帅的名义告诉你，你们引用的数字太夸张。你们怎么敢将这种瞎话报告给元首呢？”不幸的是，报告所言并不夸张。于黎明时分起飞的英国皇家空军侦察飞机终于返航，报告称科隆市仍然被浓烟笼罩着。

就在希特勒因为这次进攻而勃然大怒之时，温斯顿·丘吉尔却在为这次成功欣喜若狂。“祝贺你们，以及整个轰炸机司令部，”他在给

1942 年 5 月 30 日，史上首次千机轰炸发动。一天以后，英国皇家空军航空侦察部队拍到两张照片（左右两图），展示了对科隆市所造成的毁坏情况。这次进攻是刚被提升为轰炸机司令部总指挥的空军上将阿瑟·哈里斯爵士的主意。他取得的成功超过了自己的预期。

新任命的总指挥、空军上将阿瑟·哈里斯爵士的电报中写道，“你们的组织太了不起了，一个晚上能够派出1000多架轰炸机前往科隆，而这些飞机在一个半小时这么短的时间里，准确无误地对目标发动进攻。”

丘吉尔在电报的结尾给出了一个承诺，也是一个警告。“这是英国轰炸机部队力量不断增长的明证，”他总结道，“也预示着从今以后，德国城市将一个接一个地承受这种后果。”

区域轰炸

德国本来早就应该得到预警的。早在成为总指挥之前，哈里斯就认为需要重新思考英国皇家空军目前的轰炸战略。要想对具体的工业目标实施精确轰炸打击，需要有相当程度的精确导航和轰炸瞄准技术，但到目前为止，轰炸机司令部还无法实现这一点。因此，哈里斯倾向于选择地毯式轰炸的方法，已经没有更多的时间可以浪费在那些被他轻蔑地称为“万能目标”的地方，诸如单个的炼油厂或飞机制造厂。相反，他想集中对第三帝国的大都市实施渐进的、系统的摧毁行动，直至德国完全变成一个穴居国家，德国人四处逃窜，在废墟中奋力求生，并乞求和平。

哈里斯有着非常强大的后盾。丘吉尔的密友、被其任命为首席科学顾问的彻韦尔勋爵就完全支持这位总指挥，另外，空军参谋长查尔斯·波特尔爵士以及空军大臣阿奇博尔德·辛克莱爵士也都支持他。这都让哈里斯有机会将整个德国工业区夷为平地，他也非常自信地认为轰炸机司令部完全能够胜任这项任务。“许多人认为通过轰炸无法赢得战争，”他在接受任命不久后接受的一次新闻采访中宣称，“我的回答是这种做法从来没有人尝试过。”哈里斯确信，只要有足够的时间，飞机和机组成员数量也充足，就可以取得成功。

但是，哈里斯并没有充足的时间。军方其他某些长官联合起来，批评轰炸机司令部过去取得的战果，认为哈里斯这种对未来的断言有些夸夸其谈。英国皇家海军尤其持批评态度，海军将领们怒不可遏地指责轰炸机司令部，称其曾拒绝为海军提供飞机，未能帮助海军赢得大西洋的战斗或建立起更强大的对日反攻力量。“如果飞越德国上空的数百架轰炸机（通常因为天气的缘故，这些飞机也毫无用武之地）里能有一些鱼雷轰炸机和俯冲轰炸机，”其中一位将军写道，“古老的大英帝国的情况一定会比现在要好。”

英国海军部的科学顾问帕特·布莱克特教授对此表示同意。“我要强调的是，”他于1942年2月写道，“现在对德国实施轰炸的政策是错误的。我们首先必须将最多的力量投放到摧毁敌方海上通信系统，以及保护我方通信系统方面。只有让我们在海洋上空的飞机能以更大的行动半径执行任务时，才能进行大范围轰炸，但这样一来，我们将被迫使用航程更远的飞机……当（或如果）我们有幸能够在海上击败敌人并控制海洋后，在战争的尾声阶段，大范围轰炸才有用。”身为内阁要员之一的比弗布鲁克勋爵也表达了同样的看法。“轰炸德国的政策，在可以衡量的时间范围内，都不会产生任何决定性的结果，因此也绝不应该被认为是目前最为重要的事情，”他写道，“轰炸机中队应该立即飞往中东和远东地区。”

积聚力量

哈里斯需要一次成功，而且要在短时间内取得成功来证明自己。他在1942年3月9日开始行动，命令手下235架轰炸机进攻巴黎郊区布伦–比扬的雷诺卡车工厂。3月28日，他的飞机又轰炸了德国海岸线北部古老的中世纪城市吕贝克。他选择这个目标不仅因为该市在军事上的重要性，还因为其轰炸机部队能够发现、进攻和彻底摧毁这座城市。正如轰炸机司令部的城市规划顾问极力指出的，拥挤的中世纪建筑物比

这些航空照片摄于巴黎郊区布伦－比扬古镇的雷诺工厂上空。在进攻发生前，这家工厂每年可以为纳粹国防军生产14000辆卡车。1942年3月9日，英国皇家空军轰炸机司令部的235架飞机轰炸了这里的建筑群，照片展示的正是这次轰炸所造成的破坏。在这次轰炸行动中，这些飞机采取新战术，在第一波轰炸机对目标投下闪光弹后，带着数千枚燃烧弹的第二波飞机跟进，在目标中心燃起大火，而主力部队利用高爆炸弹实施最后的轰炸，总计投放470吨炸弹。这次突袭被誉为一次巨大的成功，雷诺工厂在将近2个月的时间里几乎无法开展生产活动。但德国方面的宣传快速指出，法国平民的伤亡数量也很巨大。

一个现代化大都市中的建筑物更容易起火。

这次进攻中，10 架“威灵顿”飞机打头阵，在城市上空扔下闪光弹，后面跟着一波 40 架携带燃烧弹的飞机，准备放火。然后主力部队到达，它们的炸弹舱里塞满了更多的燃烧弹以及 4000 磅（1814 公斤）重的高爆“重磅炸弹”[3]，这也成为轰炸机司令部在未来进行大规模轰炸行动中的制式武器。在晴朗的天空中，这些轰炸机在低空飞行，发动进攻，并取得了完全的胜利。这个城市中古老的区域完全被摧毁。据称，在发动进攻的 191 架轰炸机中，只损失了 12 架。

哈里斯没有就此收手。他又下令对德国海岸线北部另一个古老的中世纪城市罗斯托克实施轰炸。这一次的轰炸持续了 4 个夜晚，发动进攻的轰炸机受命针对两个目标实施进攻，一个是该市的中心地带，另一个是包含亨克尔飞机制造厂在内的南部郊区。头两次突袭在 4 月 23 日和 24 日进行，结果令人失望。第三次和第四次突袭，分别由 128 架和 107 架飞机完成，取得了完全的胜利。罗斯托克市中心大火熊熊，数千人从燃烧的废墟中仓皇逃跑。戈培尔在日记中近乎歇斯底里地写道：“罗斯托克的社区生活几乎已经走到尽头。”后来，希特勒命令纳粹空军针对英国历史悠久的古镇和古城发动所谓的“贝德克尔空袭”[4]，以示报复。

科隆轰炸之后

到第二个月，哈里斯准备发动计划中规模最大的一次进攻。他本来是选择汉堡作为目标，但天气条件迫使他在最后一刻改变了计划。5 月 30 日晚，轰炸机司令部的 1046 架飞机起飞，前往科隆。

当时，海军部拒绝让海岸司令部参加这次行动。由此，哈里斯为了集结这样一支庞大的部队（当时，轰炸机司令部在一线的力量不足 400 架飞

这是空袭后拍摄的侦察照片。1942 年 4 月底，皇家空军连续 4 个夜晚，对德国北部城市罗斯托克郊区的亨克尔飞机制造厂发动进攻，照片里显示了此次攻击造成的破坏情况。当时有 3 到 5 个大队的轰炸机在低空对该工厂发动闪电战，而其他进攻部队则带着致命的燃烧弹和高爆炸弹，轰炸了该市的中心地区。该市遭到巨大的破坏，几千人从燃烧的废墟中仓皇逃散。

机），被迫采取应急手段。他不得不求助自己在作战培训分队的学生、教官以及飞机，以凑齐人数和飞机数量。尽管他用的都是一些新手，但在行动过程中却仅损失 40 架飞机，占被派出飞机总数量的 3.8%，这是一个完全可以接受的结果。其中，第 50 航空中队的一架“曼彻斯特”由莱斯利·曼瑟驾驶。曼瑟的飞机在科隆市上空遭到防空火炮的严重损坏，他明白自己无法继续停留在空中执行任务，因此挣扎着返回荷兰海岸。他尽力保持“曼彻斯特”的平稳飞行，拒绝接受飞行工程师给他的伞包，而是让机组成员跳伞。他牺牲后，被授予“维多利亚十字勋章”[5]。

在对科隆发动进攻后，哈里斯只发动过两次动用 1000 架以上轰炸

和吕贝克一样，罗斯托克也是一个古老的中世纪城市，所以相对容易被点燃。尽管英国经济作战部坚信“罗斯托克市目前已经不再是需要关切的目标了”，但该市的工业生产却以惊人的速度回归正轨，甚至连遭受重创的亨克尔飞机制造厂都在几周之内复工，开始生产亨克尔 III 型轰炸机。

机的进攻，一次是针对埃森市，另一次是针对不来梅市。这两次进攻中他都没能真正将1000架轰炸机投入空战，进攻埃森动用了956架飞机，进攻不来梅则是904架。对埃森的进攻于6月1日发动，但没有取得成功，恶劣的天气让轰炸机攻势受挫，因此德国人并未意识到埃森已被挑选作为大规模进攻的目标，相反却只是报告称“有针对德国西部的大范围突袭”。这次进攻损失了31架飞机。在哈里斯解散他的千机轰炸部队，并将他挑选来的所有飞机和机组成员归还原单位之前，他于6月25日进行了最后一搏，下令轰炸不来梅市。这一次，他损失44架飞机，占所有进攻力量的4.9%，65架飞机遭到重创。

到目前为止，哈里斯已竭尽所能。在这个夏天剩下的时间里，轰炸机司令部对德国的进攻集中于更为广泛的前线，但密集程度却有所下降。尽管如此，哈里斯还是实现了自己的最终意图。他的成功来得恰逢其时，因为他的祖国在中东和远东地区接连遭致惨败，正好需要这样一次成功。

注释

[1] “曼彻斯特”飞机，是英国阿夫罗飞机公司研发的一款双引擎中型轰炸机。

[2] 皮卡迪利广场，即伦敦西区的一个交叉路口和公共广场，建于1819年，是个热闹非凡的十字路口区。

[3] “重磅炸弹”，是二战期间英国皇家空军使用的最大型传统炸弹。

[4] 贝德克尔空袭，是纳粹德国空军针对英国城市发动的一系列轰炸突袭行动的总称，于1942年4月底发动，以报复英国对德国不断升级的轰炸攻势，意图阻止英国的行动。

[5] “维多利亚十字勋章”，是英国最高荣誉勋章。

第 20 章

大坝破坏行动

哈里斯仍然极力反对将轰炸机司令部的努力方向从区域轰炸转移开来，其他人也不太确定这样的策略是否正确。维克斯飞机制造公司倍受尊敬的首席助理设计师巴恩斯·沃利斯想出一个主意，制造一种革命性的新式“弹跳炸弹”。他声称，使用这种炸弹，就可以只发动一次精确打击，便摧毁鲁尔区的各个大坝，包括默讷河大坝、埃德尔河大坝和索佩大坝。他也成功地赢得高层的充分支持，他向高层保证，只要破坏大坝，就可以“让鲁尔区的工业活动瘫痪”。

沃利斯自从 1940 年起就开始琢磨这个想法，最后，他设计出的不是一种炸弹，而是两种炸弹。小一点的代号为“高脚杯”，可以由“蚊”式飞机携带，最适合用作反舰武器，或者可以轰炸分布在挪威峡湾的水电厂。大一点的代号为“大满贯”，沃利斯认为这是进攻和摧毁鲁尔大坝的理想武器。

“大满贯”炸弹的工作方式看着比较简单，至少理论上是这样。它的转速大概是每分钟 500 转，可以在极低的高度投放到大坝水库上，沃利斯认为 150 英尺（45.7 米）是最理想的高度，由一架飞行时速不超过 240 英里（386 公里）的“兰开斯特”飞机，在距离大坝正面约 1200 至

1500 英尺（365 至 457 米）时投放。这种炸弹可以掠过任何防鱼雷网，在水面跳跃，直至与大坝接触。这种炸弹还可以沉到事前设定好的深度，然后引爆大坝内墙，爆炸产生的冲击波会彻底炸开整个大坝，而数百万加仑的蓄水，在向下泻入谷底时所产生的压力，可以完成剩下的任务。

这在理论上是美好的，但到 1943 年 1 月，沃利斯仍然没有得到官方授权，无法制造这种炸弹原型弹，更不用说开始大规模生产。沃利斯认为需要大约 30 架“兰开斯特”飞机来运载这些炸弹，但这些飞机改装工作也没有开始。除此之外，哈里斯也不相信“大满贯”炸弹会如预想的那样发挥作用。“这是一段最异想天开、令人生厌的描述，”他在一份介绍这种神奇新式武器的备忘录脚注里写道，“里面有太多‘如果’和‘但是’，所以说这种炸弹能够正常工作的最小概率是不存在的。”他还认为，他的“兰开斯特”不可能达到沃利斯所要求的飞行精度。

阿夫罗“兰开斯特”飞机

类型： 重型轰炸机

机组成员： 7人

长度： 69英尺4英寸（21.11米）

翼展： 102英尺（31.09米）

速度： 每小时282英里（455.6公里），巡航速度为200英里（322公里）

航程： 2530英里（4073公里）

“兰开斯特”飞机在 1942 年 2 月列装英国皇家空军之后，便成为主力重型轰炸机，并成为战争中的标志性飞机之一。为实施“惩罚行动”，即 1943 年 5 月对鲁尔大坝的进攻行动，英国生产了该飞机的特制改版，拆除炸弹舱门和许多内部防护性装甲钢板，以减轻重量，使得它可以携带大量由巴恩斯·沃利斯设计的破坏大坝的炸弹。

沃利斯去找哈里斯呼吁，又去找空军参谋长查尔斯·波特尔爵士呼吁。他写道："假设使用一些完全没有使用过的新式武器能够取得成功的话，我强烈建议在这个关键时刻，将'兰开斯特'飞机用到我们自己的事情上来。"波特尔仔细地评估"大满贯"炸弹，然后决定支持沃利斯，对所谓的"惩罚行动"[1]大开绿灯。这个决定在接近2月底时才做出，非常及时。沃利斯一直坚持要在大坝蓄满水的时候发动进攻，这意味着最迟在5月底之前就要发动进攻，否则"惩罚行动"就必须推迟到下一年。他总结道："最后，我们一次又一次地尝试利用重型轰炸机，成功地实施低空进攻。但这些进攻毫无例外都遭致失败，而且代价高昂。"

第617航空中队

既然决策已定，哈里斯便给予全力支持。他给第5航空大队指挥官空军少将科克伦下令，让他新组建一支精锐的航空中队来完成这项任务，他还挑选皇家空军中校盖伊·吉布森作为这个中队的指挥官。3月10日，科克伦向吉布森做了简报。几天后，第617航空中队组建完成，第一批机组成员来到林肯郡的斯卡普顿，这是哈里斯和科克伦早已选好的基地。

吉布森不知道自己的目标是什么，也不知道目标在哪里。他只是被告知，他和机组成员必须以恒定的预定速度，在固定高度上飞越一片静止的水域。他告诉自己的机组成员，他们必须"日夜练习低空飞行，直至闭着眼睛也能操作"。然后他和他的机组成员开始投入训练，到4月6日，他们已在当地进行26次低空飞行训练。4天后，这个数字攀升到62次。在机组成员中，领航员将练习如何通过航位推测法进行飞行，磨炼读图技巧，完善肉眼领航能力；投弹员配发了一种简单的木质仪器，以此充当原始的测距仪，因为常规投弹瞄准器在这样的低海拔高度无法工作。最后，"兰开斯特"飞机还安装了两个聚光灯，一个位于弹仓处，另外一个在投弹员的相机位置，从而确保这些飞机在发动进攻时能够精确地保持高度。这些聚光灯已经调好角度，这样在 150 英尺（45.7 米）的高度上，能够汇聚起来形成数字“8”的形状。

与此同时，沃利斯正拼命准备，确保“大满贯”炸弹可以进行投弹测试。前几次试验都以失败告终，炸弹投下时，外壳会散开。沃利斯曾一度认为，唯一的解决方法就是不用这种炸弹。他还告诉吉布森，为了能让“大满贯”炸弹正常起效，第 617 航空中队必须飞得更低，在 60

这架“兰开斯特”飞机正在肯特郡的瑞库弗尔上空，试投沃利斯的“弹跳炸弹”。维克斯·阿姆斯特朗飞机制造公司的设计者在获准制造这种革命性的新式武器之前，还必须应对来自高层的反对。阿瑟·哈里斯爵士将“大满贯”炸弹描述成“我们目前提出的最疯狂提议”。他总结道：“我敢说，我们即使制造出这种炸弹，它们也无法正常工作。”进攻成功后，他非常绅士地就自己的怀疑向沃利斯道歉。

英尺（18.2 米）而不是 150 英尺（45.7 米）的高度，并将速度保持在每小时 232 英里（373 公里）。深入思考之后，吉布森认为这样是可行的。后来，沃利斯耗费了更多的时间，以确保“大满贯”炸弹能够正常工作，最后，在预定突袭时间之前的一周，他终于取得了成功。

轰炸大坝

最后，万事俱备。从 2 月以来一直负责监视大坝情况的皇家空军摄影侦察飞行员报告称，这些大坝都已储满水。迈德曼汉姆中心的一位建模人员使用飞行员所拍摄的照片，出人意料地构建了一个大坝的精确复制品，帮助向吉布森和其机组成员进行情况简报。这些照片还显示，由于一些不明的原因，德国人已经减少了默讷河大坝的防空力量，埃德尔河大坝则完全没有防空力量。德国人似乎认为，任何英国轰炸机在穿过高山之间时，肯定会采取迂回的方式，这也使得大坝似乎不可能遭到进攻。5 月 14 日，参谋长正式下令实施“惩罚行动”。英国航空部命令轰炸机司令部，“在机会合适之际，马上”实施这一行动。

吉布森准备了 19 架“兰开斯特”来执行这次任务。他驾驶的飞机和其他 8 架飞机组成第一波次，目标是默讷河大坝，一旦在该大坝上成功打开缺口，所有未投弹的“兰开斯特”将继续飞行，前去进攻埃德尔河大坝。第二波次由 5 架“兰开斯特”组成，指挥官是空军上尉约翰·麦卡锡。他们的“兰开斯特”先行起飞，目标只有索佩大坝。第三波次由 5 架“兰开斯特”组成，在 2 个小时后起飞，作为飞行预备队，如果其他轰炸机轰炸默讷河大坝和索佩大坝时失败，它们将提供支援，如果这些轰炸机不需要支援，它们将按照命令，去进攻更小一些的迪默尔河大坝、恩内珀大坝和利斯特大坝。

5 月 16 日晚，将近 9 时 30 分之际，第一批“兰开斯特”飞机从斯卡普顿基地起飞，开始了一次长途旅行。它们先穿越北海，飞越被占领的荷兰，然后继续飞行，进入德国西部和鲁尔区。其中 2 架飞机被迫提前返航，另外 5 架不是被防空炮火击落，就是在进攻目标的半路上被击毁，只剩下 12 架“兰开斯特”去轰炸这些大坝。

在默讷河大坝上空，吉布森第一个发起进攻。他成功地投下“大满贯”炸弹，但却没有在大坝上打开缺口。他又尝试了 3 次，但都失败了。在第 4 次尝试之后，大坝开始崩溃，然后决堤，数百万加仑水从“大满贯”炸弹所造成的巨大决堤口喷泻而出。吉布森的无线电报员只发出一个词“尼格尔”[2]。当收到这个重要消息之后，斯卡普顿基地的作战指挥室里群情沸腾。专门飞到北部、亲眼见证这次进攻的哈里斯，转向沃利斯，热烈地与他握手。“沃利斯，”他激动地喊道，“你来见我时，你说的每一个字我都不相信。但是现在，就算你卖给我一头粉色大象也没问题。”

吉布森后来飞向埃德尔河大坝，去确认其他队员是否可以重复他刚刚完成的壮举。大约尝试 10 次之后，埃德尔河大坝才被空军少尉莱斯・奈特所驾驶的“兰开斯特”飞机投下“大满贯”炸弹，炸开缺口。索佩大坝也遭到他们的炸弹攻击，但这次他们没有成功。吉布森下令让所有“兰开斯特”返航。其中 1 架没有找到目标，所以一弹未投地返回基地，另有 3 架在发动进攻后被击落。

一英里宽的洪流

最后一架“兰开斯特”成功降落在斯卡普顿一个小时后，皇家空军中尉格里・弗雷从本森基地起飞。他的任务是飞行 300 英里（482 公里）去往鲁尔区，确认那里的大坝是否决口，然后拍摄破坏情景及程度。当天早上，本森基地派出 3 架“喷火”飞机拍摄突袭效果，弗雷就是其中一架的飞行员。他先于他人开始飞行任务，因为 2 天前他刚刚飞

默讷河大坝在战前享有盛誉，被称为建筑工程的杰作（上图）。第617航空中队的“兰开斯特”飞机实施“大坝破坏行动”数小时后拍摄的大坝决堤照片（下图）。上下两张照片形成的对比，令人震惊。洪水从大坝决堤处喷泻而出，力量过于强大，由此造成的浪潮就像海啸一样，横扫一切，直至最后将途经的一切全部淹没。突袭之后，第617航空中队将法语典故“我们死后，哪管洪水滔天”[3]作为官方训词，也就不足为奇了。

越大坝上空执行侦察任务。

弗雷首先飞向默讷河大坝。在距离目标150英里（241公里）远的鲁尔区上空，他发现了工业烟雾，看起来像是一团绵延向东的厚重云层。靠近之后，他才发现这团云层实际上是洪水冲向大坝下方的峡谷后，阳光照在上面的景象。“我看向下方深邃的峡谷，原来看似非常宁静的区域，”他回忆道，“此刻在太阳的照射下，变成一股滚滚洪流。”他估计这股洪流有一英里宽。他顺着峡谷而上飞向大坝，可以看到水流仍然不断地从决堤处喷涌而出，这个蓄水池很快就排空了。

弗雷继续向埃德尔河大坝飞去，那里的损毁情况更加令人吃惊。大坝后方绵长而蜿蜒的湖泊几乎已经完全排空，下方的洪水已经奔涌到卡塞尔市。村庄淹没，桥梁冲垮，电站也都被毁，铁路线和公路完全消失在洪流当中。弗雷掉头准备再次飞过这番荒凉景象的上空时，他发现2架不断靠近的纳粹空军飞机。于是，他返回基地。他刚一着陆，就看到基地指挥官已经在等候他。“炸弹击中了吗？”指挥官呼叫道。弗雷马上答道：“是的，炸弹击毁其中2座大坝。洪水已经蔓延数英里远。”

其实，当天早上在大坝上空的不仅有弗雷和2名纳粹空军飞行员，希特勒的军备部长阿尔伯特·施佩尔当时也在空中，亲自对大坝损毁情况进行评估。当然，损毁情况十分严重。在默讷峡谷，延绵45英里（72公里）的房屋和建筑都被毁坏。埃德尔河的洪水已经到达富尔达河。在鲁尔峡谷一带，发电站被损坏，煤矿和钢厂都被洪水淹没，铁路线被切断。

对德国人来说，这是一场彻头彻尾的灾难。“英国轰炸机对我方峡谷大坝发动的进攻非常成功，”戈培尔在他的日记中强调，“元首完全失去耐心，对纳粹空军准备不足一事大为光火。”修复所有损失需要历时数月，但战后人们才发现，其实对鲁尔工业区大坝发动的突袭，并不如当时所想的那样，造成了极为严重的后果。

摧毁默讷河大坝后，第 617 航空中队的“兰开斯特”飞机带着剩余的炸弹继续飞行，前去炸毁埃德尔河大坝。实现这个目标比较困难，因为一架“兰开斯特”飞机要想进入攻击位置，需要高超的机动技巧。但这次攻击的结果却同样惊人。不过，第 617 航空中队只对索佩大坝造成一些表面破坏，可能因为大坝的黏土内核成功抵御住沃利斯炸弹所造成的冲击，另外这些飞机也未能完全破坏鲁尔区最重要的水源供应。

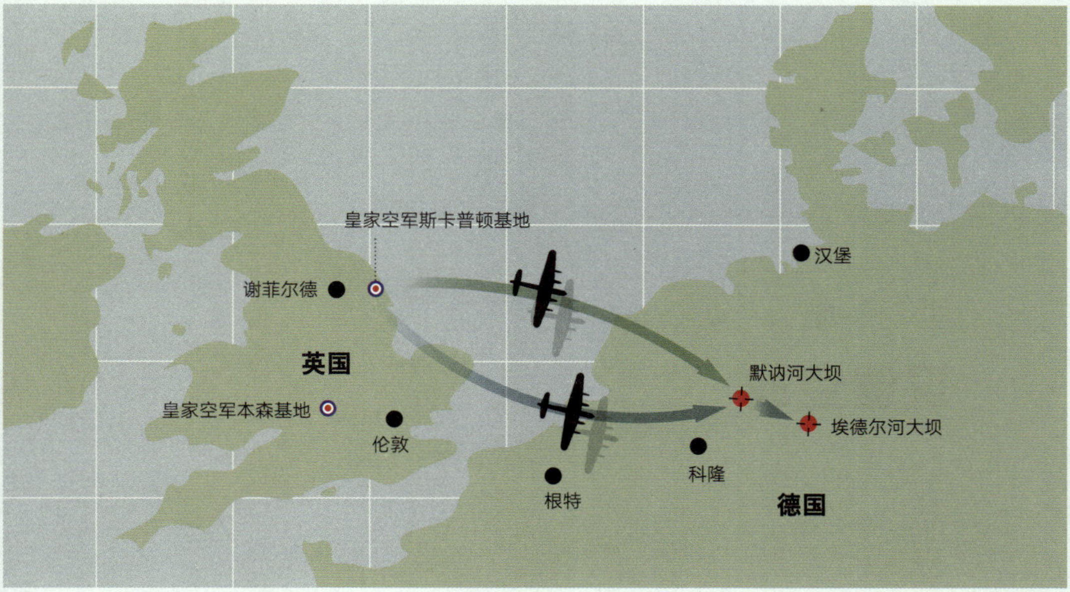

“惩罚行动”

第 617 航空中队的“兰开斯特”飞机分成 2 个编队，飞行路线各不相同。第 2 编队的路线更长，更加偏北（用绿色标记），第 1 编队则取道南方（用蓝色标记）。2 个编队都计划躲避防空炮火的密集进攻，并定好时间，同时穿越欧洲主大陆的海岸线。在完成对默讷河大坝进攻后，还有 3 架飞机有炸弹余存，它们继续飞往埃德尔河大坝。第 617 航空中队的指挥官、皇家空军中校盖伊·吉布森已经将炸弹都投到默讷河大坝上，但他仍然和这几架飞机一起飞行，如果这些飞机遭遇到防空炮火的袭击，他的飞机就可以负责吸引火力。

注释

[1] “惩罚行动”，是英国皇家空军第 617 航空中队于 1943 年 5 月 16 日至 17 日间针对德国大坝发动的进攻行动。

[2] “尼格尔”是盖伊·吉布森爱犬的名字，这只狗在大坝破坏行动执行的前一天被车撞死。吉布森就用它的名字作为确认炸开默讷河大坝的暗号。

[3] “我们死后，哪管洪水滔天”（Après Nous Le Deluge），这句话出自法国国王路易十五的情人蓬巴杜夫人。

第 21 章
汉堡空战

汉堡空战也被空军上将阿瑟·哈里斯爵士称为“蛾摩拉[1]行动”。1943 年 7 月 24 日至 8 月 2 日之间的 4 个晚上，他派出庞大的重型轰炸机编队发动闪电战，空袭德国最大的港口城市，同时又是头号造船业和工业中心的汉堡市。轰炸机司令部以前从未实施过这种毁灭性和持续性的进攻。到进攻结束为止，大约有 10000 吨炸弹被投放到这个饱受攻击的城市，45000 多名汉堡市民死亡。

哈里斯的秘密武器

从理论上来说，汉堡市守卫森严。被戈林任命为第三帝国空防主官的约瑟夫·卡姆胡贝尔将军，建立起一系列精密复杂、重重叠叠的雷达“矩阵”，从德国北部海岸线延伸至比利时，将德国最重要的城市团团围住。汉堡就有不少于 15 个此类雷达矩阵，另外，在其附近还有 9 个夜间战斗机基地。该市还处于探照灯和最先进雷达控制防空火炮的保护之下。之前的突袭已经让英国皇家空军认识到，这些防御力量可以对任何进攻部队造成巨大伤亡。

卡姆胡贝尔为每个雷达矩阵都配备了“弗雷娅”远距离探测雷达，

在轰炸机靠近时会发出预警。当纳粹空军的夜间战斗机蜂拥出动，去截击这些轰炸机之时，就由探测距离略短的“维尔茨堡”雷达主导战斗。每个雷达矩阵都配备了两种雷达，一种用于精确跟踪轰炸机，另外一种用于精确跟踪负责截击的纳粹夜间战斗机，这些纳粹战斗机会先绕着灯塔飞行，直至得到参战的命令。接下来，由“利希滕斯坦”机载雷达接替工作，地面管制人员使用这款雷达，引导德军夜间战斗机飞向目标。但这套系统存在缺陷，“维尔茨堡”雷达一次只能跟踪一架轰炸机和一架夜间战斗机，如果大量轰炸机同时通过它的防区，这套系统就会应接不暇。无论如何，事实证明该系统还是非常有效的。

不过，哈里斯手中掌握一种新式武器。这也是他第一次使用这种武器。他希望借此使得德国地面雷达网瘫痪，并通过干扰“利希滕斯坦”雷达，来扰乱纳粹夜间战斗机。该武器代号为“窗口”，由多层铝箔条组成，工作原理非常简单，进攻的轰炸机可以在靠近敌人海岸线时将其投下，铝箔条造成的虚假影像可以遮蔽德国雷达，令对方无法即刻采取反制措施来消除干扰效果。

“窗口”的确达到了期望效果。哈里斯的轰炸机于 7 月 24 日晚发动首次进攻，在从北方靠近汉堡市的一分钟空隙内，投下大量这种铝箔条，汉堡的防御力量很快就陷入一片混乱。探照灯毫无目的地向空中扫射，该市的 56 个重型防空炮台和 36 个轻型防空炮台不顾一切地盲目向高空扫射，此时它们都陷入无助中，因为它们已经无法用雷达跟踪上空对其发动进攻的轰炸机。只有寥寥几架夜间战斗机升空，根本捕捉不到轰炸机的钢铁洪流。结果不言而喻，英国皇家空军宣称，共有 728 架飞机攻击该市，但只损失了 12 架。

这是装备了“利希滕斯坦”机载雷达的 Me110G 夜间战斗机。这款飞机的机首安装了利希滕斯坦“鹿角”（也就是雷达天线）。最初，该雷达系统在纳粹空军的夜间战斗机机组成员中间不太受欢迎，因为“鹿角”会造成阻力，将“梅塞施米特”飞机的速度降低关键性的每小时 25 英里（40 公里）。同时，“利希滕斯坦”雷达也被证明是不稳定的，至少在最初是这样的，许多部件被送回到德律风根公司[2]进行维修，而纳粹空军还不得不克服零部件短缺的问题，特别是阀门短缺。但到 1943 年 5 月初，几乎 82% 的夜间战斗机都装备了这套系统。

自 1942 年底到 1943 年初开始，H2S 机载雷达组件成为轰炸机司令部的标准目标定位设备。该雷达组件就装在“兰开斯特”飞机的驾驶舱内部。H2S 也是第一个能够为其操作员提供飞机下方地面阴影影像的机载雷达。虽然该雷达性能不够稳定，在水域附近才能更好地运行，但它很快就证明了自己在提高轰炸精确性方面的价值。

H2S 雷达属于窄波束雷达，不会受到敌方防御力量的干扰。但在 1944 年，纳粹空军拥有“纳克索斯”雷达（这是一款夜间战斗机的雷达系统，可以对 H2S 雷达的报警传输信号进行定位）。因为英国轰炸机的伤亡数量增加，航空部被迫下令，只有在飞越敌方领土上方时，才能启动 H2S 雷达开展短脉冲传输。

轰炸开始

这次进攻的计划对每个细节都考虑得很周全。就在凌晨 1 时这个关键时刻到来之前，20 架“探路者”飞机已对该市投下黄色的目标指示器，利用革命性的新式机载雷达系统 H2S, 获取有关地面情况的清晰图景。另外 8 架“探路者”飞机投下红色的目标指示器，后面跟着的 53 架“探路者”飞机投下绿色的目标指示器。然后，主力部队针对已经被清晰标记出来的目标投下 2396 吨重的炸弹。正在该市操纵一架防空炮台的琼·约翰森回忆了标记物开始降落之时，以及接下来发生的事情。“我们能够听到顶空敌机发出的嗡嗡声，”他写道，“突然之间，不计其数的照明弹从头顶落下，整个城市被一道不可思议的强光完全照亮……这场灾难以不可置信的速度，突然之间就降落在我们头上。在我们炮台前后，沉重的金属块砸落下来。呼啸着嘶嘶作响的火焰和铁块不断从空中落下。整个城市都被一片熊熊燃烧的火海照亮。”

整个突袭行动不到一个小时就结束，结果令人印象深刻：哈里斯的 306 架轰炸机只在目标点位的 3 英里（4.8 公里）范围内投下炸弹。此后，攻势并未放缓。第二天下午，美国第 8 陆军航空队第 1 轰炸联队的 123 架“空中堡垒”飞机，在日间对汉堡发动了进攻，其中的 121 架在第二天早上返回。“空中堡垒”重创了主要目标布罗姆 & 沃斯船厂，以及克吕克内航空发动机制造厂。第二次进攻使得诺伊霍夫发电站瘫痪，并让其在一个月内无法运转。

火焰旋风

哈里斯在第二天夜间更新了进攻计划，当天晚上他的 735 架轰炸机从东方进攻该市，用的还是之前使用过的战术。区别只有一点，参加这次进攻的“哈利法克斯”和“斯特林”飞机都携带了数量更多的燃烧弹，结果造成一场巨大的火焰旋风，席卷了该市的整个工业区。

轰炸机引发的火势开始快速汇集，变成一场大火灾，以飓风般的力量从周边区域吸收空气，然后势不可挡地向外蔓延。火花四溢、呼啸而过的风势让被困在街头的人们迅速变成人肉火炬。许多人藏身酒窖和地下室，他们中有数千人因为一氧化碳中毒而亡，或因为建筑物倒塌阻挡出口和通风口窒息而死。对汉堡来说，更为不幸的是城市里有许多旧式木质民居，在夏季最干热的时刻，这些都成为引起火灾的介质。“我们跑出来，进入雷鸣轰响且熊熊燃烧的地狱，”其中一位目击者写道，“所有的街道都在燃烧，树木也在燃烧，树冠都被压弯，恰好落在街道上。赫兹运输公司的马匹浑身起火，从我们身旁

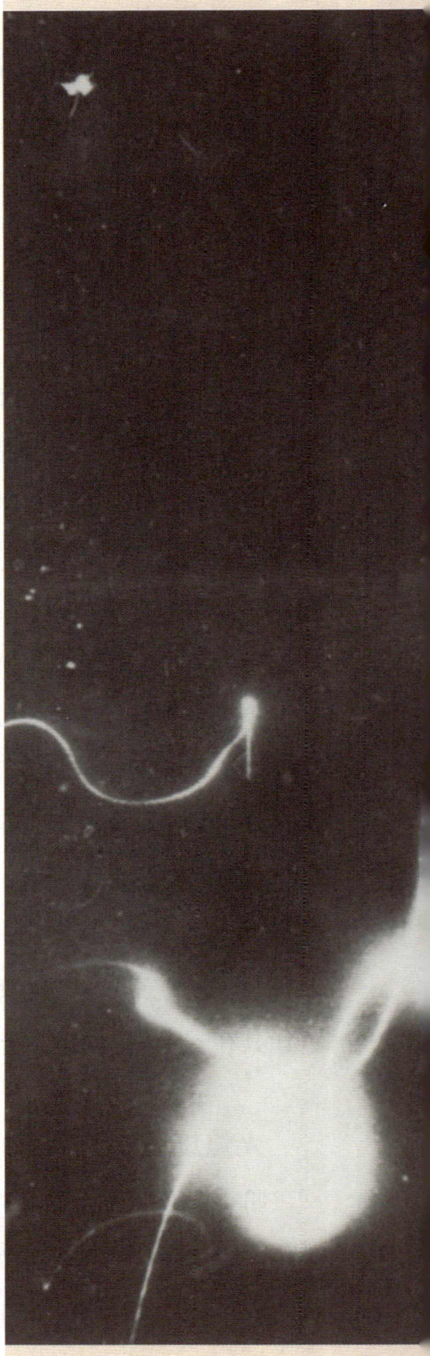

轰炸机司令部密集进攻下的汉堡市。照片中，一架正在发动进攻的“兰开斯特”飞机的轮廓十分清晰。这张照片是它上方的轰炸机拍摄的。对该市的大规模空袭始于 1943 年 7 月 24 日。3 个夜晚之后，当最后一波进攻结束之时，英国皇家空军和美国第 8 陆军航空队的轰炸机已对该市投下数千吨炸弹。戈培尔称这次突袭为德国在“这场战争中最大的危机”，数千名撤离者逃离这片废墟，寻求安全庇护。

跑过，空气在燃烧，似乎一切都在燃烧。”

许多人活下来仅仅是因为运气好而已，其他人则没有那么幸运。“路面上的人，”一位19岁的幸存者回忆道，“有些已经死去，有些躺在那里，还活着，但却卡在沥青里……他们有的手扶地面，有的跪在那里，都在尖声嚎叫。”当所有的易燃物都消耗殆尽之后，这场火焰旋风终于自行熄灭，许多尸体都被烧得焦黑干瘪。有些只剩下一堆凝固的脂肪。40000多人死亡，数以千计的人拼命地寻找紧急医疗救护。

但哈里斯还没有完成对汉堡的进攻。7月29日，777架飞机突袭了这个仍在燃烧的城市，英国皇家空军损失了30架进攻飞机。第四次也是最后一次大规模突袭在8月2日晚间发动。当时，轰炸机司令部派出740架飞机前往该市。这些飞机接近该市时，仿佛飞入一片巨大的电子风暴区。一位“兰开斯特”飞行员在日记中记录下穿越这片风暴时的感受：“我的螺旋推进器周围有巨大明亮的光圈，当光圈碰到机翼端、炮口或飞机其他部位时，都会有蓝色的火焰冒出来。例如，我窗口前的除冰管周围就有蓝色的火焰。电花一直在飞机窗口周围舞动，直至窗口被冻住，所有的电花也都消失。后来无线操作员告诉我说，这些火花一直穿过他的设备，天线也一直都在光圈的笼罩下。我感到一点儿也不好受，于是努力向下，在云层下方飞行。”

哈里斯本来的决定是派遣一波轰炸机（54架“探路者”飞机领航，498架轰炸机紧随其后），对位于汉堡中心的湖泊阿尔斯特河[3]西部的富裕地区实施进攻，另外派遣245架轰炸机和27架“探路者”飞机，针对南部的工业区发动进攻。但恶劣的天气破坏了这两次进攻。许多轰炸机在城郊的小城镇和村落投下炸弹，或者尚未飞抵该市便返航。有35架飞机被纳粹的夜间战斗机和防空炮火击落。纳粹空军很快就采取相应的战术来对付“窗口”的干扰。现在，纳粹的拦截飞机（日间战斗机以及成为夜间战斗主力的 Ju88 和 Me110）可以恣意主宰夜晚的天空，并在地面持续不断的无线电播报的引导下，迎击来犯的轰炸机群。

结果与影响

汉堡的战斗结束了。对于英国皇家空军和美国陆军航空队来说，这是一次完全的胜利。一周之内，轰炸机司令部造成的死亡人数，就超过了纳粹空军在 8 个月闪电战期间所造成的死亡人数。共计 45000 人死亡，125000 多人需要医疗救治，他们中的许多人都被重度烧伤。40345 所房屋、275000 间公寓、580 家工厂、2632 家商店、277 所学校、24 家医院、58 家教堂、83 家银行、12 座桥梁、76 座公共建筑物，以及该市的动物园都被彻底摧毁。从第一次突袭开始，超过 100 万难民从该市逃出，绝望地在第三帝国的其他地方寻找避难所。

整个德国士气骤降，即使是纳粹领导层也对这次损毁感到震惊。戈培尔说，这是“一次灾难，其程度简直超出想象”。陆军元帅米尔希警告道：“如果我们遭受 5 到 6 次像汉堡这样的打击，无论德国人民的意志力有多强，都会选择放弃。我们大后方所遭受的一切，不能持续很长时间。”军备部长阿尔伯特·施佩尔更加直截了当（直率得不能再直率）。“如果空袭以这种规模继续，”他预言道，“3 个月之后，我们就可以摆脱很多问题的困扰。事态会以突然地、不可逆地、相对比较快的速度出现滑坡。”这场战争结束后，他对盟军审讯人员表示，这次突袭的效果堪比一次大地震，如果同样规模的突袭发生在 6 个以上的城市里，第三帝国可能就不得不缴械投降。

但是，施佩尔还是低估了德国人的适应能力。尽管汉堡的废墟仍在焖烧，却有 14000 名消防队员、12000 名士兵和 8000 位技术专家在夜以继日地应对火情，修复进攻造成的重创。国家社会主义人民福利组织[4]

上图是1944年6月20日，美国第457轰炸大队的B17轰炸机在飞往汉堡市途中。下图是它们正在将炸弹投向这个饱受轰炸的城市。就在纳粹空军的飞行力量减弱之际，盟军轰炸机的损失却在大幅度下降，主要原因在于P51“野马”远程护卫战斗机的出现。战后，戈林说当他看到势不可挡的“野马”飞抵柏林上空之时，他就知道“一切都结束了”。

运来淡水和行军炉灶，为幸存者提供食物和水。汉堡的纳粹党头目卡尔·考夫曼组织了625列特殊火车，将75万名无家可归的人撤离到安全地带。他和其他地方长官都获得授权，可以提高定量分配的额度，为那些丢失了定量供应卡的人提供额外的食物供应，并可以分发紧急供应卡。国家社会主义妇女联盟[5]也贡献了自己的力量，照顾那些受到炸弹袭击、无家可归、养育有孩子的家庭。

到1943年底，恢复工作还在进行。该市飞机制造厂的运转效率仍然可以达到91%，造船厂在2个月的时间里几乎已经恢复轰炸前的生产能力。为何哈里斯没有再对汉堡实施轰炸，原因尚不明确。可能是因为他担心，如果没有“窗口”带来的优势，纳粹空军会对他的轰炸机造成无法承受的损失。尽管如此，英国轰炸机司令部和美国第8陆军航空队还是严阵以待，准备继续进攻新目标，发动更具毁灭性的打击。

注释

[1] 蛾摩拉，《圣经》中的罪恶之城，被上帝降下天火毁灭，用以指代汉堡轰炸恰如其分。

[2] 德律风根公司，是德国一家无线电和广播设备公司，建于1903年。

[3] 阿尔斯特河，是德国北部易北河的支流之一。

[4] 国家社会主义人民福利组织，是纳粹德国的一个社会福利组织，建于纳粹党执政后的1933年。

[5] 国家社会主义妇女联盟，是纳粹德国的一个女性分支组织，建于1931年10月。

第 22 章

欧洲的软肋

1943 年 5 月，盟军在突尼斯大获全胜，俘获了德意志非洲军团[1]残部和北非的意大利军队，之后盟军就准备开始下一步的动作。在当年年初的卡萨布兰卡会议上，罗斯福总统和丘吉尔首相一致认为，第一击应当直击被丘吉尔称作“欧洲软肋”的地方。丘吉尔热烈地拥护这一想法，罗斯福其实更希望盟军在法国北部开辟等待已久的第二战场，所以并不是非常支持这一计划。

对于这些盟军筹划者来说，他们面前有多种战略可供选择。其中之一是进攻撒丁岛和科西嘉岛，将两个岛屿作为进入法国南部的跳板。但是，最后还是进攻西西里岛的“哈士奇行动”成为首选。1 月 23 日，德怀特·艾森豪威尔将军受命，筹划针对该岛的进攻，预定进攻日期就是时机最佳的 7 月。艾森豪威尔的副手哈罗德·亚历山大爵士是整个行动期间盟军登陆部队的总指挥。

筹备“哈士奇行动”

空中力量是这次进攻行动的关键组成部分。制空权成为盟军在北非打败轴心国的一个主要因素，盟军不仅可以借此将纳粹空军和意大利皇家空军几乎彻底赶出空域，而且还可以不断地袭扰轴心国海运，切断隆美尔的重要补给线。两个轴心国的空军正处于困境之中，而同盟国很快就会突袭意大利的主大陆及海岸附近。5 月 16 日至 7 月 9 日期间，盟军派出 42147 个飞行架次，飞越地中海西部上空，击落纳粹空军 325 架飞机，并消灭了 122 架停在地面上的飞机，但盟军也损失 250 架飞机。意大利皇家空军在 1942 年 11 月 2 日至 1943 年 6 月 30 日这段时间里，一共损失 2190 架飞机。当盟军 7 月 10 日在西西里岛登陆之时，纳粹空军只有 282 架战斗机和战斗轰炸机驻守该岛，迎击盟军——而且其中能够投入战斗的飞机还不到一半。意大利皇家空军号称可以将 387 架战斗机和 233 架轰炸机投入空战，但这些飞机中绝大部分都即将报废或已经报废。相反，盟军一共投入 3400 架飞机。显然，从一开始，盟军就握有制空权。

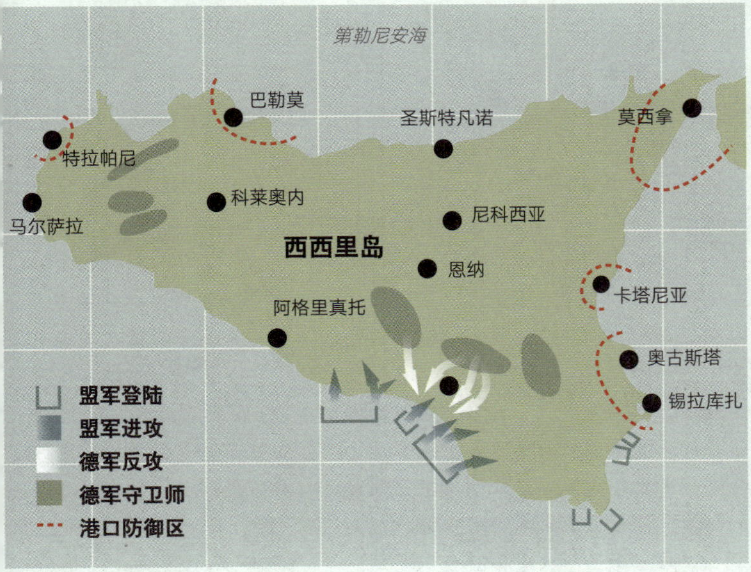

“哈士奇行动”

进攻西西里岛是盟军实施的规模最大的两栖作战行动，但首战便遭遇到棘手的情况，主要因为蒙哥马利将军和巴顿将军就谁的部队应该主导首轮进攻出现了分歧。但是，1943 年 7 月 12 日，德国陆军元帅阿尔贝特·凯塞林飞到该岛时，还是被迫使用水上飞机，因为西西里岛的大多数机场或者被盟军占领，或者遭到轰炸而不能使用。他的目标是在被迫撤出该岛之前，“尽可能长时间地”阻碍盟军前进。

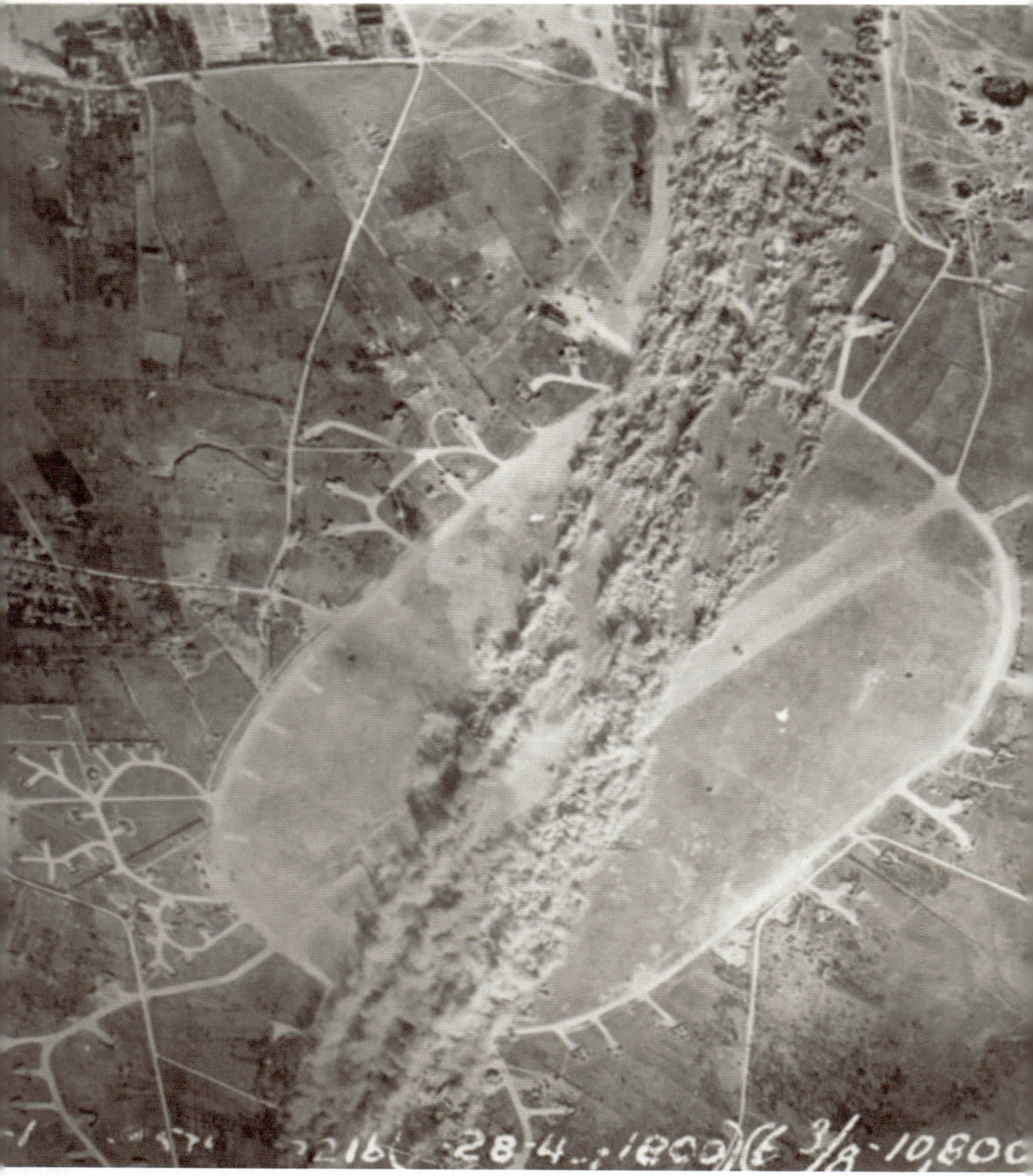
28-4
10,800

这样的行动如果想要取得胜利，事先进行航空侦察至关重要，在目前几乎没有关于岛上情况的照片资料时更是如此。地中海空军司令部指挥官、空军中将阿瑟·特德爵士，命令手下负责摄影侦察的“蚊”式飞机从北非起飞，“喷火”飞机从马耳他起飞，勘察岛上情况。这些飞机的第一个任务是获取进行大比例尺绘图所需的大范围垂直摄影照片，第二个任务是获取主要防御工事的倾斜摄影照片，第三个任务是监视敌方的地面活动情况。事实很快就证明这些飞行任务的价值所在。其中一次飞行带回的照片显示，一群西西里岛女性在预定进攻的一处海滩上冲浪娱乐，照片判读人员迅速指出，这意味着该海滩上可能没有布雷。低空倾斜照片的质量受到特别的表扬，美国第7集团军指挥官乔治·巴顿将军说，为其登

在“哈士奇行动”中，盟军进攻部队占领了西西里岛的一座机场，这就是不久后从空中拍摄该机场的照片。岛上基地被盟军轰炸机摧毁或被盟军夺取后，纳粹空军和意大利皇家空军被迫离开该岛，从意大利本土起飞开展行动。盟军的战斗机很快就开始从这些基地起飞作战。轴心国地面部队再也无法在日间获取空中支援。

陆部队提供的照片，“对于行动取得成功至关重要”。

盟军情报部门也在努力工作，意图让希特勒相信盟军的进攻目标不是西西里岛，而是地中海的其他地区。他们最终成功了，经过周密谋划的欺骗策略“肉馅行动”[2]肯定了这位纳粹元首的直觉，让他认为这次进攻会针对希腊，所以他不仅没有增援西西里岛，还将驻守巴尔干地区的纳粹国防军从 8 个师增加到 18 个师，在希腊则是从 1 个师增加到 8 个师。后来希特勒听从劝说，打算向西西里岛增派 2 个师，但杯水

1943 年 7 月 11 日，自由轮[3]“罗伯特·罗恩”号在杰拉附近，被一架 Ju88 投下的一排炸弹击中后爆炸。这是纳粹空军在此次战役的关键性初始阶段所取得的少数几次胜利之一。7 月 22 日，也就是西西里岛首府巴勒莫落入盟军手中时，纳粹空军损失了 273 架飞机，意大利军队损失了 115 架。当时盟军一天可以飞行 1100 个架次的战斗机，为前进的部队提供空中掩护，甚至连装备了革命性的弗里茨 X 型空对舰导弹[4]的轰炸机的到来，都无法扭转纳粹空军的颓势。

车薪，而且为时已晚。

身处西西里岛的轴心国指挥官们也意见不一，并没有就守岛最佳方案达成共识。意大利指挥官阿尔弗雷多·古左尼将军认为西西里岛东南角是盟军最有可能的登陆地点，因此提议将所有兵力集中于西西里岛东南角，但当时地中海地区德军总指挥、陆军元帅阿尔贝特·凯塞林否定了这一想法。尽管如此，凯塞林还是同意将“赫尔曼·戈林”师和“那不勒斯”师派到东南部，但仍将岛上最精锐的意大利部队“里窝那”师部署在阿格里真托和杰拉附近，防御针对南部海岸的进攻。意大利“奥斯塔”师和“奥斯耶塔”师，加上德国第15装甲掷弹兵师，则受命在马尔萨拉、特拉帕尼和巴勒莫后方监视该岛西端。凯塞林还决定将德国的师分成4个战斗组，增援意大利军队，而非作为机动的预备力量部署，目的是在盟军进攻海滩后且立足未稳时对其发动反击。他告诉自己的下属，一旦盟军登陆，不要坐等意大利方面发布命令。对于两国守军来说，此举无助于建立良好的工作关系。

进攻西西里岛

进攻行动于7月9日晚间发动，盟军空降部队在第二天黎明后、主登陆行动开始之前就已经行动起来。但是，空降部队这次行动遭致了失败，只有12架滑翔机在指定目标附近安全着陆，其他滑翔机或被强风吹得偏离了航向，或是拖行它们的飞机放飞过早。70多架滑翔机在海面迫降。伞兵部队的遭遇也没有好到哪里去，27架运兵飞机在抵达投放区域之前，被友军炮火击落。

对盟军来说幸运的是，正式登陆行动按计划顺利进行。凯塞林直言不讳地写道：“意大利部署在沿海的各师完全溃不成军。”“那不勒斯”师的兵力大多在短暂的交火后就溃散而逃，而驻奥古斯塔堡垒部队的指挥官在遭到攻击之前就已投降。只有杰拉的守军进行了真正的抵抗。驻守那里的是“赫尔曼·戈林”师下属部队和“利托里奥”师，他们与美军第 1 步兵师对阵。7 月 11 日，他们的坚决反击几乎就要取得成功。但到当天夜晚降临时，盟军已经夺取了滩头。

令人惊讶的是，盟军花 5 周时间才打败轴心国对手。这一结果要归咎于巴顿和英国第 8 集团军指挥官伯纳德·蒙哥马利将军之间的竞争，因为两人就谁首先发动进攻争论不休，亚历山大[5]和艾森豪威尔都未能压住手下爱将，这才让凯塞林成功地摆脱了困境，获得必要的时间来组建一道坚固的防线。直到巴顿进入墨西拿，接受西西里岛的正式投降时，55000 名德军和 70000 名意军，以及 10000 辆运输车、163 架机枪和 51 辆坦克都已安全撤回主岛。

剑指意大利

盟军的成功致使意大利士气崩塌。到西西里岛投降之时，墨索里尼已经失去手中的权力。这位曾经的意大利首领被自己的大议会[6]解职，之后在国王维克托·埃马努埃尔三世的授意下被捕入狱，意大利前任参谋长彼得罗·巴多利奥元帅被国王任命为新总理，接替他的位置。墨索里尼曾向希特勒保证，意军会继续战斗，但这位纳粹元首并不相信他的话。到 9 月 9 日意大利最后投降时，希特勒已经将剩下的 14 个师调到意大利半岛上。

盟军进攻意大利是在 6 天之前，也就是 9 月 3 日，当时蒙哥马利穿越了墨西拿海峡，在雷焦卡拉布里亚登陆。紧接着在 9 月 9 日，马克·克拉克将军指挥的美国第 5 集团军，在那不勒斯南部的萨勒诺和帕埃斯图姆进行第二次登陆行动。已经预料到这次进攻的凯塞林，命令德国最精锐的第 16 装甲部队进行最顽强的抵抗。

1942 年 2 月 15 日，盟军实施大规模空袭。左右两张并列的照片显示了空袭前后的卡西诺山。当时，一波接一波的 B17 轰炸机将卡西诺山和山顶上的中世纪修道院夷为平地。密集的轰炸将卡西诺山变成一个小型的斯大林格勒，这里守军地面部队正在瓦砾中一点点争取战争优势。这场战斗持续了数个月，直至 1944 年 5 月和 6 月，盟军突进到罗马。

第16装甲部队的抵御作战超出了凯塞林的要求，由于他们的防御十分顽强，当时的美军计划紧急撤退。到9月14日，尽管德国的反攻受到遏制，局势却仍然十分危急。有些德国坦克是在穿透到距离海滩5英里（8公里）的地方才被挡住的。最后，美国的成功主要取决于空中力量，美军的战斗机夺取了帕埃斯图姆的机场，削弱了纳粹空军对进攻舰队和滩头的攻击，“喷火”和P38“闪电”飞机一直在战场上空巡逻，建立起一道让纳粹空军无隙可乘的屏障。美军发动伞降行动，结束了最后一次地面反攻。9月17日，凯塞林下令手下部队撤退。

古斯塔夫防线

盟军艰难地登上意大利半岛，每前进一步都会遭遇顽强抵抗，守军占着天时地利，盟军只能更加依赖空中力量和炮兵，帮助打开前进的道路。到11月中旬，盟军已经推进到古斯塔夫防线。那是一连串看似坚不可摧的加固阵地，横穿意大利，起点在加里利亚诺河流入第勒尼安海的入海口北部，穿越亚平宁山脉，终点在亚得里亚海岸的桑德罗河河口。这道防线的中枢恰好就是卡西诺镇后方的山脉，阻挡了通往罗马的交通要道。卡西诺山扼住了通往利里河谷的入口，是整个防御阵地的咽喉。

卡西诺山闪电战

在接下来的几个月内，卡西诺山沦为一个缩小版的斯大林格勒。英国、印度和新西兰部队发动多个波次的进攻，与这里的守军殊死缠斗，拼命想要在这片废墟中占得上风。

1944年1月，盟军试图通过在安齐奥登陆，来挫败卡西诺山守军。尽管此次努力几乎失败，但凯塞林迫使登陆部队返回海面的努力，也因为盟军掌握制空权而毫无斩获。接下来，盟军轰炸机突然转而攻击卡西诺山，特别是攻击山顶上古老的本笃会修道院，因为盟军怀疑该修道院被德国人用作军事指挥部。

2 月 15 日，142 架重型轰炸机和 112 架中型轰炸机对准这个修道院，投下 576 吨重的高爆炸弹，将这座历史悠久的建筑物夷为平地。但盟军地面部队仍然无法突破。3 月 15 日，他们再次尝试，这一次的计划是部署充足的空中力量，穿越德国防线，炸开一条通路。后来，盟军的 275 架 B17 和 B24[7] 轰炸机，以及 200 架 B25 和 B26 轰炸机，将这个倒霉城镇剩下的东西全夷为平地。但盟军接下来的进攻却停滞不前。3 月 23 日，卡西诺三分之二的地方都落入盟军手中，德国人却仍然扼守住着这座高 1700 英尺（518 米）、俯瞰小镇的修道院山。

盟军最高统帅部决定采取一种完全不同的空中战略，由此发动了“绞杀行动”[8]，切断凯塞林的补给线，迫使这名德国指挥官让步。与此同时，亚历山大下令调来充足的后援力量，到 5 月 11 日，他的部队（现在是 14 个师和处于待命状态的第 6 南非装甲师）已经做好发动进攻的准备。尽管英国第 8 集团军耗费了一些时间，最后还是率先实现了突破，5 月 18 日，卡西诺山被彻底攻陷。

注释

[1]　德意志非洲军团，是二战期间纳粹德国在北非战役中向非洲派出的一支远征军。

[2]　“肉馅行动”，是二战期间英国情报机构将一个流浪汉尸体装扮成英国皇家海军军官，在他身上放了一份伪造的蒙巴顿将军写给艾森豪威尔将军的信。信里写着：盟军

计划佯攻意大利西西里岛，以此掩护对希腊的登陆作战。这封信被德国间谍发现，最后交到希特勒手中，希特勒因此中计。

[3] 自由轮，是二战中美国大量制造的载重量约为 11000 吨的补给船。

[4] 弗里茨 X 型导弹，泛指二战期间德国精确制导反舰滑翔炸弹。

[5] 亚历山大，即哈罗德·亚历山大，英国元帅，时任地中海战区盟军最高司令。

[6] 大议会，也就是法西斯大议会，是墨索里尼的意大利法西斯政府的主体机构，建于 1923 年，并在 1928 年 12 月 9 日成为正式的国家机构，对意大利政府各机构实施控制。

[7] B24 飞机，是（1923 年建立的）团结飞机公司研发的一款重型轰炸机。

[8] “绞杀行动”，1944 年 3 月 19 日至 5 月 11 日期间，美国空军对意大利发动的一系列空中行动，以切断轴心国在罗马北部的供应线，阻止位于意大利中部的德军获取重要补给，迫使德军撤出意大利战场。

第 23 章
从鲁尔区到柏林

1943 年 3 月，阿瑟·哈里斯爵士最终做好准备，将要实施轰炸第三帝国迫使其投降的总体计划，他和他的中队都准备好发动三场大规模战斗中的第一场。这三场战斗会使得这一年最令人欢欣鼓舞的时刻到来，同时也是整个区域轰炸攻势中最血腥的时刻。鲁尔区、汉堡市，最后是柏林市，它们都将遭到英国的全面轰炸。

皇家空军比以往装备得更加精良，准备发动进攻，哈里斯相信事实会证明这将是致命一击。他的“探路者”中队会为轰炸机主力部队标记好目标，H2S 机载雷达能确保轰炸机主力部队更为精准地击中目标，“双簧管”导航系统会为主力部队提供非常重要的直接支持，“斯特林”和“哈利法克斯”飞机都会逐步被淘汰，取代它们的是整个战争进程中所能生产出的最佳战略轰炸机 ：“兰开斯特”。

德国的应对

轰炸机需要得到一切可以得到的帮助，因为德国的防空体系正处于转型阶段。在此之前，纳粹空军一直将高射炮和探照灯作为应对空袭的主要防御手段，夜间战斗机则退居其次。但现在，德国的战术已经改

容克Ju88

类型： 中型轰炸机、俯冲轰炸机、夜间战斗机、鱼雷轰炸机、侦察机和重型战斗机

机组成员： 3到4人

长度： 47.25英尺（14.4米）

翼展： 65.66英尺（20.0米）

速度： 每小时280英里（450公里）

航程： 1606英里（2370公里）

Ju88是二战期间纳粹空军战机中功能最多的飞机之一。继最初的生产中断之后，该飞机被要求执行数十种不同的任务，它的适应性极强，为其赢得“全能女仆”的称号。该飞机有60多种不同改版，可以作为常规轰炸机、俯冲轰炸机、夜间战斗机、鱼雷轰炸机、侦察机、重型战斗机，甚至在交战的最后阶段还可以充当飞行炸弹。

变，将夜间战斗机投入战斗成为当务之急，尽管纳粹空军的夜间战斗机数量不到350架，并不足以获取制空权。

被称为“温顺野猪”的德军Me110和Ju88飞机，在雷达和地面观察人员描绘出轰炸机的大致进攻轨迹后，就争相沿着可见的灯标环绕飞行。当轰炸机群进入德国领空后，纳粹空军的地面控制人员，在一个被称为“战斗歌剧院”的地方负责操作，通过不间断的无线电播报，为“温顺野猪”导航，引导它们迎上轰炸机洪流。这些无线电播报一直持续到夜间战斗机能够看到敌方为止；如果在无月之夜，无线电播报会切换到雷达模式，引导夜间战斗机进行截击。

从秋季开始，德国许多夜间战斗机都配备了一种致命的新式武器，帮助它们击落轰炸机。这种武器叫作“斜乐曲”（又称“爵士乐”），由装在夜间战斗机驾驶舱后方的2台向上发射的加农炮组成。这种武器的设计目的，是让夜间战斗机在贴近敌方轰炸机正下方的盲点处占据优势。驾驶飞机侧滑至敌方轰炸机下方，然后开火，这已经成为纳粹空军的标准战术。实践证明，“斜乐曲”的短暂连发射击几乎是致命的。

德国在为夜间战斗机提供其他进攻援助方面也不含糊。当哈里斯的“探路者”飞机努力精确地放置目标标记之时，纳粹空军的飞机就在它们上空飞行，投下照明弹，照亮下方的轰炸机，以便夜间战斗机可以实施进攻。在地面上，探照灯将光束照射到没有月光的夜空，目的是照亮云层，映出进攻轰炸机的影子，便于截击的战斗机发起进攻。为了迷惑 H2S 雷达，德国人努力改变关键目标附近乡村地带的雷达反射面。例如，他们用金属丝带织成巨大的毯子，将其覆盖在船筏上，然后将船筏停放在柏林附近的湖面上。他们还设计了一款新式的机载雷达系统“纳克索斯”，以追踪 H2S 雷达的信号传输。这样一来，盟军损失的轰炸机数量不断增加，英国皇家空军最终迫于无奈，在敌方领土上减少了使用 H2S 雷达的频率。

轰炸鲁尔区

1943 年 3 月 5 日，被哈里斯称之为“鲁尔战役”的战斗打响了。这场战斗于 7 月 12 日结束。战斗期间，英国轰炸机司令部的机组成员夜复一夜地飞过德国守卫最为森严的目标上空。他们嘲讽地将这个地方称为鲁尔区的“欢乐谷”，这一点并非毫无原因。到 7 月 12 日，哈里斯叫停了这场战斗。这时，英军已经发动 43 次大规模进攻，共损失 872 架飞机，平均损失率为 4.7%，返航飞机中有 16% 已被损坏。轰炸机司令部在某些夜晚派出的飞机中，有 30% 或者受到重创，或者未能返回。哈里斯的机组成员总计投下 58000 吨炸弹，据估计将 26000 英亩（10521 公顷）的德国城区夷为平地。

一架德国Me110正在飞越法国上空。照片拍摄时该机型已经过时，但它的生产活动仍然在继续，因为接替它的Me210[1]无法满足要求。该飞机投产时，其原型机试飞时所暴露的大量问题并未得到解决。试验模型机不是出现水平螺旋[2]，就是出现侧滑[3]，或在着陆时起落架完全损坏。1942年4月，陆军元帅埃哈德·米尔希下令取消整个生产计划。直至1943年，一款替代飞机，即Me410[4]才准备好进入飞行中队服役。

哈里斯的第一次进攻针对埃森市。在3月5日这个无月之夜，455架轰炸机袭击了该市。8架作为“探路者”的“蚊”式飞机负责领航，“哈利法克斯”飞机率先发起轰炸，然后是“惠灵顿”和“斯特林”飞机，“兰开斯特”飞机最后实施轰炸。它们携带的炸弹有两种，三分之一是高爆炸弹，三分之二是燃烧弹。这一调整是经过周密考虑的，因为前期空袭已经证明，比起爆炸，将城镇点燃是一种更为有效的摧毁手段。轰炸机司令部欢欣鼓舞地称这次空袭是一次巨大的胜利。据估计，埃森有160英亩（64公顷）的地域变成废墟，而盟军只损失了14架飞机。

整个春季和夏季初期，哈里斯的中队一个城市接一个城市地实施轰炸，杜伊斯堡、多特蒙得、克雷费尔德、盖尔森基兴、亚琛以及科隆都多次遭到攻击。哈里斯使用的力量也从来没有少于500架飞机，通常情况下都是用了600架或600架以上的轰炸机。5月27日，719架轰炸机对从未遭受闪电战的伍珀塔尔发动闪电战，尽管哈里斯损失巨大，但仍在可以承受的范围内。在这场战斗开始之前，哈里斯有一支593架飞机组成的前线部队，在攻击鲁尔区时遭到德方反击，所以略有伤亡。但到8月份，这支部队的飞机数量已经攀升至787架。

“大城市”闪电战

比较来看，汉堡战役的时间的确更短。哈里斯将战斗时间缩减到7月24日至8月2日之间的4个毁灭之夜，美国陆军航空队参加了2次日间空袭。后来，哈里斯又把目光放在一场更大的赌注上。“我坚信，”他在8月12日写给空军参谋长查尔斯·波特尔爵士的信中说道，“我们已经接近这场轰炸战的最后关头，后面几个月非常关键。机不再失，失不再来。我确信，如果天公作美，且我们专注于主要任务，就可以在今年内通过轰炸击败德国人。”

哈里斯并没有就此住手。11 月 3 日，他越过波特尔，直接向首相发出请求。在一份呈送丘吉尔的备忘录中，他列出 19 个城市，声称轰炸机司令部已经“实际摧毁了”它们，然后补充道，目前“这些城市对于整个德国的战争努力来说是一种负债，且产生的效果远远超过留下的任何资产”。这份列表的确令人印象深刻。接着，哈里斯又列出另外 19 个城市，称在轰炸机司令部看来，这些城市已经遭到“重创”。最后他做出承诺：“如果美国陆军航空队可以参与进来，我们就可以将柏林完全摧毁。我们付出的代价大约是 400 至 500 架飞机，但德国付出的代价却是输掉这场战争。”

他的请求言辞精彩，但主旨并不具有说服力。波特尔和丘吉尔都没有准备去说服美国人放弃原来的日间轰炸战略，加入英国皇家空军的进攻柏林行动。但是，哈里斯已得到充分的鼓励，决定继续放手去干。1943 年 11 月 18 日，轰炸机司令部发动柏林战役。这场战役一直持续到 1944 年 3 月 30 日。在这段时间里，皇家空军针对德国的这座首都城市，发动了 16 次大规模空袭。

柏林，这座哈里斯手下机组成员口中的“大城市”，是一块极其难啃的硬骨头。在战役开始之前，许多机组成员都开始畏惧并且厌恶这个目标。“这是我们对柏林的第一次空袭，”第 76 航空中队的飞行工程师费理斯·牛顿在日记中写道，“因为我们都听说过有关这个地方的事情，所以我们一点儿也不愿意去。每个人都闲坐在飞机边，等待着开始的那一刻。没人说话。”

牛顿继续写道：

“我们是第一波次。柏林市有 35 英里（56 公里）的区域布满了灯光，所以很难将下方防空炮弹的爆炸和‘探路者’飞机投下的彩色标记

轰炸埃森

这幅示意图是根据埃森的拼接照片中搜集到的信息制作而成。这些照片都是在1943年3月5日英国皇家空军的443架轰炸机重创该市后拍摄的。分析显示，有153架参与此次行动的飞机在距离目标点位3英里（4.8公里）处实施了轰炸。该市160英亩（64公顷）的区域，也是整个鲁尔区防守最严密的地方被夷为平地，而皇家空军只损失了14架飞机。利用8架作为“探路者”的“蚊”式飞机对目标进行精确标记，使用“双簧管”导航系统，是这次进攻获得成功的主要因素。接下来在5月27日，穿过密云，在规定时间抵达后进行的轰炸突袭行动就没有这么成功了。但到1944年春季，因为这些进攻和其他的进攻行动，德国克虏伯公司[5]损失了长达3个月的武器装备生产时间。

物区分开来。数百个探照灯发出锥形或成簇的光束。我们要做的第一件事，就是穿越这道探照灯组成的光墙。光墙后面是更为强烈的光线，有红色的、绿色的，还有蓝色的，它们上面是悬挂在天空上的数不清的照明弹。此时，有一架高射炮向我们发动攻击。我们只能看到地面迅速发出一道红色的光线，然后就与我们的飞机到达了同一水平面，最后变成一道刺眼的光芒。

“令我们欣慰的是，一切都在无声中进行，这也是我们在不断前行的里程中唯一的安慰。发动机的咆哮声已经淹没一切的声音，感觉就像是进入一个最盛大的无声烟火展的世界。探照灯一直在向我们靠近……我们开始迂回前进，乔治将机首压下来，然后我们以猛烈的速度飞离。就在我们飞出探照灯带之时，德国内层防御部队向我们射来更多的高射炮火。”

投下炸弹后，牛顿的飞机开始再次迂回前进，直到其飞行员定好返航的路线。“我们可以脱离这一切，”牛顿总结道，“现在我们已经完成任务，我回过头，看了一眼灯光和爆炸交织成的炽热光毯。这就是我眼中的柏林。”

独一无二的战斗

当战斗真正展开后，形势愈发艰险。“斯特林”飞机的绝对升限[6]不足，使得哈里斯被迫在2次空袭后就将其撤出战斗，大多数“哈利法克斯”飞机也因为同样的原因在几周后被撤出，这使得“兰开斯特”飞机成为这场战斗中被委以重任的战斗力。夜复一夜，这些负荷沉重的轰炸机要穿越大雨，有时是大雪，飞行1500英里（2414公里）来到柏林这座“大城市”。许多机组成员将部分炸弹投到北海，以增加飞行的高度和速度，这一点没什么好奇怪的。在他们穿入德国空域

如上所示，这张埃森市的照片拼接图，在评估英国轰炸机司令部对关键工业目标的大规模夜间突袭是否成功方面，提供了不可或缺的帮助。但是，它不能显示德国战争经济从最猛烈突袭中恢复的速度，英国皇家空军认为已经完全摧毁的制造厂和工厂，通常在遭受攻击数周后就恢复了生产。

之时，又会面对以战时最快效率出击的纳粹空军夜间战斗机部队的精锐力量。

最终到达柏林时，轰炸机通常都被裹挟在厚重且无法穿透的云层中。这些不幸的“兰开斯特”飞机的机组成员被告知，如果能够看到地面标记，就实施轰炸；如果看不到，那就求助于空中的标记物。但许多轰炸机既没有看到标记，也没有看到目标，就盲目发动轰炸。摄影侦察飞行也无法确认轰炸机究竟造成多大程度的战损。例如，12 月份的一次空袭过后，摄影侦察飞机执行了 18 次任务，才得到一张可以使用的战损评估照片。

哈里斯坚信已对德国造成重创，但真相并非如此。柏林地域广博，并没有被完全夷为平地。戈培尔在日记中写道：“英国人大大高估了对柏林的破坏。当然，他们造成了极大的破坏，但失去首都 25% 的地区，对我们来说完全不是问题。英国人自然想要在面向公众时有宣传的噱头，我也非常希望他们能够相信这一点，因此我禁止任何否认的言论发出。伦敦越快相信柏林已经被夷为平地，他们就会越快停止针对第三帝国首都的空中攻势。”

在损失加剧之际，哈里斯也面临着越来越多来自上级的压力，上层要求他改变战术，放弃区域轰炸攻势。这次战役的最后一次空袭（这次空袭十分反常，针对的是纽伦堡而非柏林）于 1944 年 3 月 30 日发动，哈里斯派出的 795 架飞机，有 96 架没有返回，这使得损失率变成 11.8%，显然超出了承受的范围。因为诺曼底登陆日即将来临，哈里斯被告知应当转换目标，从 4 月 14 日起，他和其他的“轰炸机男爵”将听命于艾森豪威尔将军。

这是一张极其不寻常的航空照片，它由一架B17轰炸机拍摄，展示了在对柏林的一次日间突袭期间，该轰炸机一枚炸弹击中下方的一架“空中堡垒”飞机时的情景。这枚炸弹命中这架“空中堡垒”的左升降舵，使其停止运转，迫使该飞机用于飞行控制的阵风锁开启，在其全力俯冲下去的时候锁住另一个升降舵。这架遭到致命重创的飞机在机组成员跳伞之前就向地面俯冲下去，因此机组成员全部死亡。由于参与特定进攻行动的飞机数量有限，这种事故发生的频率比预想的要少，经常都只是险些出事而已。另外一个问题就是训练事故，在英国皇家空军的有些课程中，受训人员在被安排到前线飞行中队任职之前的3到4个月内，就有四分之一的人会死亡。

注释

[1] Me210 飞机，是德国梅塞施米特公司研发的一款重型战斗机和地面攻击机。

[2] 螺旋，是飞机失速后，产生的一种急剧滚转和偏转的运动，伴随滚转和偏转，飞机机头向下，同时绕空中某一垂直轴，沿半径很小和很陡的螺旋线急剧下降的飞行状态。

[3] 飞机对称面（或飞机纵轴）与相对气流方向不一致的飞行称为侧滑。

[4] Me410 飞机，是德国梅塞施米特公司和道尼尔公司生产的一款重型轰炸机和高速轰炸机。

[5] 克虏伯公司，由阿尔弗雷德·克虏伯建立。他的家族企业一直都是德意志军国主义的柱石，受到国家最高当局的垂青。

[6] 绝对升限，指的是飞机最大的飞行高度。

第 24 章

精确轰炸

和英国皇家空军一样，美国陆军航空队也有自己的“轰炸机男爵”，就是那些坚信对德国实施战略轰炸可以使得盟军赢得这场战争的指挥官们，他们与英国轰炸机司令部同仁的分歧在于如何更好地实现这一点。他们否定了轰炸机司令部总指挥阿瑟·哈里斯爵士中意的区域轰炸战术，认为这个战术有些刚愎自用。他们相信仔细挑选关键的工业目标清单，再对其进行日间精确轰炸，就可以扰乱德国的战争方向，让第三帝国最终无法在战场上进一步实施抵抗。

早在 1942 年，美国陆军航空队主要军事理论家之一的亚历山大·舍维尔斯基少校就否定了区域轰炸战术，斥之为“对城市的随机性摧毁，单纯打击士气”的战术，称“相对所获取的战术结果来说，这样做代价太大，过于浪费”。相反，他认为，轰炸应该“更多地关注军事目标，而非随机地以人为目标。毫无计划的空中蓄意破坏行动，应该逐渐让位于经过周密筹划、事先决定的摧毁行动”。他总结道：“与以往不同，我们现在的主要目标应该集中于电力系统、航空工业、码头设施、重要的公共设施和类似的关键目标集合。”这是对精确轰炸行动最令人信服的概述。

埃克和斯帕茨

美国第8陆军航空队的指挥官艾拉·埃克将军，以及于1944年1月成为美国驻欧洲战略空中部队总指挥的卡尔·斯帕茨将军（埃克的前任，此前曾在地中海战区待过一段时间），都赞同舍维尔斯基的观点。埃克认为，对敌方关键目标发动精确轰炸，可以“使得德国工业和商业完全陷入混乱，从而造成敌人快速崩溃”。他还认为，无论如何，美国的轰炸机都没有相应的装备，也没有接受过训练的机组成员，无法执行英国轰炸机司令部青睐的夜间空袭任务。

斯帕茨完全同意埃克的观点，两人都认为美国第8陆军航空队和英国轰炸机司令部应该继续各行其是，独立执行各自的行动任务，即美国人日间飞行，英国人则继续在夜间实施打击。丘吉尔就是信服美国观点的人员之一。埃克撰写了一篇文章，态度鲜明，丘吉尔在阅读这篇文章后评论道：“多好的事情呀，如你所说，如果我们能够全天候对这个‘魔鬼’实

波音B17

类型： 重型轰炸机

机组成员： 10人

长度： 74英尺4英寸（22.66米）

翼展： 103英尺9英寸（31.62米）

速度： 每小时287英里（462公里），巡航速度为每小时182英里（293公里）

航程： 2000英里（3219公里）

与“解放者”飞机一样，波音B17“空中堡垒”也成为美国陆军航空队在二战期间的标准重型轰炸机，而该飞机名副其实。从飞机开始设计到首次试飞，中间经历了不到12个月的时间。该飞机满载着防御性武器装备，还携带了12架机枪。美国陆军航空队坚信，即使在日间，以箱状编队飞行的B17也可以击退对其发动进攻的战斗机，然后强势穿过敌方上空，精确地将炸弹投放在反复甄选过的目标上。

B17“空中堡垒”飞机“孟菲斯美女”号飞行途中的照片。该飞机是首架成功完成整个作战航程的美军重型轰炸机，并由此声名鹊起。此次航程的行动包括在敌方领土上空完成25项飞行任务。然后，该飞机返回美国，接着与机组成员被派去访问32个城市，以完成一次兜售战争债券的旅行。它的指挥官罗伯特·摩根以其女友玛格丽特·波尔克出生地为飞机命名，因为她正是美国孟菲斯市的居民。这架波音飞机机首的艺术装饰创作灵感，来自1941年出版的《时尚先生》杂志[1]上的美女画像。

照片中飞行的共和P47“雷霆”战斗机[2]非常强大，装备了普惠公司[3]2000马力的“双黄蜂”XR–2800–21涡轮增压发动机。它非常沉重，重量是“喷火”或Me109飞机的2倍。它于1942年11月在欧洲首次参加行动，并很快就证明了自己是一款优秀的高海拔护卫战斗机。但这款飞机航程有限，因此在盟军实施对欧洲的进攻行动之前，它无法深入德国空域。

施轰炸，就可以让它毫无喘息之机。”

1943年1月的卡萨布兰卡会议之后，埃克终于有机会将自己的观点付诸实践。就像哈里斯对英国轰炸机司令部的态度一样，埃克对美国第8陆军航空队的行动结果也无比乐观。他承诺，如果能够使第8陆军航空队在1944年1月1日组建的前线力量——1746架飞机，3个月后增加到2702架，自己就能让德国的U型潜艇产量减少89%，纳粹空军战斗机和轰炸机的产量分别减少43%和65%，滚珠轴承产量减少76%，合成橡胶产量减少50%。“这些数字，”他写道，“都是保守估计，但却绝对可信。”

首轮进攻

当然，所有这些都是对未来的估计。与此同时，埃克还必须充分调动手头的资源。尽管美国第8陆军航空队于1942年8月17日发动针对被占法国国内目标的空袭，且在当年年底之前完成另外26项任务，进攻的目标却受到严格的限制。执行任务的B17轰炸机没有一次进入过德国空域。另外，尽管美国人认为他们的B17完全有能力独自打败纳粹空军的战斗机，但它们执行所有任务时，都有英国皇家空军的“喷火”飞机为其护航。

更重要的是，埃克所依赖的战斗力量一直迟迟得到不到壮大，新的轰炸机群到达英国后，很快就被调去支援盟军在北非的行动。到1943年1月，埃克手头的B17轰炸机仍不足90架，但他还是锲而不舍。1月27日，他发动针对德国的第一次进攻，派出91架轰炸机进攻位于威廉港的U型潜艇基地，53架飞机针对目标投下炸弹，只损失3架B17轰炸机。

到4月份，埃克仍然坚信其轰炸机有能力在白天突破德国防御力量，在不需要护航的情况下打败负责防守的德国战斗机。他感觉时机已到，可以对卡萨布兰卡会议之后

共和P47D“雷霆”飞机

类型：战斗机

机组成员：1人

长度：36英尺1英寸（11.0米）

翼展：40英尺9英寸（12.42米）

速度：每小时433英里（697公里）

航程：900英里（1290公里）

P47被其飞行员称为“水壶”，让那些驾驶它的飞行员又爱又恨。因为它爬坡速度较慢，且缺乏机动能力，许多飞行员以前讨厌它，后来却喜欢驾驶它，就像驾驶浴缸飞在天空似的。但其俯冲力量却胜过很多同时代的飞机。后来，该飞机的改进版克服了这些问题。改进后的飞机可作护卫战斗机使用，性能卓越，如果配备了炸弹或火箭弹，就可以胜任地面攻击的任务。

会议筹划者发布的清单目标发动打击。此时，他已有337架B17轰炸机，但平均来说，其中只有153架可以随时投入战斗。

6月11日，埃克派出168架B17轰炸机，再次对威廉港发动进攻，结果损失其中8架。两天后，他针对不来梅和基尔的进攻就没有这么成功了。美军发动第一次进攻时派出122架轰炸机，损失26架，发动第二次进攻时派出60架飞机，损失26架，两次分别造成21%和43%的损失率。更糟糕的是，此时美国空军决定改变打击目标。当时，美国第8陆军航空队的当务之急并不是摧毁德国的U型潜艇，而是摧毁飞机制造工业。

因此，7月28日，美国第8陆军航空队发动迄今为止突破德国空域最深的一次行动：39架B17轰炸机针对位于奥舍斯莱本的德国AGO飞机制造厂[4]发动进攻，目的是迫使该厂停止生产FW190战斗机。这是一次代价高昂的进攻，15架B17战斗机没能返航，但此战却为未来的战斗提供了先例。幸存的轰炸机准备返航

1943年初，美国第8陆军航空队准备于1月27日对威廉港发动日间进攻。如图是在此之前，在该市上空垂直拍摄的侦察照片的一部分。当时，英国皇家空军的轰炸机司令部准备在下个月也对这里发动夜间突袭。从图上中心点位偏右的地方可以清楚看到位于威廉港的马瑞恩塞尔镇的德国海军武器存放点，也可以看到纳粹海军的U型潜艇隐蔽坞[5]。这是美国对德国领土实施的首次突袭，美方指挥官艾拉·埃克将军预测道，如果他的轰炸部队能在1944年4月之前得到2702架飞机，就可以将U型潜艇的产量削减89%。

时，与沿着海岸线飞行 260 英里（418 公里）匆忙赶来的 105 架美国共和 P47“雷霆”战斗机会合。这些战斗机的航程被延长了，尽管只延长了约 30 英里（48 公里），但还是让纳粹空军放松了警惕，德国 60 架战斗机在试图击落返航 B17 时大吃一惊，其中 9 架被击落，剩下的仓皇而逃，美军只损失了 1 架 P47。

P47 飞机之所以能出现在这次行动中，是因为安装了 250 加仑容量的临时可抛油箱。但在 22000 英尺（6705 米）的高空中，此类油箱无法使用。美国也在快速推进一种加压可抛油箱的研制工作，这种油箱可以将战斗机的航程延长约 340 英里（547 公里）。但此时，B17 只得被迫继续在没有护航的情况下飞行。

施韦因富特空袭

8 月 17 日是美国第 8 陆军航空队对德国发动最深入的突破行动，从而启动欧洲轰炸行动的一周年纪念日。埃克派出 2 个波次共 367 架 B17，前去攻击 2 个重要目标：负责生产第三帝国 40% 以上滚轴的施韦因富特滚轴厂，以及位于雷根斯堡的梅塞施米特飞机制造厂。其中 230 架 B17 负责攻击第一个目标，146 架负责进攻第二个目标。这是美国针对德国发动的最大规模空袭。

进攻部队由柯蒂斯·李梅上校指挥的第 3 航空师和罗伯特·威廉姆斯准将指挥的第 1 航空师组成。他们的计划是李梅的飞机先起飞，飞往雷根斯堡，威廉姆斯率领 B17 在 9 分钟之后起飞，紧随其后。他们将飞行同样的路线，直至到达法兰克福市上空，然后第 1 航空师飞往施韦因富特。两个师要在同一时间抵达各自的目标地点，在上午 10 时 12 分，一个师先向施韦因富特投放炸弹，一分钟后另外一个师向雷根斯堡投放炸弹。

一个事实是，大部分航程都是没有战斗机护航的。英国皇家空军的“喷火”可以提供空中掩护，但最远只能送到安特卫普，P47“雷霆”飞到距离德国前线10英里（16公里）的欧本就要被迫返航。在那之后，B17轰炸机会独自行动。但是，埃克自信满满，认为这样庞大的力量可以“在没有战斗机掩护的情况下针对德国的任何目标发起进攻，而且不会造成大量的损失”。很快，他的想法就被证明是错误的。

埃克的B17装备机枪的口径至少为12.50毫米，可以从飞机腰部的机枪位，以及顶部、机腹和机尾的旋转枪架，提供交叉的锥形火力发射，但大部分B17的机首没有旋转枪架，这就使得它们很容易遭到来自前方的进攻，这一点纳粹空军非常清楚。而纳粹空军最好的日间战斗机也早已不像美国人所想的那样，集中部署在距离海岸线很近的所谓的战斗机地带。不久前，纳粹空军的最高指挥部决定采用一种深度防御的战略，因此，Me109以及

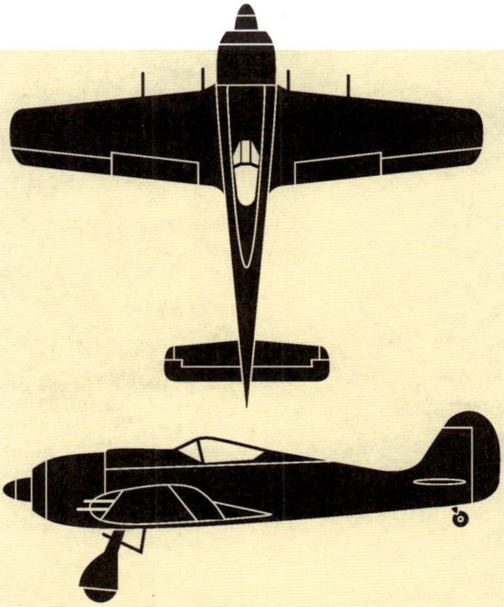

福克–沃夫FW190D9飞机

类型：战斗机和地面进攻飞机

机组成员：1人

长度：33英尺5英寸（10.2米）

翼展：34英尺5英寸（10.5米）

速度：每小时440英里（710公里），巡航速度为每小时426英里（685公里）

航程：519英里（853公里）

许多飞行员都认为，库尔特·汤克[6]的FW190是二战期间交战双方所能生产出的最好的战斗机。因为机械问题（主要是发动机过热问题）以及在高海拔时性能欠佳，该飞机的初始模型遭到多方责难，许多飞行员都抱怨该飞机火力不足。当容克公司的久茂213A增压发动机代替了飞机原来的发动机时，前两个问题就迎刃而解了。后来，这款飞机的武器装备问题也得到了改善，1944年服役的D9装备了2门20毫米口径加农炮（每侧机翼上1门）以及2挺M9机枪。

FW190 都被从东线调回，组建全新的飞行中队，来应对德国南部遭受的空中打击。

厄运缠身

情况从一开始就不太顺利。东安格利亚[7]出现浓雾，将飞机的起飞时间延误了一个半小时。当时是上午 7 时 15 分，李梅所部第一批 B17 开始飞行。李梅曾在仪表飞行中对机组成员进行过全面训练，以便他们能够在执行任务时顺利起飞。可是威廉姆斯的机组成员却没有机会得到这样的密集训练，只能在地面等候，直至雾气开始消散。他们比计划晚了 5 个小时起飞，比李梅的机组成员晚起飞 4 个小时，此时李梅已经快要到达雷根斯堡，而威廉姆斯的第一批 B17 才刚刚离开地面。李梅的部队本来是作为诱饵，诱使德国的战斗机离开施韦因富特，这样就可以让威廉姆斯有机会狠狠地打击目标。但此时，李梅必须面对守卫第三帝国南部的纳粹空军全体日间战斗机部队的联手进攻。

从负责护卫的“雷霆”战机返回欧本之时起，李梅的 B17 轰炸机就遭受到德军战斗机的无情进攻，但它们还是

1943 年 8 月 17 日，美国第 8 陆军航空队的 B17 飞机以防御型箱状编队，通过德国空域前去进攻位于巴伐利亚自治州施韦因富特镇的滚轴厂。第二波次的轰炸机也同时向前飞行，去打击位于雷根斯堡的梅塞施米特飞机制造厂。第 8 陆军航空队的指挥官们认为，针对施韦因富特的突袭特别关键，如果 B17 飞机能夷平那里的滚轴设施，就可以“切断德国的命脉”。

拼命向目标靠近。在它们开始对目标进行轰炸之时，一路上已经相对没有什么阻力。B17 轰炸机的副驾驶员小贝尔尼·雷中校注意到，在最后一轮“至少 200 次战斗机进攻之后，尽管附近仍然有敌机袭扰，但压力却有所减轻”。

李梅的 B17 轰炸机进行了精确轰炸，它们不仅打击了当地主要的工厂建筑物，还摧毁了 37 架刚下生产线、整齐地排列在柏油飞机跑道上的崭新的 Me109，毁坏了生产德国绝密 Me262 喷气式战斗机的钻模建筑物。在完成轰炸任务后，这些飞机转头向南方飞去，前往阿尔卑斯山脉、地中海以及位于法属北非的基地。李梅一共损失了 24 架轰炸机。

现在，轮到威廉姆斯面对纳粹空军随时而来的打击了。在接近目标之时，他决定改变进攻计划。他原来的意图是让 B17 轰炸机飞越施韦因富特，然后从东部转回，发动进攻，这样上午 10 时左右的太阳就会从其后方照射，而不是从正面照射到他们。但因为他们到达时间实在太晚，所以威廉姆斯决定，如果还要按照计划实施，就意味着他的 B17 在没有发动轰炸并获得任何实际效果之前，必须先冒险多花 17 分钟的时间在目标上空飞行。他告诉机组成员改变航向，不是自东向西，而是自西向东实施轰炸。

威廉姆斯的 B17 轰炸机在下午 2 时 59 分到达目标地点，但它们的轰炸却没有预料的那么精确。有些机组成员因为在最后关头被要求改变抵近方向而感到迷惑，所以许多炸弹都投偏了。但据希特勒的军备部长阿尔伯特·施佩尔所说，这次空袭使得施韦因富特滚轴厂的产量下降了 38%。但这只是暂时下降。

此时，威廉姆斯必须努力拼杀，穿过德军防线返航，在大部分的航程里，他都遭到纳粹空军日间战斗机的无情折磨。他总共损失了 36 架飞机，100 架以上的 B17 轰炸机遭到重创，以至于尽管成功返航，却再也无法起飞。B17 轰炸机的机枪手们（包括威廉姆斯本人在内，他操作着一架重机枪，面颊磨出了水泡，直至枪管烧坏都仍然在坚持射击）乐观地宣称，他们在 2 次空袭过程中击落了 288 架德国战斗机，但实际数字是不超过 35 架。

第二次空袭

埃克需要时间来恢复元气。直至 9 月 6 日，他才发动针对德国的大规模空袭，407 架 B17 轰炸机奉命出动，前去轰炸位于斯图加特的滚轴厂和飞机制造厂。结果，这些轰炸机再次因天气恶劣而受到阻碍，但有 262 架成功抵达，并对目标实施了轰炸。非常不幸的是，尽管皇家空军的“蚊”式飞机一早发来侦察报告，称该市上空天气晴朗，但在这些轰炸机抵达时，却发现目标被厚厚的云层遮挡。在决定轰炸之前，它们在斯图加特上空盘旋了 3 次，希望能从云层掩盖中找到一个突破口。后来证明，这次延迟代价高昂，45 架 B17 轰炸机被击落起火，占整体进攻力量的 18%。

在接下来的几天里，这些轰炸机又对不来梅、安克拉姆、马林堡和明斯特发动空袭。美国第 8 陆军航空队在不来梅损失了 30 架轰炸机，在安克拉姆至马林堡一线损失了 28 架，在明斯特损失了 30 架，损失率分别是 8%、8% 和 13%。尽管这些数字仍然高得让人不安，但还是比以前有了进步。受此鼓舞，埃克下令在 10 月 14 日再次对施韦因富特发动进攻，这一天在美国第 8 陆军航空队的历史上被称作“黑色星期四”。自那次之后，所有针对第三帝国的日间轰炸活动，如果没有护航，都会被叫停。

这一次，进攻部队由两个波次的轰炸机组成，一波由巴德 · 皮斯利上校率领，另一波由小阿奇·奥尔德上校率领。这些轰炸机于上午10时后不久起飞。尽管一开始发动空袭的有317架飞机，但有些飞机在抵达荷兰海岸之前便返回基地，剩下的飞机总计291架。为它们护航的“雷霆”战机在亚琛和迪伦之间，刚刚越过德国边境线时便返航。几乎与此同时，纳粹空军的战斗机蜂拥而至，发起进攻，仿佛是从各个方向扑向这些B17轰炸机。当天下午2时30分左右，当施韦因富特最终映入眼帘的时候，这些纳粹飞机还在发动进攻。这一次B17轰炸机进行了更为精确的轰炸，用炸弹对着施韦因富特的3个最大的滚轴设施进行猛烈轰击。施佩尔估计，施韦因富特的生产能力有67%被摧毁。

不幸的是，B17轰炸机也为此次成功付出了格外高昂的代价。美国陆军航空队的正史将纳粹空军对这次进攻的反击描述成“史无前例的规模”以及“前所未有的猛烈”。参加这次空袭的291架B17轰炸机，约有60架被击落，损失率超过20%。

从人员角度来说，这其中的意义不难理解。如果德国人继续以这种损失率击落B17轰炸机，埃克的机组成员如果能安全执行5次飞行任务，就已经非常幸运了。他们能完成整个战斗进程所需的25次飞行任务的概率几乎是零。因此，机组成员的士气大跌。美国陆军航空队的高层承认，这样的损失太大，无法承受。他们认为，在没有己方战斗机护卫的情况下，无法对德国发动更深入的日间空袭行动。因为一时还没有合适的远程护卫战斗机，埃克无奈地放弃了没有护卫的日间进攻行动。

“伟大的一周”

现在，寻找一款新的远程护卫战斗机已成当务之急。少量的洛克

就在这些 B17 袭击施韦因富特的工厂之时，一位机敏的摄影师拍到这张炸弹从高空飞行的 B17 飞机上垂直落下的照片。照片中能够看到，德国为保护这些设施而安装的烟雾发生器不断冒出浓烟。希特勒的军备部长阿尔伯特·施佩尔估计，这次攻击让滚轴生产减少了 38%，但损失却只是暂时的。从战术上来说，两次突袭都付出了高昂的代价，B17 飞行编队刚进入德国空域就遭到纳粹空军日间战斗机的接连攻击，美国派出 376 架飞机，损失 60 架，600 名飞行员没能返回。幸存的机组成员将发动突袭的这一天称为“黑色星期四”。

希德 P38“闪电”战机和“雷霆”战机都安装了 75 加仑容量的加压机翼油箱，虽然这样做可以将飞机的作战半径延长至 520 英里（836.8 公里），但仍没有真正解决问题。最后，解决方案是北美 P51“野马”飞机。这款飞机本来是为英国皇家空军设计的，但因为其原来的“艾利森”V1710 发动机动力不足，性能不尽如人意，后来皇家空军用罗尔斯－罗伊斯“梅林”V1650 发动机替代了“艾利森”发动机，并对“野马”飞机进行了改装，使其航程达到 1800 英里（2896 公里），这就意味着它可以一路飞至柏林，然后仍然有充足的油料返回。这款飞机的最大时速可以达到 437 英里（703 公里），也让轰炸机的拥趸们找到了问题的答案。

结果不言而喻。1944 年 1 月 11 日，美国第 8 陆军航空队的 B17 轰炸机以及后加入的 B24 轰炸机，再次冒险进入德国空域；自去年 10 月以来，这还是第一次。它们的目标是位于不伦瑞克、奥舍斯莱本以及哈尔贝施塔特的飞机制造厂。与上一次不同，这一次它们不是独自飞行，而是由“闪电”和“野马”飞机混合组成 13 个战斗机群，一路护卫它们抵达目标，然后再护卫它们返回。纳粹空军战斗机在靠近并截击这些轰炸机时，对于美国战斗机的出现感到吃惊。仅在不伦瑞克上空，第 354 战斗机大队的 44 架“野马”飞机就击落了 15 架敌机，没有任何损失。在战斗中，该大队的指挥官詹姆斯·霍华德少校一个俯冲，冲向准备袭击 B17 轰炸机的 Me110 飞行编队，破坏了德军的进攻活动。

下一步就是针对德国飞机制造厂，发动一次全面进攻。德国人将被迫投入所有的日间战斗机力量来守卫，而纳粹空军的战斗机也会在空中被护卫轰炸机的“野马”和“闪电”飞机全歼。

“伟大的一周”行动由美国第 8 陆军航空队和新组建的美国第 15 航

空队共同发动，前者从东安格利亚起飞，后者从意大利基地起飞。这两支航空部队集结了1160架B17轰炸机和B24轰炸机，加入战斗的还有676架P47、P38和P51战斗机。为了应对美军的攻势，德国人投入350架FW190和Me109，100架Me110、Me210和Me410，以及50架夜间战斗机。美方进攻于2月19日发动。这次袭击一直持续到2月25日，最后因天气恶劣而被迫停止。

美国总计对目标投下6000吨炸弹。英国皇家空军也加入作战，在夜间对这些工业中心再次进行轰炸，总计投弹量为19177吨。226架美军轰炸机被击落，每次任务的损失率是6%，美国还损失了28架战斗机。位于雷根斯堡、莱比锡、奥格斯堡和哥达的梅塞施米特飞机制造厂，以及位于克莱辛、图托和波兹南的福克－沃夫工厂都遭到重创。美国还重击位于斯泰尔、斯图加特和施韦因富特的滚轴设施。德国损失正在生产的700架战斗机，以及另外232架待命的战斗机。

北美P51D“野马”战斗机

类型： 战斗机、护卫战斗机和地面攻击飞机

机组成员： 1人

长度： 32英尺3英寸（9.83米）

翼展： 37英尺（11.28米）

速度： 每小时437英里（703公里），巡航速度为每小时362英里（580公里）

航程： 装备副油箱可飞行1650英里（2755公里）

尽管“野马”是美国飞机，但其设计初衷却是为了满足1940年英国对远程战斗机所提的需求。但英国皇家空军却因为该飞机在高海拔上的欠佳表现而感到失望，然后对该飞机进行改造，用罗尔斯－罗伊斯“梅林”发动机替换其原来的“艾利森”发动机。不论作为护卫战斗机还是作为地面进攻飞机，“野马”都是一款性能卓越的飞机。它飞行能力极强，很快就为盟军赢得对纳粹空军的空中优势。

这是位于洛伊纳的阿蒙尼亚韦克－梅泽堡炼油厂的航拍照片。判读人员对该照片进行了标记，以重点突出主要区域。事实上，这张照片是纳粹空军于1944年8月拍摄的，后来落入盟军手中。洛伊纳的建筑群是卡尔·斯帕茨将军“石油计划”[8]的主要目标。这次行动的攻击目标正是第三帝国的合成炼油厂。斯帕茨将军认为只要摧毁这些工厂，就可以让整个德国国防军的行动戛然而止。1944年5月12日，935架美国轰炸机对这些工厂发动首轮突袭，这也是针对洛伊纳工厂发动22轮进攻中的第一轮。空袭效果十分显著，到1944年夏末，纳粹空军已经出现石油荒，无法满足飞行所需。

但是，纳粹空军真正的灾难却是美国对其日间战斗机发动的惩罚性打击，至少有 282 架纳粹空军战斗机被击落。更为关键的是，许多纳粹空军最有经验的飞行员（在纳粹的词汇里，他们被称作“老兔子”）都在行动中战死。到 5 月份，纳粹空军损失战斗机飞行员的数量已经攀升至 1684 人。另外有 440 架战斗机在空战中被击落，将近 900 架战斗机在地面被摧毁。

石油战役

现在，纳粹空军的后方已经被破坏，美国陆军航空队将注意力转移到德国的合成炼油厂上，这些是纳粹空军赖以获取航油补给的来源。这种炼油厂一共有 13 家，大多坐落在第三帝国的心脏地带。对它们的空袭始于 1944 年 5 月，带来的影响几乎是显而易见的。“对于石油工业的袭击，”施佩尔说，“第一次造成不可或缺的基本产品的严重短缺，也让德国在未来是否继续这场战争的问题上产生最深切的忧虑。”

施佩尔的顾虑是对的。5 月 12 日，935 架美国轰炸机轰炸位于洛伊纳和佩利茨的合成炼油厂。6 月 20 日，1500 架美国轰炸机在 1000 架战斗机的护航下，再次对这些重要的炼油厂发动闪电战。结果是立竿见影的，纳粹空军的航油供应量从 4 月份的 18 万吨减少到 6 月份的 54000 吨，再到 8 月份的 17000 吨，最后是 9 月份少得可怜的 10000 吨。从那时起，盟军的战略轰炸部队就能以史无前例的规模，夜以继日地肆意进攻德国。至于纳粹德国空军，它们几乎没有抵抗能力。

普洛耶什蒂油田位于罗马尼亚首都布加勒斯特以北 30 英里（48 公里），也是斯帕茨的目标之一。在这张照片里可以看到，1943 年 8 月 1 日，哥伦比亚的阿奎拉炼油厂遭到从班加西附近机场起飞的 B24“解放者”轰炸机实施的空袭，储油库正在熊熊燃烧。参与此次行动的飞机一共 178 架，在进攻中损失了 53 架。这一天被记录在美国陆军航空队的史册上，被称为“黑色星期日”。苏联红军在东线发动的夏季攻势，以及罗马尼亚做出的转变立场、抛弃轴心国的重大决定，都使得希特勒丧失了唯一剩下的原油来源。到 1944 年 9 月，德国石油生产几近崩溃，只是冬季的到来延迟了其被全面摧毁的时间。

注释

[1]　《时尚先生》，是美国著名男性杂志，由美国赫斯特公司于1933年创建，在美国大萧条时代盛极一时。

[2]　共和P47“雷霆”战斗机，是（1931年建立的）美国共和航空公司研发的一款战斗机。

[3]　普惠公司，即普拉特·惠特尼集团公司，建于1925年，是美国最大的两家航空发动机制造公司之一，也是世界主要的航空燃气涡轮发动机制造商之一。

[4]　AGO飞机制造厂，是一家德国飞机制造公司，建于1911年。

[5]　隐蔽坞，一般用作船只的停泊检修。

[6]　库尔特·汤克，德国航空工程师，二战中负责为纳粹空军设计了多款飞机，其中包括FW190飞机。

[7]　东安格利亚，是英格兰东部的一块地理区域，包括诺福克郡、萨福克郡以及剑桥郡，还包括彼得伯勒市。

[8]　“石油计划”，也被称为“联合轰炸攻势计划”，是二战期间美国陆军航空队总部与盟军在诺曼底登陆之前，针对轴心国汽油、石油、润滑油等炼油厂实施战略轰炸行动的计划。

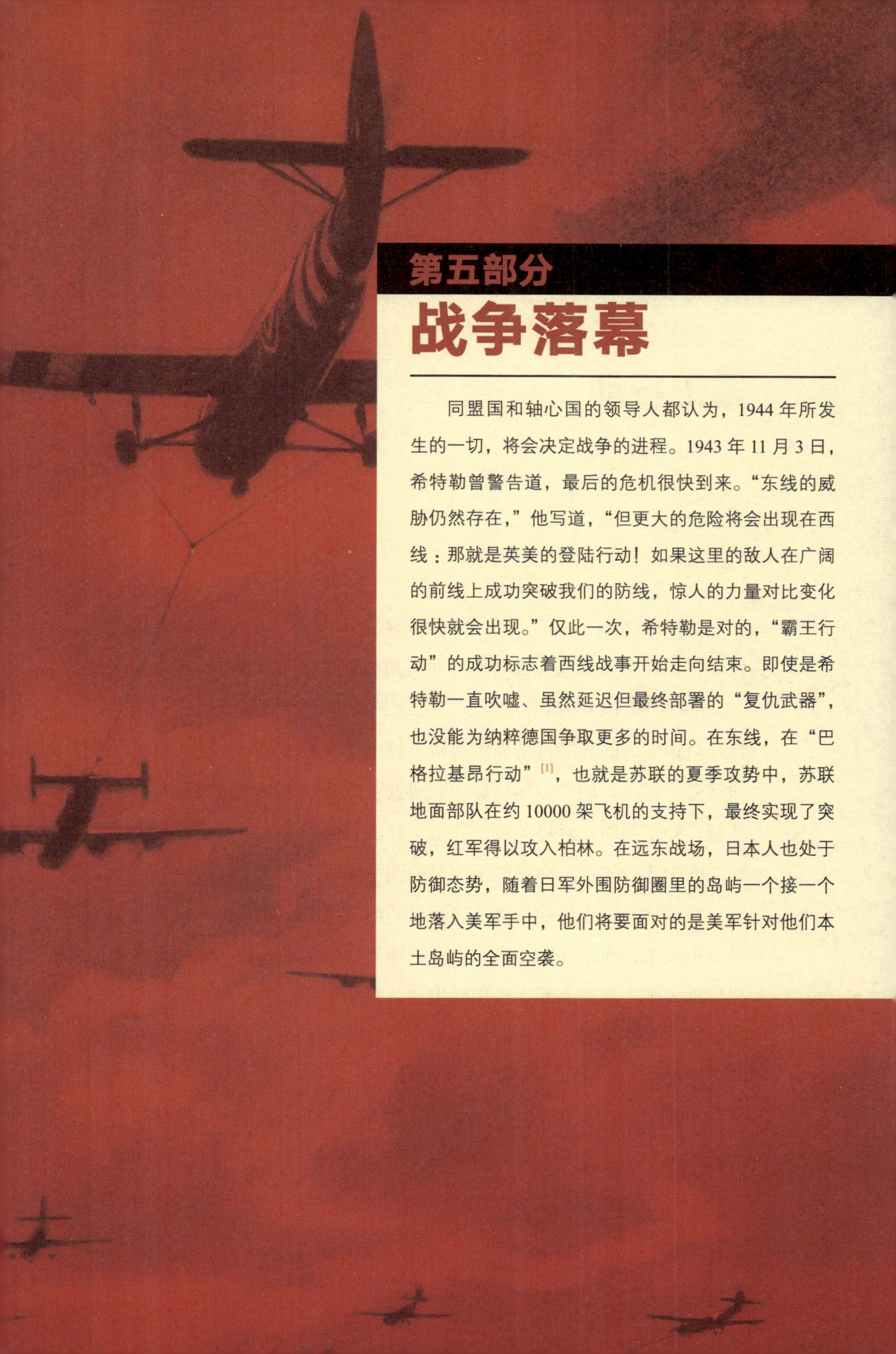

第五部分

战争落幕

同盟国和轴心国的领导人都认为，1944 年所发生的一切，将会决定战争的进程。1943 年 11 月 3 日，希特勒曾警告道，最后的危机很快到来。“东线的威胁仍然存在，”他写道，“但更大的危险将会出现在西线：那就是英美的登陆行动！如果这里的敌人在广阔的前线上成功突破我们的防线，惊人的力量对比变化很快就会出现。”仅此一次，希特勒是对的，“霸王行动”的成功标志着西线战事开始走向结束。即使是希特勒一直吹嘘、虽然延迟但最终部署的“复仇武器”，也没能为纳粹德国争取更多的时间。在东线，在“巴格拉基昂行动”[1]，也就是苏联的夏季攻势中，苏联地面部队在约 10000 架飞机的支持下，最终实现了突破，红军得以攻入柏林。在远东战场，日本人也处于防御态势，随着日军外围防御圈里的岛屿一个接一个地落入美军手中，他们将要面对的是美军针对他们本土岛屿的全面空袭。

第 25 章

霸王行动

1944 年 6 月 6 日，盟军袭击了诺曼底海滩，实践证明制空权在确保盟军迅速在诺曼底扎稳脚跟方面起到关键性作用。其中，盟军空军投入 2434 架战斗机和战斗轰炸机，还有约 700 架轻型轰炸机和中型轰炸机，对诺曼底的登陆行动提供直接支持，还有数千架以上的飞机处于待命状态。相反，纳粹空军只有 300 架处于战备状态的飞机驻扎在塞纳河西部，猝不及防，轻易落败。在盟军登陆日的当天，纳粹空军只成功出动 295 个飞行架次，而它们要应对的盟军飞机为 12351 架次。

盟军战斗机不停地在进攻诺曼底的舰队上空盘旋，确保兵力运输免受空中袭击，而战斗轰炸机和轰炸机则在内陆活动。战斗轰炸机在低海拔作战，主要攻击路面上或田野里的敌军车辆和部队；轰炸机则负责进攻城镇和铁路中心，以切断德军补给，拖住德军奋力想要冲上战斗前线的支援部队。

相对而言，6 月 6 日，纳粹空军只发生一次有飞机冲到盟军进攻的海滩，那就是第 26 战斗机联队[2]的指挥官约瑟夫 ·“皮普斯”· 普瑞勒上校及其僚机驾驶员海因茨 · 沃达兹亚克驾驶的飞机。当时前往黄金海滩[3]的德军 Ju88 飞机遭到盟军一个战斗机联队截击，不幸被击落，于是这两名德国飞行员快速飞越剑海滩[4]，然后转头安全返回位于 200 英里（321.8 公里）以外的里尔市机场。“纳粹空军，”普瑞勒戏谑地对沃达兹亚克说道，“气数已尽。”希特勒一直大肆吹嘘的千年帝国已难逃劫运。

持久的侦察活动

当然，这一切都发生在未来。早在诺曼底登陆行动实施的 2 年前，准备工作已经开始启动，其中就包括开展针对欧洲大陆的大规模航空侦

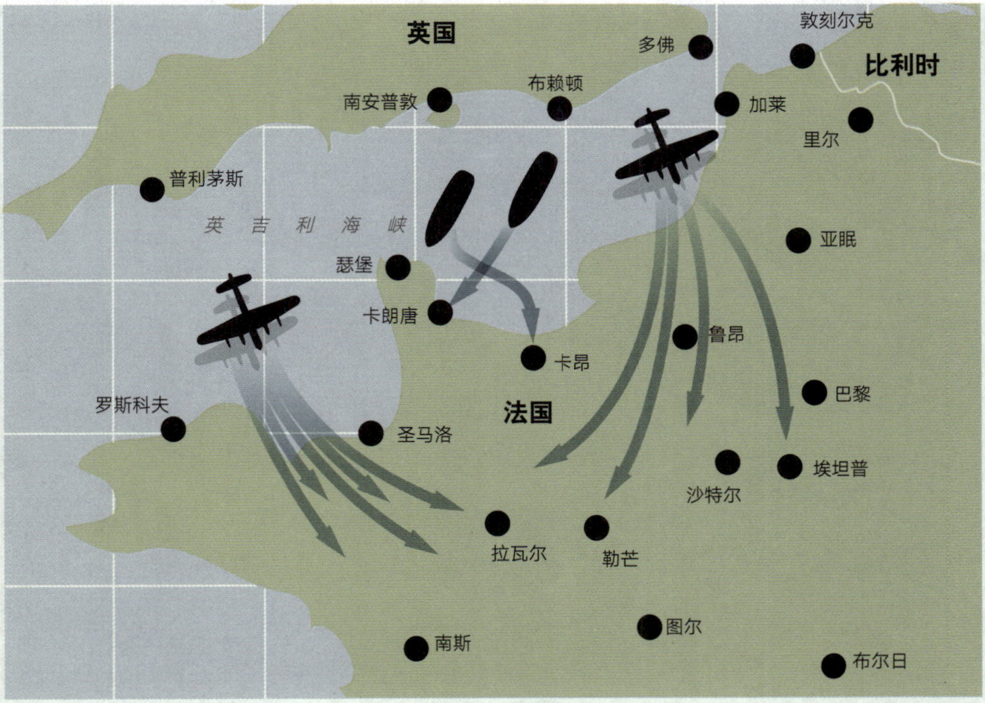

诺曼底登陆日

诺曼底登陆行动因为天气恶劣而延迟，之后在 1944 年 6 月 6 日继续实施。接下来的战斗结果取决于盟军能以多快的速度，离开海滩并牢牢守住自己的桥头堡。盟军可以确定的一点就是，他们已经完全获取了制空权，到发动进攻之时，纳粹德国的第 3 航空队[5]只在塞纳河西部有 200 架飞机做好了战斗准备。

盟军地面部队正在突击车辆的支援下，快速登上诺曼底的一个海滩。令人惊讶的是，英军和加拿大军队没有遇到任何抵抗，于是他们快速开始向内陆机动。犹他海滩的美军在进攻首日的大部分时间里，都被压制在海滩上，伤亡惨重。直到夜幕降临，他们才找到脱离犹他海滩的路径，开始突破坚固的德军防线。

察活动。1942 年 5 月，航空侦察活动开始实施，当时，一小组陆军的照片判读人员悄悄离开英国皇家空军的迈德曼汉姆，奉命前往位于伦敦诺福克府的陆军本土防御部队情报总部。在那里，他们受命完成一项绝密工程，为进攻欧洲的行动找出适合的登陆海滩。

对这些判读人员来说，他们在任务开局已经占得先机，因为从 1940 年法国沦陷开始，英国皇家空军本森基地的一个分支、驻扎在牛津郡农场山的第 140 航空中队，已拍摄到加莱至瑟堡之间所有海岸防御情况和海滩的照片，而现在的搜索范围还在扩大，足以覆盖从荷兰登海尔德到西班牙前线的整个海岸区域。判读人员将精致的航摄图拼接在一起，就形成了最有可能的登陆区域。对于想要选择最适合登陆海滩的盟军筹划者来说，此举带来的帮助不可估量。

1943 年 8 月，罗斯福和丘吉尔携手下各军种参谋长举行魁北克会议之后，“霸王行动”终于启动。行动筹划者并没有将登陆地点选在重兵把守的加莱海峡，而是选择瑟堡和勒阿弗尔之间的诺曼底海滩，认为这是更理想的登陆地点。紧接着就是长达数月细致的摄影侦察活动，目标在于精确定位德国的火炮发射阵地以及其他战略要地，从而生成一种相片拼接图，让判读人员可以评估和监视海滩的实际防御状况。

这些海滩高潮期和低潮期的照片都被拍摄下来，以建立有关这些海滩及其防御性质和状况的完整图景。摄影侦察飞行员带回的低空倾斜视场的照片包含非常多的细节信息，例如，通过仔细地审视每个海滩的鹅卵石，判读人员里的地质专家可以确定这个鹅卵石海滩是否能够承受登陆后不断开进的盟军坦克的重量。

预定进攻的日期逐渐临近，盟军的空中活动也不断推进。盟军对德国雷达站给予特殊的关注，从 5 月 22 日起，“台风”[6] 和“喷火”飞机通过一系列大胆的低空进攻，使得 80% 的德军雷达站都失去行动能力。同时，盟军仍然继续对潜在的进攻海滩进行监视，即使到了最后一刻，除最高指挥层，没有人知道盟军究竟选择哪个海滩实施登陆行动。美军第 10 航空大队的摄影侦察机“闪电”一直在这些海滩上空进行低空飞行，因为飞得过低，美国飞行员都称之为“下赌注”任务，是在拿性命做赌注。

同时，英国皇家空军迈德曼汉姆中心的工作人员也在拼命工作，制作出数千张详细的摄影地图和主要模型，范围覆盖诺曼底海滩向内陆延伸约 12 英里（19 公里）的海岸线。为了把一切做得滴水不漏，就算是海滩的障碍物都被制成模型。

从照片中可以看到，劳工们正在大西洋壁垒防御工事上辛苦工作。在法国维希政府的安排下，托特组织调派数千名法国人参加大西洋壁垒的建筑工作，与此同时法国的建筑公司也签订了合同以开展这项工作。希特勒下令大西洋壁垒的建筑工作从 1942 年 3 月开始，但到两年后进攻行动发动之时，该工程仍然远未完工。德国在法国境内建造的最强大的防御工事位于加莱海峡。相对而言，在盟军准备登陆的诺曼底，防守就没有那么森严了。

大西洋壁垒

希特勒准备沿着纳粹占领的西欧海岸线，修筑著名的大西洋壁垒（红色标记），从挪威一直延伸至西班牙边境。这个壁垒需要建造15000个战略要塞，雇佣45万名劳工，使用1100万吨混凝土和100万吨钢材。希特勒宣称，他口中的这个“欧洲堡垒”坚不可摧。事实上，尽管德国在宣传时极力想要塑造这样的形象，但已经建造好的大西洋壁垒从一开始，就不是按照一个连绵不绝的工程修建的。

大西洋壁垒

进攻筹划者有两个较大的担忧：一是对他们选择的海滩保密，意味着空中摄影侦察必须沿着希特勒极力炫耀的大西洋壁垒一线进行；二是大西洋壁垒本身，是否如纳粹宣传机器所鼓吹的那样坚不可摧？

为了应对盟军的威胁，德国人忙于沿着西欧海岸建造强大的防御工事链。他们的想法是阻止盟军在海滩涨潮线方位开展进攻行动，迫使盟军面临重新登陆或被逐入大海的局面。建设大西洋壁垒的工程始于1942年3月。当年9月，希特勒下令沿着大西洋壁垒建造不少于15000个战略要塞，再次升级了这个工事，然后派一支30万人组成的部队驻守这些要塞。

这位纳粹元首还下令，建造工作必须在第二年 5 月完成。但负责建造大西洋壁垒的托特组织[7]坚持认为，到那时最多只能完成 40% 的工程。事实上，真实的数字要比这个估计低得多。当年秋季，自 1942 年春季就担任西线总指挥的陆军元帅格尔德·冯·伦德施泰特曾警告希特勒称，防御工事还远未建好。B 集团军群的指挥官、陆军元帅埃尔温·隆美尔，负责沿着加莱海峡到诺曼底和布列塔尼的英吉利海峡的海岸线一带构筑防御工事，也严词批评了全面准备工作的不足。

与时间赛跑

1943 年 12 月，隆美尔上任后不久，开始对大西洋壁垒进行详细检查。检查结果让他彻底震惊，大西洋壁垒完全不是希特勒所吹嘘的那样坚不可摧，而是“一个巨大的骗局，欺骗的主要是德国人而不是德国的敌人”，大部分的防御工事都不完整，某些地方的建造工作根本就没有启动。他总结道，这就是“希特勒自己营造的一种脱离现实的幻境”。他认为在盟军发动进攻之前，自己还有不到 6 个月的时间来扭转形势，而他的任务是将大西洋壁垒变成实实在在的存在。

隆美尔以他在阿拉曼建造的防御工事作为样板，下令全面建造新的防御工事带，以延缓盟军的攻势，同时也让盟军难以抵御其所发动的反击。这样一来，进攻的盟军一旦到达海滩，很快就会面对碉堡、水泥地堡、火焰喷射器和机枪工事，而且它们的射击区域都是重合的。在海滩上，“重型反坦克机枪、自行火炮和防空战斗部队”都在防御区域的最前列蓄势待发。

盟军在登上海滩之前，就会遭到反击。“4 排障碍物、雷区或其他防御工事”都在涨潮线以下的海水中修建起来，可以在登陆艇靠近海滩

可以看到，被拖曳飞行的是“霍萨”I型滑翔机，机身上的涂装是英国战争艺术家罗伊·诺克尔德斯在1944年喷绘的。作为诺曼底登陆日空降突袭行动的先头部队，美国第82空降师、美国第101空降师、英国第6空降师和加拿大第1伞兵营的伞兵部队，在海基登陆行动开始5小时之前，就由滑翔机通过空投或乘机降落等方式，登上科唐坦半岛，几个小时后他们又得到滑翔机机载步兵部队的增援。每架“霍萨”滑翔机最多可运载30名士兵，共有500架滑翔机参加诺曼底登陆行动。

之时，将其炸毁或从底部炸开。海滩上还装满带刺的铁丝网和其他障碍物。根据B集团军群的战争日志，到1944年5月13日，海滩上已部署了517000个障碍物。隆美尔还下令埋下2000多万枚地雷，到5月底，400多万枚不同种类的地雷已经沿着英吉利海峡的海岸线部署到位。

隆美尔似乎已经考虑到所有的事情。他意识到盟军可能会部署空降部队，来协助主力登陆部队，于是下令在滑翔机可能登陆的地点，每隔100英尺（30.4米）插一根10英尺（3米）高的杆子。这些杆子被称作“隆美尔的龙须菜”。

伞兵部队和滑翔机

隆美尔的分析是对的，因为空降登陆正是盟军进攻计划的一部分。诺曼底登陆日当天午夜过后的数分钟内，美国第101空降师、第82空降师以及英国第6空降师，开始从空中向诺曼底降落，滑翔机降落部队也快速跟进。

英国人首先开始行动，目标是位于朗维尔的卡昂运河上的桥梁，以及位于贝努维尔的奥恩河上的桥梁。他们的目的是夺取这两座桥，以阻断德军接近盟军两栖登陆部队的左翼，同时还可以为英军独自进攻卡昂市开路。迪韦河上的其他桥梁恰好可以用德国人事前放在桥下的爆破炸药包来炸毁。夺取上述两座桥梁的任务，交由约翰·霍华德少校指挥的牛津郡和白金汉郡轻步兵团[8]的两个连来完成。为了完成此项任务，霍华德少校曾对手下的人进行过为期数个月的训练。他下达的命令非常简单，就是完整地夺取这两座桥梁，然后“一直坚守到有其他部队接替他们”。

午夜刚过，“哈利法克斯”轰炸机群向着卡昂市所在的区域飞去，它们分成2组，每组3架，所有轰炸机都拖拽着一架“霍萨”滑翔机[9]。

就在当天中午 12 时 16 分，第一架滑翔机在奥恩河的西部和主路以南的田地着陆，机首压坏了德军在田地里建造的带刺铁丝网。不久之后，机上的人员蜂拥冲向朗维尔的桥梁。接下来，其他的滑翔机也安全着陆，飞机上的伞兵部队直接开始行动。霍华德用不到 10 分钟的时间，实现了夺取两座桥梁的目标。

夺取桥梁之后，霍华德和他的部队准备坚守阵地，直至有其他部队接替他们。他们预期，在霍华德的滑翔机刚触地后就展开登陆行动的第 5 伞兵旅的伞兵部队能够首先与他们碰头，而从进攻海滩一路挺进的部队也会很快到达。

最后，接替霍华德的任务落到派头十足的洛瓦特勋爵 [10] 所部第 1 特种旅 [11] 的头上。洛瓦特勋爵带着私人风笛手，演奏着《边境的矢车菊》[12] 和其他风笛音乐来鼓舞突击队员前进。此时，他和手下的人一路前行，没有遭遇到太多德军的抵抗，最后于下午 2 时接替了霍华德的部队。

无疑，第 5 伞兵旅的行动被延误了，因为它所隶属的第 6 空降师还有同等重要的其他任务要完成。空中侦察显示，德国人已经在梅维尔建起一座新炮台。据评估，该炮台可能装备了 15 厘米口径的榴弹炮，射程在 14000 码（12802 米），英国所占领的海滩恰巧位于这些火炮的射程之内。如果这些火炮开始发射，后果将不堪设想。

这个火炮阵地非常难攻克。阵地里的榴弹炮被 4 个混凝土炮塔包围，每个炮塔都配有一架机枪，炮塔隐藏在一个泥土覆盖层里，建造炮塔的混凝土厚度有 6 英尺 6 英寸（2 米）。坚固的钢铁大门保护通往每个炮塔的入口，北边的入口由一个 140 英尺（42.7 米）宽、300 码（274 米）长的反坦克壕沟防卫，壕沟上还装了 2 个蛇腹形铁丝网，铁丝网之间的沟壑中布满了地雷。据估计大约有 160 个人负责守卫该阵地，且该阵地还配备了机枪、高射炮和 4 门榴弹炮。

第 9 伞兵营的指挥官特伦斯·奥特韦中校，制订了一个大胆的进攻计划。进攻开始时，由 100 架“兰开斯特”飞机轰炸炮台，然后他率部从天而降，发动进攻。他的伞兵部队被投放下来后，将向前冲锋，切断防护铁丝网，开辟出一条跨过雷区的道路。最后，伞兵营里的其他人待命，同时 60 名伞兵通过滑翔机降落在炮台上方。于是，进攻正式开始。

起初，事情并没有按照计划进行，轰炸机完全丢失了目标。搭载奥特韦麾下伞兵部队

在诺曼底登陆日，美国伞兵部队由 C47 飞机[13]投送至诺曼底参加行动。由于伞兵投送过于分散，这次突袭没有直接达成预定目标。许多伞兵在越过或未及指定区域时被投放下来，只有其中一支伞兵部队 25% 的力量被投放在目标 1 英里范围内。24 小时后，第 101 空降师的 6000 名伞兵中，只有 2500 人仍然可以接受指挥部的指挥，其他人或是被困，孤立无援，或是因为迷路，在敌方防线后方徘徊。

的C47飞机编队被防空炮火冲散，它们将伞兵部队投放在一片大约50平方英里（129.5平方公里）的区域内，结果大多数人都没能赶到会合地点。尽管如此，奥特韦还是决定带领身边的150名手下继续向前。他们利用爆破筒将铁丝网炸开一条路，对炮台发动猛攻，迫使阵地守军投降，然后炸毁了所有的枪炮。

喜忧参半的美军

霍华德及其部下比较幸运，但来自第101空降师和第82空降师的美国伞兵部队就没有那么幸运了。当C47运输机排成300英里（482公里）长的编队，运载着他们穿过法国海岸时，这些飞机飞入浓厚的云层中，所有的飞行员都下意识地倾斜飞行、转向、爬坡、俯冲和躲避，以避免出现空中碰撞，到飞机最终从云层中飞出时，编队已经溃散。

更糟糕的事情还在后面。当德军开始发射猛烈的防空炮火之时，许多飞行员通过提高速度来应对，或俯冲或爬坡，降低高度或增加高度，迅疾地采取规避动作。飞机里的伞兵像九柱戏[14]里的木柱一样翻来滚去，他们焦急地等待着投放的信号。此时的飞行员（其中有些人已经绝望地迷路了）正在竭力寻找可能会标记投放区域的标记物，却只能看到一点儿，或者什么也看不到，完全是盲目飞行，只能在他们认为已经接近目标之时就发出投放的信号。然后伞兵们连滚带爬地跳出飞机，正如一位痛苦不堪的伞兵后来说的那样，他们“飞往英国，拼尽全力，像烫伤的狗一样”。

就在伞兵跳下之时，他们才意识到飞机飞得太快，也太低了。在降落伞张开的一瞬间，许多人就丢失了装有武器、弹药和口粮的腿包。有些人开伞后只摇晃一下就触地了，还有些人根本没时间打开降落伞。有些人跳到海里，然后溺死在英吉利海峡里，还有些人落在沼泽地里，这片沼泽地是德国人让梅德列河[15]洪水泛滥之后形成的。总之，他们中绝大部分人都在绝望中远离阵地，而且迷失了方向。

除这些混乱的情况外，第82空降师无疑也出师不利。该师的任务是夺取梅德列河上的桥头堡，占领和守卫圣母教堂镇。尽管该师下属的一个营在当天凌晨约4时30分成功地夺取该镇，并在一天内顶住德军的反击，成功守住了该镇，但第82空降师绝大多数部队还是陷在梅德列河西侧无法脱身。

第101空降师也遇到几乎同样的困境。它的任务是夺取犹他海滩4个抢滩地点的西端，由美国第4、第90和第9步兵师组成的美国第7军将会在那里登陆。它还有一个目标就是摧毁横跨杜沃河的桥梁，在勒波尔建立桥头堡，然后夺取位于拉巴盖的运河水闸。另外，该师还受命夺取位于圣马丁－德－瓦雷维尔的海岸炮台，但侦察显示，该炮台的火炮发射阵地已被炸毁，其他防御工事也废弃了。

第101空降师迅速抢占了位于北部的2个抢滩地点，但还需要花更长时间才能抵达位于南部的2个抢滩地点，主要因为接受这项任务的伞兵部队被投放到阵地以外。这些伞兵在约正午时分才赶到第一个抢滩地点，在行进的过程中夺取了普贝韦勒，但当他们赶到第二个抢滩地点时，已经是一个半小时后的事情了，盟军的两栖部队已经夺取了该抢滩地点。尽管来自该师的其他部队成功地穿越了位于勒波尔的桥梁，然后在该河流的东岸挖掘防御工事，但敌人的炮火很快就迫使他们无法守住这个阵地，在当天剩下的时间里，他们撤回到该河的西岸。

在拉巴盖，夺取运河水闸的行动初战告败。接受这项任务的是第501伞兵步兵团，该团的一位营长罗伯特·卡罗尔中校牺牲，营

美国伞兵部队列队登上 DC4 飞机[16]。该机是 21 座 C47 的军用改版。C47 的发动机很强劲，最多可搭载 35 名士兵，有加固底板，有后机身，还有宽大的货舱门，它已经成为盟军在整场战争中最重要的运输机。该飞机可以用于运送部队、运输货物、空投物

资和伞兵部队、拖曳滑翔机并撤出战场伤员，坚固的构造使得其几乎不会被毁坏。美国陆军航空队将该飞机称作“空中列车”，英国皇家空军称之为“达科他”。

执行官菲利普·盖奇少校被俘，所有的连级指挥官失踪。幸运的是，团长霍华德·约翰逊上校在正确位置着陆，并召集150人来夺取运河水闸，挽救了形势。但摧毁位于圣康姆杜芒西侧的杜沃河桥梁的行动，却因为侦察小队在接近目标后遭到德军炮火猛攻而被迫放弃。约翰逊断定自己兵力太少，无法炸毁桥梁，于是决定守住运河水闸，等待援军。

第101空降师和第82空降师都未能成功完成整个任务。但它们都完成了任务中最重要的部分，使得登陆犹他海滩的行动和后面在内陆的行动都变得相对容易。盟军登陆部队在整个任务完成过程中遭受了巨大的损失，但损失程度并没有战术空军部队指挥官、空军中将特拉福德·利–马洛里爵士预测的那么严重。利–马洛里爵士曾极力劝说艾森豪威尔放弃空降行动。他预测称，滑翔机空降部队的损失会达到70%，伞兵部队在展开地面行动之前就会损失50%，这次行动的结果可能会“白白葬送2个精锐师”。事实上，在诺曼底登陆日，在这2个师所部署的大约6600人中，第82空降师损失了1259人，第101空降师损失了1250人。

运输计划

艾森豪威尔极有主见，拒绝取消空降登陆行动，同样也反对放弃或削弱后来声名远扬的“运输计划”。与其他的盟军地面指挥官一样，他也相信获取完全的制空权是赢得接下来战斗的关键所在。当艾森豪威尔的儿子，一位年轻的少尉在诺曼底登陆一周后去找自己父亲时，他看到艾森豪威尔滩头阵地总部前的空地上，一排排美国军车停在那里，等待加入战斗。对此他发表评论，对父亲说：“如果你没有制空权，就无法获胜。”艾森豪威尔将军回答道：“如果没有制空权，我就不会出现在这里。”

这张航空侦察照片显示的是，诺曼底登陆3周后，下诺曼底地区滨海维耶维尔附近的情况。请注意在海滩和离岸的船只之间穿梭的DUKW两栖卡车、离开海滩的车辆，以及位于港口西侧已被破坏的德国海岸防御阵地。

空中力量首先不仅是抢占海滩的关键，也是阻止德国援军进入阵地、反击进攻滩头行动的关键。在盟军指挥官的脑海中，或许已经想起当年年初在意大利安齐奥登陆的先例。当时，盟军最初经历了微弱的抵抗，但德军从南斯拉夫和法国南部远道赶来，迅速冲入战场发动反击。这些德军几乎将盟军赶入海洋。

盟军现在需要做的就是进行战略反思，确保德国人不会在诺曼底重新上演同样的一幕。艾森豪威尔和其他的盟军地面指挥官认为，其中关键在于法国的铁路系统。他们相信，如果盟军通过轰炸来切断铁路系统，德国人在已经出现油料和机动运输匮乏的情况下，将被迫使用公路。这样德国人就更容易暴露，也更容易受到盘旋在主要公路上方的数百架盟军战斗轰炸机的攻击——这些轰炸机随时准备向任何试图沿着公路前进的物体发动进攻。

但在“运输计划”是否有效的问题上，存在意见分歧。艾森豪威尔、空军中将阿瑟·特德爵士和利－马洛里，都认为该计划能够奏效。特德认为，只有这个计划能“为我们勾勒一种合理的前景，让我们能够打乱敌方运动或补给……从而扫清地面障碍，迫使对方出现战术延误；一旦进入地面战斗，这一点就变得十分关键”。但两位“轰炸机男爵”，也就是哈里斯和斯帕茨却反对该计划。

哈里斯的反对立场被手下飞行员所改观。在空军参谋长查尔斯·波特尔爵士的坚持下，哈里斯手下飞行员于1944年3月，针对特拉普、欧努瓦、勒芒、亚眠、隆戈、库特赖以及拉翁等法国城市内的重要铁路调车场，进行了一系列实验性的空袭。这些进攻都获得了完全的成功，法国平民的伤亡也比预想的要低得多。哈里斯陷入了窘境，因为他反对运输计划的一个主要观点，就是认为手下机组成员并不掌握精确轰炸技术，无法执行该项计划。

欧努瓦铁路调车场位于巴黎东北约100英里（160公里）处，如上两张照片分别是1944年4月27日轰炸机司令部253架“兰开斯特”飞机对其发动闪电战之前和之后拍摄的。空军上将阿瑟·哈里斯爵士曾激烈地争辩称，轰炸机司令部无法按照要求，执行精确进攻以使法国运输系统瘫痪的任务，但他的机组成员后来证明这种想法是错误的。丘吉尔也被劝说同意发动这次进攻，他自己一直担忧的是这次进攻可能造成的法国平民的伤亡数量。

斯帕茨一直坚持反对立场。丘吉尔也是如此，因为他仍然担心该计划可能造成平民伤亡。最后，艾森豪威尔向罗斯福呼吁，称他自己认为，如果盟军要取得成功，该计划不可或缺。他写给罗斯福总统的信中提道：“从准备阶段到登上海滩并坚守在那里的一段时间里，除这个方法外，没有其他方法可以让实力强大的空军部队帮到我们。”罗斯福最终站在他的一边。

计划实施

进攻在4月发动，并在接下来的几周内逐渐加紧，美国第9航空队和第12航空队的轰炸机投入行动，之后第15航空队、第8陆军航空队和轰炸机司令部的重型轰炸机也加入进来。很快，德军就感受到由此带来的影响。到月底为止，盟军已经对位于法国、比利时和德国西部的空袭目标投下超过30000吨的炸弹。德国的1000列火车——其中600列装满纳粹国防军的补给，全都堵在铁路沿线上，无法向前或向后移动，仿佛陷入一次可怕的交通堵塞。

特别是，那些原本计划开往诺曼底和布列塔尼却最后延误的火车，数量从4月1日的30列增加到5月1日的228列。伦德施泰特被迫下令，让18000人停止加固大西洋壁垒的工作，转而修复被损坏的轨道。5月份，他又增派了10000人参与修复工作，但却毫无作用。在法国北部的重要地区，德国的军列运力从一天的约58000吨下降到不到25000吨。到6月1日为止，可以使用的轨道长度从约236000英里（379810公里），缩减到约62000英里（99779公里）。

近乎瘫痪

接下来，德军为应对盟军登陆行动开始调遣部队，并由此陷入前

这是垂直拍摄的卡尼村的航空侦察照片。卡尼村是卡昂市东南部的一个小村庄，当时盟军已经夺取卡昂市。7 月 18 日，轰炸机司令部派遣飞机，对那里加固后的德军阵地发动闪电战，这张照片就是此后不久拍摄的。闪电战发生 10 分钟之内就投下 650 吨炸弹。这次进攻也是英国、加拿大装甲部队突破卡昂市的“古德伍德行动”的一部分。德国最高统帅部集结了 6 个半装甲师的力量来对阵蒙哥马利将军的进攻，只留下 1 个半装甲师的力量应对布列塔尼的美军。

所未有的混乱局面。装甲教导师[17]内出现的混乱状况就极具代表性。6月6日一早，在勒芒地区，装甲教导师本来准备将坦克装载到铁路运输工具上，然后运往波兰，但就在这时，命令被取消。当天下午晚些时候，装甲教导师前往北部抵御盟军，并进攻诺曼底海滩上的桥头堡。第二天早上，这支部队在法莱斯附近首次遭受空袭，被炸毁的桥梁和公路枢纽延缓了这支部队向前机动。到夜晚降临时，因为盟军战斗轰炸机的进攻，该部队损失了200辆装甲车辆。

第7装甲师也遭遇了同样的命运。6月7日，这支部队向着英吉利海峡的海岸线方向行进时，“台风”和“野马”航空中队发动袭击，重创了它的坦克，破坏了其运输行动。纳粹德国党卫军第2装甲师在跨越卢瓦尔河，准备从图卢兹前往诺曼底的途中也遭受了袭击。盟军的空袭无处不在，德军无路可逃。“最糟糕的事情，”一位极其愤怒的德国士兵写道，“就是飞机，所有一切都必须在夜间完成。那些混蛋用飞机上的机枪不断扫射。我们本来在这里是有防空火炮和飞机的，但现在却看不到。你可以想象这彻底打击了我们的士气。”

伦德施泰特和西部装甲集群指挥官莱奥·盖尔·冯·希维本堡将军，都为盟军猛烈的空中进攻感到震惊。伦德施泰特上一次指挥战斗还是在1941年，与苏联对抗，当时的纳粹空军仍然掌握着制空权。希维本堡也曾在东线战斗，他本来并不知道制空权的作用是什么，但他很快就知道这个问题的答案了。6月10日，希维本堡伪装简陋的总部遭到炸弹重创，指挥部很多人因此丧生，指挥部在2周内也无法运转。

另外一边，名噪一时的“沙漠之狐”隆美尔负责指挥B集团军群。他清楚地知道，纳粹空军已经是强弩之末，完全无力保护自己的军队，无法使其免受成群结队、支援进攻行动的盟军战斗机和轰炸机的袭击。他坚持认为，如果不能在海滩击败盟军，就无法彻底击败盟军，因此，所有现存的预备部队，特别是装甲车辆，必须部署在海岸的攻击范围内，才能实现这一目标。

但隆美尔没有将希特勒的因素考虑在内。这位自诩为“史上最伟大统领”的元首，将德国所有装甲预备部队都用来对付永远不会发生的加莱海峡登陆行动，由此也断送了自己最好也是唯一一次可以获胜的机会。尽管德军在诺曼底的草丛地区坚守了数周的时间，但却没能在盟军获取数量和资源优势之前，集结足够多的援军快速发起反攻。

诺曼底突破

盟军在诺曼底的突破行动始于 1944 年 7 月 18 日，当时英国和加拿大发动了“古德伍德行动”，出动装甲部队向前突进，2000 架轰炸机实施大规模的空中轰炸来开路，目的在于夺取卡昂市。7 月 20 日，攻克卡昂市。5 天后，美军进攻布列塔尼，2251 辆美军坦克对阵 190 辆德军装甲车。8 月 19 日，德军第 5 装甲师和第 7 装甲师在法莱斯被包围。几天后，盟军完成全面包围，诺曼底的战斗胜利结束。

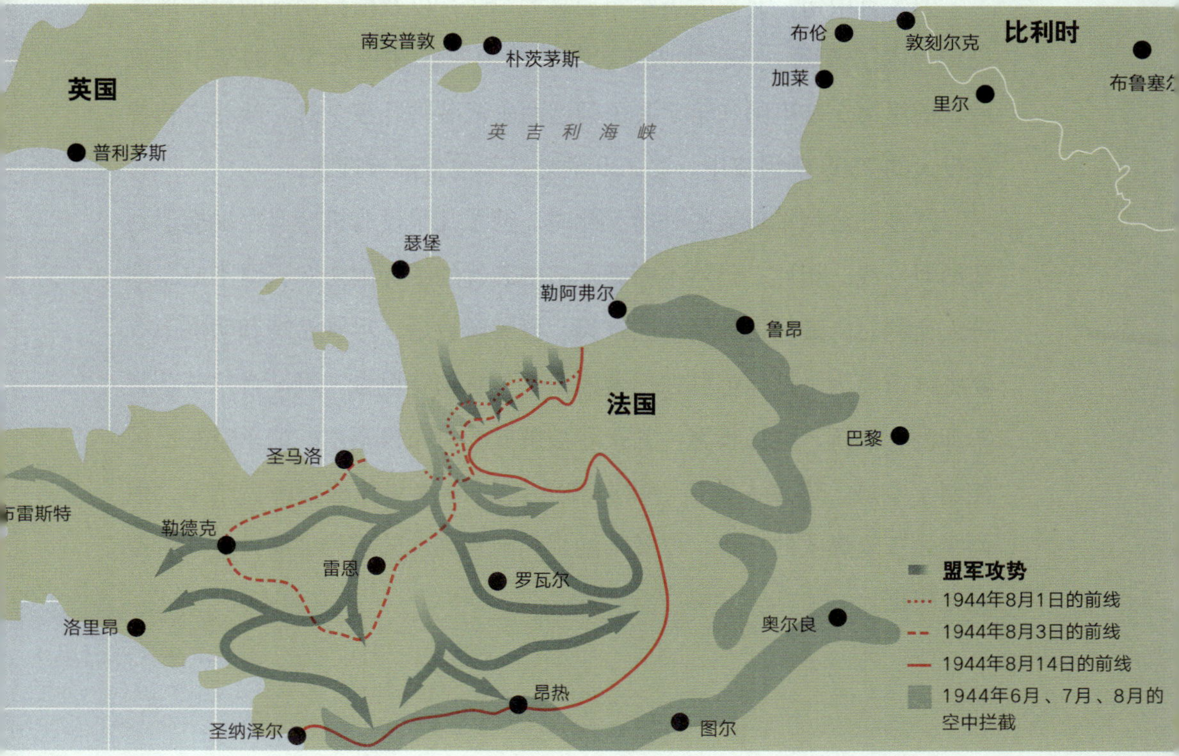

盟军突破

盟军计划利用已经取得的成功，突进诺曼底，具体如下：英军和加拿大军队向卡昂市进军，将绝大多数的德国装甲部队诱至前线的己方防区。这样可以让盟军右翼的美军部队可驱车前往南部和东部，包围实力大减的敌人。卡昂战役被称为“古德伍德行动”，美军进攻的部分被称为“眼镜蛇行动”。

“古德伍德行动”是从大规模的空中轰炸开始的。1900 架轰炸机在几分钟的时间里投下 6858 吨炸弹。蒙哥马利依赖这种势不可挡的空中支援，重新逆转了对己不利的地面形势。就在英德双方战斗正酣之际，美国第 12 集团军群指挥官奥马尔・布拉德利将军准备发动“眼镜蛇行动”。他的部队以巴顿领导、新组建的美国陆军第 3 集团军作为先锋，突破了阿夫朗什，并深入到布列塔尼。

到 8 月中旬，北部的英军和加拿大军队，以及横扫南部的巴顿部队已经包围了德军，形成所谓的法莱斯口袋[18]。在连续 3 天的空中进攻后，德军第 5 装甲师和第 7 装甲师这两个武装师几被全歼；战斗之初德军投入的 2300 辆坦克中，除 120 辆外，其他全部被摧毁。

这是驻法德军覆灭的开始。此时，德军几乎没有机会有序地撤退到塞纳河一线。相反，仍然不断遭受空中袭扰的纳粹国防军，溃不成军地进入比利时，最后退回到德国前线。巴黎解放后，尽管希特勒明确下令要将该市夷为平地，但驻守巴黎的军事长官迪特里希・冯・肖尔蒂茨将军却没有抵抗，选择投降。紧接着被解放的是布鲁塞尔。盟军空军已经控制了空域。许多人坚信，欧洲战争会在 1944 年德国投降后结束，但德军死灰复燃式的抵抗，以及阿纳姆和阿登高地的攻势证明，这些希望毫无根据。

注释

[1] “巴格拉基昂行动”，是1944年6月22日至8月19日，苏德两国在二战东线的白俄罗斯进行的一次军事对峙。最后苏联红军摧毁了德中央集团军群，突破了德军前线。

[2] 第26战斗机联队，是二战期间西线的一支德国空军部队。

[3] 黄金海滩，是二战期间，盟军在发动诺曼底登陆行动中，进攻被纳粹德国占领的5个法国地区的统称。

[4] 剑海滩，法国诺曼底地区的一处海滩，因盟军的诺曼底登陆行动而出名。

[5] 第3航空队，是二战期间纳粹德国空军主要分支之一。建于1939年2月1日，以德国占领的法国北部、荷兰、比利时等地为基地，为轴心国部队提供支持。

[6] “台风”飞机，是英国霍克飞机公司生产的一款单座战斗轰炸机。

[7] 托特组织，是德意志第三帝国的一个民事和军事工程组织。由纳粹高级官员兼工程师弗里兹·托特于1933年建立，负责纳粹德国战争机器的劳动力和各项工程建设的运作。

[8] 牛津郡和白金汉郡轻步兵团，是英国陆军的一个步兵团，建于1881年，1958年解散。

[9] “霍萨”滑翔机，是（1931年建立的）英国空速有限公司研发的一款部队运输滑翔机。

[10] 洛瓦特勋爵，是苏格兰贵族阶级的一种头衔，这里指的是第15任洛瓦特勋爵西蒙·克里斯托弗·约瑟夫·弗雷泽准将。

[11] 第1特种旅，是英国陆军的一个突击旅，创建于二战期间，由英国陆军和海军部队组成。

[12]《边境的矢车菊》，是一首苏格兰歌曲。歌词首次出现在英国著名历史小说家、诗人沃尔特·司各特爵士于1820年撰写的浪漫诗《修道院》中。

[13] C47飞机，是道格拉斯飞机公司研发的一款军队运输飞机，这款飞机也被称

为“达科塔”飞机。

[14] “九柱戏”起源于公元3至4世纪的德国，是当时欧洲贵族间颇为盛行的高雅游戏。

[15] 梅德列河，是诺曼底地区内一条36公里长的河流。

[16] DC4飞机，是道格拉斯飞机公司研发的一款四引擎螺旋桨驱动机，二战后改为民用。

[17] 装甲教导师，是二战期间德国的一支精锐装甲师。

[18] 1944年8月的法莱斯保卫战中，在靠近法莱斯附近的特兰、阿尔让唐、维穆捷、尚布瓦4个城市之间的地区，盟军试图包围并歼灭纳粹德国第7军和第5军，后来由于行动耽搁，致使大约10万德军成功逃出“法莱斯口袋”包围圈。但德军依然付出了惨重代价，15万人被俘或受伤，1万余人死亡。

第 26 章
复仇武器

这是英国皇家空军迈德曼汉姆中心的高光时刻。从 1943 年开始，皇家空军中校道格拉斯·肯德尔的照片判读人员就开始寻找希特勒所谓的“复仇武器”。这位德国元首认为，它必然可以将战争形势扭转到对他有利的一面。皇家空军的搜寻工作包括拍摄 120 多万张侦察照片，以及长达数月的耐心的航空情报活动，直到最后完全掌握德国的导弹研发情况。

希特勒坚信，这种可怕的新式导弹最终可以让自己成为战争赢家，但情况却并非如此。当这些导弹最后部署到位时，苏联人已经进入波兰，西方盟军也已经在诺曼底登陆。如果德国人能够按照原定计划，提前 6 个月实施轰炸行动，结果可能会完全不同。最终分析认定，这些导弹就是戈培尔口中的“复仇武器”。它们没有那么可怕，也没有那么不堪。

意外偶得

尽管从 1939 年 11 月开始，情报界就广为流传一条谣言，称德国人正处于火箭研究的试验阶段，但第一个确凿的证据却是偶然得到的，而

1942 年 10 月 23 日，德国在佩内明德成功发射了第一枚 V2 火箭弹。该研究机构的火箭研发工作是第三帝国守护最严的秘密。尽管空军上尉唐纳德·斯蒂文顿在 1942 年 5 月 15 日时已经拍到此地的照片，却没有发现任何火箭研发活动的证据。没有人知道那些奇怪的圆形场地是用作何种目的，也没有人愿意冒险去猜测。直至 1943 年 6 月 12 日，人们发现 1 枚平放在轨道卡车上的火箭弹。1 周后，皇家空军“蚊”式飞机又拍摄到 2 枚放在运输车上的 V2 火箭弹。英国迅速做出回应，轰炸机司令部受命对佩内明德发动轰炸。

非蓄意为之。1942 年 5 月 15 日，英国空军上尉唐纳德·斯蒂文顿驾驶着“喷火”飞机，在波罗的海上空执行常规的海上侦察任务时，发现下方一个岛屿北端的机场附近正在进行大规模的工程建设，于是他决定拍摄一些有关该地点的照片。这些照片被送到皇家空军的迈德曼汉姆中心之后，判读人员并不清楚所看到的东西是什么，照片中最显眼的就是森林中清理出 3 块奇怪的圆形空地。因为照片没有显示出任何重要的军事价值，他们只是将其存档，以备日后分析参考。

1943年8月17日，轰炸机司令部发起“九头蛇行动”[1]，对佩内明德实施大规模打击。参与这次进攻的机组成员都不知道他们所袭击目标的重要性，他们只是被告知，如果没有办法重创该目标，他们就会再次出动执行同一任务。在轰炸行动开始实施之后，英国皇家空军的迈德曼汉姆中心分析了手头所有航空侦察照片，制作出有关该设施的详细平面图。虽然这次突袭没有取得完全成功，但迫使德国人放弃了在佩内明德大规模制造V2火箭弹的计划，转而选择在其他地方的地下生产这种火箭弹。这个被迫做出的改变，使得德国这款火箭弹的部署工作延迟了关键性的几个月。

佩内明德的一处火箭试验架。英国皇家空军成功轰炸了这里的火箭研发设施后，V2火箭弹的测试活动就转移到波兰东南的布利兹纳。德国人相信自己的工作没被发现，但他们错了，从意大利起飞的“蚊”式飞机自1944年4月起，就开始对该地点进行拍摄。7月，波兰地下国家[2]成功搜集到已坠毁火箭弹的残骸，并将它们送上飞机，安全地运出该国。

其实，这些判读人员大错特错了。斯蒂文顿无意间撞见的正是德国位于佩内明德的火箭研究部队。在那里，纳粹的科学家、技术人员和工程师正疯狂地研发新式秘密武器，他们希望事实可以证明这些武器具有彻底的颠覆性。

佩内明德

20 世纪 20 年代末，德国开始热衷于研发火箭技术。最开始的火箭爱好者都是爱好和平的人士，但从 1929 年开始，军方开始对这项技术产生兴趣，主要是认为它可以作为一种迂回方式，绕开《凡尔赛条约》中有关武器限制的规约。1933 年希特勒当权后，早期火箭科学家所获取的政府资助剧增。1936 年，在波罗的海沿岸岛屿上的佩内明德，德国开始建造一个大型新式火箭研究中心，这里也成为其所有后续火箭研发工作的中心。

佩内明德是一处理想的火箭发射场地，地处偏僻，在那里进行的一切活动都易于保密。事实上，佩内明德所在的岛屿被密林覆盖，可以掩藏工

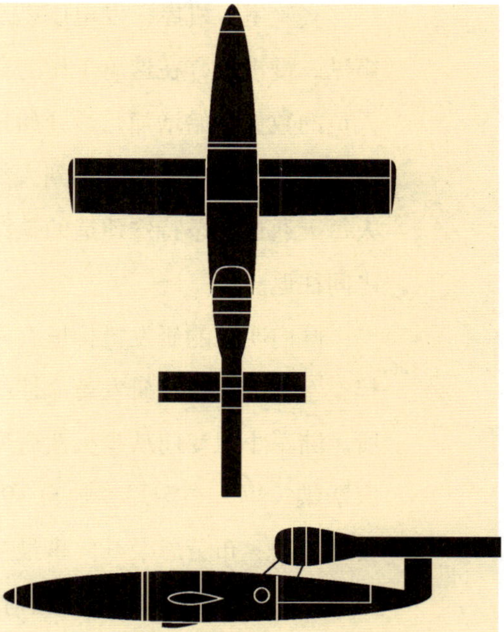

V1飞行炸弹

类型： 无人驾驶飞弹

机组成员： 0人

长度： 25英尺9英寸（7.89米）

翼展： 17英尺3英寸（5.27米）

速度： 每小时350—400英里（536.2—643.7公里）

航程： 150英里（214.4公里）

德国部署的第一款“复仇武器”——V1飞行炸弹（也被称为费施勒 F1103），是一款小型无人驾驶飞行器，由脉动喷气发动机驱动，并装配了 1 吨重的高爆弹头。它由一个过氧化氢弹射器通过斜轨进行发射，平均可以飞行 150 英里（241 公里），最后它的发动机会自动关机，令其悄无声息地落在指定目标上。

厂、实验室、机库、发电厂以及火箭试验支架，不易被窥见。慢慢地，在这里工作的科学家、工程师以及技术人员的数量开始增加，最开始只有 30 人，到战争中期，岛上居住的人口已经增加到大约 4000，另外还有 11000 人每天通过一条特殊建造的铁路连接线，在主岛和该岛之间往返。

佩内明德的研发机构里有两个独立工作的小组。纳粹空军认为这里是研发革命性的新式喷气飞机的最佳场所。陆军小组专门从事火箭研究，技术指导是杰出科学家沃纳·冯·布劳恩，他自 1932 年起就一直得到官方资助。冯·布劳恩及其同事最初设计的两款火箭，也就是 A1 和 A2，体积较小，相对比较粗糙。他们接下来设计的 A3，长 20 英尺（6 米），体积更大，也更为精

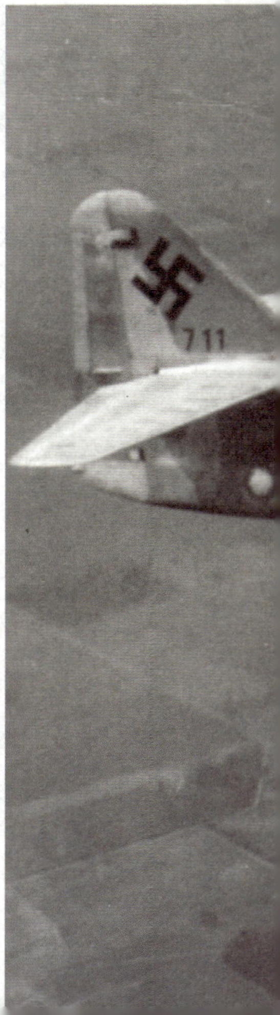

右上图是一架装有火箭发动机的 Me163B“彗星”截击机。这款飞机是二战期间交战双方所能生产的最特别飞机之一。1941 年，其原型机首次试飞，但直到 1944 年 7 月，该飞机才做好战斗准备。该飞机的最高时速可达 596 英里（959 公里），爬坡速度极快，但战斗范围只有 50 英里（80 公里），因为油料易挥发的危险特性，它只能在空中停留 7.5 分钟。

右下图中，Me262 是世界上首架投入战斗的涡轮喷气战斗机，但在 1942 年 7 月首飞时，它还只是一款喷气式飞机。该飞机的后续研发工作因政治内斗受阻，当时希特勒坚持认为德国理应部署的革命性新式飞机，应该是一款高速轰炸机而不是战斗机，所以这款飞机直到 1944 年夏末才开始服役。这对于纳粹空军来说为时已晚，他们已无法重新夺取制空权。生产的 Me262 总计大约有 1000 架，但因为油料、飞行员和零部件匮乏，只有 200 到 250 架加入前线的航空中队。

SW

密，但这款火箭也有缺点，说明研发者仍然需要解决一系列的技术问题。德国陆军对冯·布劳恩及其研发小组取得的进步表示满意，于是授权他们研发一款更为先进的火箭，由此V2应运而生。

V1和V2

A4火箭使用液态氧和酒精组成的混合燃料，能以3倍音速飞行，在升入50英里（80公里）的高空后落在目标上，其重达1吨的弹头会在目标（受害者）听到火箭到来之前爆炸，最小射程为200英里（322公里）。设计这款火箭，使其能够飞行并击中目标，这几乎已经是德国技术专家们能够做到的极限。直至1942年10月14日，第一枚A4火箭才成功升空。在这之前，希特勒一直对火箭成功的可能性十分怀疑。在冯·布劳恩向他展示了火箭成功试射的影像资料后，他终于相信，A4会成为“左右战争结果的决定性武器，人类无法承受这种武器带来的后果”。

此时，纳粹空军已经开始研发自己的“复仇武器”，也就是V1飞行炸弹。这也是阿格斯发动机厂弗里茨·高斯勒以及费施勒飞机公司罗伯特·吕瑟的创作结晶。高斯勒设计了脉动喷气发动机，为这种新式武器提供动力，费施勒公司则设计了机身。他们的想法是建造一款廉价的一次性无人驾驶飞行器，可携带1吨重的弹头，飞行速度能够比敌方最快的战斗机更快。他们初期设计的是一款带有阿格斯管（这是高斯勒的脉动喷气发动机的名称，安装在水平尾翼的顶部）的小型直翼飞行器，其最快速度可以达到每小时440英里（708公里），航程为160英里（257公里）。

V1飞行炸弹的妙处在于，它的机身是由易于获取的薄铁片制造，而不是昂贵稀缺的铝材，其短小、粗硬的机翼则是由更为廉价的胶合板制成。阿格斯管由供应充足的廉价煤油提供动力，而不是像常规飞机发动机那样由纯净的航空油料提供动力。纳粹空军的专家认为，每枚飞行炸弹的制造时间可能不超过 550 工时，相比较而言，制造一架 Me109 需要花去 10000 工时，且该飞行炸弹的成本是 A4 火箭弹的百分之一。专家们的想法是以每小时 200 英里（322 公里）的速度将其发射到空中，然后由阿格斯管提供动力。V1 的陀螺仪可以保证飞行稳定性，与磁铁指南针相连的自动驾驶仪可以让其直线飞行，确保飞行高度和航线是针对目标而去。一旦到达目标位置，机首处有一个翼式风速计所驱动的计量器，它会切断脉动喷气发动机的油料供应，然后飞行炸弹就会失去动力，从而向着目标俯冲而去。

这其中的原理其实非常简单。与有人驾驶的轰炸机及其机组成员相比，V1 生产耗时更短，也更为廉价。即使大部分都被英国防御力量击落——纳粹空军认为这种可能性是不存在的，仍然会有足够多的 V1 突破英国防御系统，对下方目标物实施重创。V1 原型机研发工作开始 15 个月之后，也就是 1942 年 12 月，德国进行了首次动力测试飞行。纳粹空军非常乐观，计划从第二年初开始大量生产这款飞行炸弹。

处于警戒状态中的迈德曼汉姆

在英吉利海峡另一侧，英国情报部门开始忧心忡忡，因为他们收到前线特工报告称，德国人可能正在研发多种秘密武器。1943 年 3 月，英国情报部门收到更多可靠证据，称德国的确正在筹划着什么。英国情报部门还曾秘密窃听在北非俘获的冯·托马将军和克朗韦尔将军的对话，听到他们谈及一个绝密的武器计划：托马告诉克朗韦尔说，他的确见过一次火箭发射试验，并被告知“等到第二年，好戏即将开始”。

这次对话是一个催化剂，促使得英国情报部门迅速采取进一步行动。情报部门要求皇家空军的迈德曼汉姆中心提高警惕，监视沿着法国海岸线的“任何建造可疑铁轨和脚手架的工程”，如果出现这样的工程，就意味着德国可能开始建造导弹发射场。情报部门还告知判读人员有关导弹的重量、长度以及射程的最可能评估结果，认为导弹的射程是 130 英里（209 公里）。“该武器最可能的目标，”情报部门在报告的最后总结道，“就是伦敦。”

搜索开始

英国对这些警告的回应，就是对波罗的海进一步开展航空侦察活动，然后在瑟堡到比利时边境的法国海岸线上搜索，一平方英里也不放过，极力想要识别出可能的发射

这是一架“空中堡垒”飞机的俯瞰图。它正将炸弹投向一个 V2 火箭弹发射场。该场地散乱分布着带有凹痕的弹坑，清楚地显示了这次进攻和之前进攻行动都获得了成功。类似这样的多次突袭，迫使德国人放弃了大规模的固定发射场，转而从移动的运输车上发射火箭弹，因为这样易于隐藏，难以发现。

S

场地。4 月 15 日，丘吉尔得到警告，称可能会有危险发生。他的回应是成立一个调查委员会，由这位首相的女婿、英国供应部政务次官邓肯·桑迪斯任主席，来调查威胁的具体情况。

桑迪斯及其委员会成员来到迈德曼汉姆，检查了前几个月拍摄的有关佩内明德的所有照片。他们的结论是，该地点“可能是一个实验站”，但“整个地区没被充分使用”，另外“虽是在生产重型远程火箭，但还不是迫在眉睫的威胁”。这其实是对该试验场地当时情况的精准概括，但他们没有考虑到德国人的工作速度。佩内明德的两个工作小组都饱受上层的压力，被要求尽快将武器投入战争。当然，为赢得头筹，两个小组之间也存在着严重的对立。

麻烦在于，无论是桑迪斯、他的委员会以及迈德曼汉姆中心的判读人员，还是执行侦察任务的飞行员，都无法确切知道他们应该寻找的是什么。例如，他们不知道德国人正在研发两种飞行炸弹，而不是一种。据英国航空部推测，德国人的目标是“一款远程大炮……或者火箭飞行器……或者位于某一废弃的矿区内，可以用来发射火箭的某种隧道”。有人认为还有这样一种可能，就是如果这些火箭真的存在，完全可以从一个山洞或采石场中水平发射出来，而不一定非要从火箭试验架上垂直发射。

在德国人究竟想要做什么这个问题上，科学家们也存在意见分歧。丘吉尔最信任的科学顾问彻韦尔勋爵认为，德国人不可能研发出一款具有足够推动力、最远能够飞行 130 英里（209 公里）的火箭弹。如果他们试着这么做的话，那么该火箭弹就会由于重量过重，而根本无法离开地面。物理学家琼斯博士曾与秘密情报局合作，解决了纳粹空军的测向无线电光束谜团，他就不同意这一种观点。他相信德国人正在研发一款可能重达 80 吨、动力强大的火箭。假设如琼斯所推测，该火箭可以搭载 10 吨重的弹头，那么这样一枚火箭弹被投放到市中心，最多可以造成 4000 人丧命。

发现 V2

每天都从本森基地起飞的英国皇家空军以及从农场山起飞的美国陆军航空队，在执行侦察任务中获取了数百张照片，它们都可以清楚地显示一点，那就是佩内明德的活动日益频繁。例如，迈德曼汉姆的判读人员发现，德国在森林中开辟出的巨大圆形混凝土空地上，出现了巨大的、像起重机一样的建筑物。6 月 12 日，照片判读工作出现了重大突破。

当天所拍摄的照片显示，一个很长的物体被横放在一辆拖车上，距离其中一块圆形空地很近。“这个物体所呈现出的样子，”迈德曼汉姆的报告谨慎地总结道，“比较像一端为渐渐变细的圆柱形，另外一端有 3 个辐射状尾翼的物体”，大概是在等待发射。该物体附近垂直竖立着许多物体，被照片判读人员描述为“柱形物”。通过测量这些物体投下

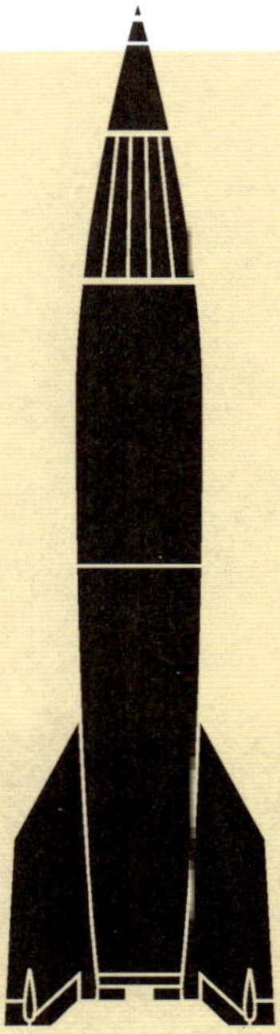

V2（A4）火箭

类型： 火箭弹

长度： 45英尺11英寸（14米）

翼展： 11英尺8英寸（3.56米）

弹头： 2200磅（1000公斤）

速度： 每小时3580英里（5760公里）

航程： 200英里（320公里）

它是希特勒的第二件“复仇武器”，动力来源是由乙醇、水和液态氧（后者作为一种氧化剂）组成的强效混合物。一旦发射，它既不会被发现，也不能被阻止。第一枚 V2 火箭弹在 1944 年 9 月 8 日发射到巴黎，同一天发射的第二枚 V2 对准了伦敦。在接下来的几个月里，德国至少发射了 3172 枚 V2 火箭弹，比利时的安特卫普港和伦敦是其主要进攻目标。

V2 火箭弹冲向天际。这是 1943 年 6 月 21 日，在佩内明德进行试飞时，V2 火箭弹升空 4 秒后拍摄的照片。德国陆军向希特勒施压，要求将大规模生产这种火箭弹定为武器生产的首要任务。最初，这位德国元首对于是否实施火箭弹计划没有明确表态，但这次试验的成功，以及英美轰炸机对德国日渐猛烈的进攻让他改变了主意。但他忽略了一个事实：V2 火箭弹生产费用昂贵，其油料的重要组成部分之一液态氧供应不足，因此该火箭弹只能携带 1 吨重的高爆弹头。

的阴影，判读人员估计它们的长度在40英尺（12.1米）左右。6天后，当琼斯看到这些照片后，肯定地认为它们就是火箭。

6月23日，后续的侦察活动让情况更为明朗。在被认为是研发区域的北侧，侦察照片捕捉到“2个鱼雷状物体”平放在椭圆形土木工程建筑内的某种运输车上。这些新发现的物体有38英尺（11.5米）长，6英尺（1.8米）宽，尾部是3个12英尺（3.6米）宽的尾翼。判读人员还在附近的铁路车厢上发现了高压容器。他们认为，这些容器里肯定含有液态燃料，为他们所看到的物体提供动力。如果这样的分析是正确的话，就意味着无论德国人正在试验的是什么武器，肯定都比原来预想的要更小、更轻。

桑迪斯后来也被说服了。6月29日，他在内阁战情室主持了一次高层会议，讨论迈德曼汉姆的新发现，以及几个月来搜集到的有关佩内明德的其他情报。彻韦尔和琼斯都出席了这次会议，丘吉尔也参加了这次会议。桑迪斯称，所有的证据都显示，火箭的存在是事实，最好的应对措施就是让轰炸机司令部发动针对佩内明德的大规模进攻，但这样的进攻只有在夜晚时间足够长的情况下才能发动，也就是说最早要等到8月初。彻韦尔强烈反对，他认为整个事情就是骗局，目的是引诱轰炸机司令部掉入陷阱，这样就可以让德国的夜间战斗机部队消灭它们；这样做也可能是想要转移外界对某些事情的注意力，例如德国想要研发的无人驾驶飞行器。他还总结道，如果照片中的确显示了某些令人不安的东西，那么可能会是巨型鱼雷，但绝对不可能是火箭。

琼斯支持桑迪斯的看法。丘吉尔在认真听取所有与会人员意见之后，站在自家女婿一方。佩内明德即将遭到闪电战的攻击，英国皇家空军将会在条件成熟时启动“九头蛇行动”。

空袭佩内明德

佩内明德在遭受空袭之前赢得一个暂时的喘息期，而盟军对法国开展的空中摄影侦察活动，还显示了德国另外一项全新且具有潜在威胁的研发活动。希特勒亲自下令，启动建造一个大型火箭发射场，地点就在加莱海峡圣欧麦镇附近瓦唐镇的一个砾石开采场里。

英国最初的推测是，德国人在瓦唐镇建造的是一个新的指挥地堡，是旨在抵御盟军进攻的大西洋壁垒的一部分，但该工事的规模似乎远远超过实现上述目的的要求。法国抵抗组织报告称，该场地的数千名苦役已经开始夜以继日地工作，并称德国人用数千吨钢铁和混凝土建造的这个建筑物，无论它是什么，一定都是无惧空袭的。桑迪斯将这个新发现加入他认为一有机会就应该最先发动轰炸的目标清单中。

1942 年 12 月，V2 巨型火箭弹首次发射，加莱海峡的瓦唐被选中成为最适合建造发射地堡的地点。第二年春天，托特组织开始建造这个地堡。德国人这段不受打扰的日子持续得并不算长，1943 年 5 月，英国皇家空军的摄影侦察活动发现了此次建造工程。8 月 27 日，来自美国第 8 陆军航空队的 187 架 B17“空中堡垒”以这里为目标，在当天夜晚对其发动轰炸。正如这张照片所显示，地堡北侧被毁。最后，修复损失的工作宣告失败，整个地点都被放弃，德国人选择实施移动式的 V2 火箭弹发射行动。

与此同时，英国的首要目标还是攻击佩内明德。8 月 17 日，轰炸机司令部最终对这里实施了轰炸。596 架满载着 281 吨燃烧弹和 1600 吨高爆炸弹的“兰开斯特”飞机和“哈利法克斯”飞机，在夜间出发，飞往波罗的海。这次行动被轰炸机司令部称为“一次全力以赴的行动”。参与这次进攻行动的机组成员在听取简报时得知，他们的目标是“一个号称要大幅度提高德国夜间防御组织能力的雷达研发站”。在情况通报的最后有一个令人不寒而栗的警告：“如果进攻失败……都必须在第二天夜间，以及接下来几天的夜间继续发动进攻，不计损失。”

这是一个月光皎洁的夜晚，飞行条件优良。轰炸机司令部的计划是由 3 个波次的轰炸机实施进攻，每个波次都从一个近海岛屿定时起飞，飞向目标，飞行高度不超过 7000 英尺（2133 米），好让它们尽可能精确地实施轰炸。这些飞机的首要目标是佩内明德的科学家居住区，然后是那里的工厂和实验室。这次突袭令德国空防力量猝不及防，因为“蚊”式飞机对柏林发动虚假空袭，引开了德国的夜间战斗机，所以在大多数英国飞机实施轰炸且已返航后，这些德国飞机才赶到现场。共有 40 架英国轰炸机被击落。

袭击第二天实施的航空侦察活动显示，这次进攻行动取得完全的成功。迈德曼汉姆的判读人员是这样报告的：“在目标区域里和周围有大量集中的弹坑，很多建筑物仍然在熊熊燃烧。在北侧生产区域，有 27 座中型建筑物已经完全被摧毁。可以看到至少有 4 座建筑物仍然在燃烧。”事实上，试点生产工厂逃过一劫，受损并不严重，因为大部分炸弹都落在工厂周围的树林里，没有造成任何破坏。尽管佩内明德的科学家居住区遭到闪电战的攻击，损失最大的还是外国苦役住的帐篷，有 790 人死亡。

但是，这样的破坏足以让佩内明德在最关键的 2 个月里丧失研发能力，负责研发 A4 火箭发动机的瓦尔特 · 蒂尔博士也因此死亡。这次空袭间接地让英国获得另外一个战利品。因为纳粹空军未能有效保卫佩内明德安全，第二天早上，希特勒和戈林严厉责问了纳粹空军参谋长汉斯 · 耶顺内克将军。耶顺内克回到办公室后，饮弹自尽。在留下的自杀日记里，他总结道 ：“没有办法再与戈林共事了。元首万岁！希特勒万岁！”

瓦唐镇是下一个目标。在英国对佩内明德发动空袭 10 天之后，美国第 8 陆军航空队派出 224 架“空中堡垒”飞机，对那里的建筑工地发动闪电战。美国的机组成员被告知，他们要攻击的是航空设施站。美国飞机损失极小，但却造成严重的破坏。在轰炸发动时，德国人恰巧刚刚在该工地堆放了数吨的混凝土。当炸弹雨点般落下时，这些混凝土尚未凝固。后来，这些混凝土将轰炸留下的大量扭曲的钢铁大梁凝固起来。

美军于 9 月 7 日实施的另外一次空袭更具毁灭性。迈德曼汉姆的照片判读人员将第二次空袭后的瓦唐镇描述为“惨不忍睹的废物堆”。英国首席建筑专家马尔科姆 · 麦卡尔平爵士奉命检查袭击后拍摄的侦察照片。他在仔细研究之后发表意见称，德国人可能认为，与其浪费时间修复轰炸造成的巨大损失，倒不如从其他地方重新开始研发生产工作。麦卡尔平的评估是正确的。德国人最后永远放弃了在瓦唐镇的工作。

“滑雪场”[3] 和 V1 飞行炸弹

尽管迈德曼汉姆的判读人员成功证实，德国人确实在波罗的海的佩内明德这个绝密基地里研发并试验一种火箭，但他们怀疑那里的活动并不是德国人的所有秘密。后来，法国一位秘密特工向英国情报部门报告称，德国人开始在法国北部阿布维尔附近的 8 个场地建造一种从未见过

一名 V1 地勤人员正在手动将一枚飞行炸弹拖至发射斜轨，它会在那里被弹射到天空。最初的 V1 飞行炸弹发射场地被发现后，遭到大规模轰炸而无法使用，因此无法发射飞行炸弹。此后德国人想出了一个更为简单的办法，所有建筑都使用预制构造部件，在最后一刻才会集中组装，同时将 V1 飞行炸弹带到发射场地，随时准备发射。盟军没有集中轰炸那些难以找到的飞行炸弹发射场地，而是集中摧毁了飞行炸弹的存储仓库。

的新式建筑物，至此这个怀疑才被证实。1943 年 11 月初，皇家空军本森基地的侦察飞机从空中拍摄到相关照片。这些照片很快被交给迈德曼汉姆中心的判读人员和道格拉斯·肯德尔进行判读。

判读人员经过仔细研究，发现这些照片中显示的 8 个场地都有共同特征。每个场地的中心区域都在建造大型建筑物，从空中看，很像侧放的巨型滑雪板，周围还点缀着其他形状类似的建筑物，在肯德尔及其团

这是一个 V1 发射斜轨，隐藏在通往亚眠附近阿布维尔公路旁的林地中。德军撤退时将其放弃并部分拆除，照片中盟军部队正对其进行检查。在 V1 飞行炸弹攻势的高峰时刻，这样的场地一天可对英国发射 300 枚此类飞行炸弹，目标主要是伦敦。它们共造成 6000 多名伦敦居民死亡，18000 人受伤。出于某些原因，德国人决定不攻击那些为进攻活动提供补给的港口。如果他们真的向这些目标发射飞行炸弹，那么只要 V1 长时间发动轰炸攻势，就一定会造成真正的混乱局面。

队来看，有些像是狭长的发射斜轨基座。另外有个不祥的事实也很明确，那就是每个发射斜轨都直指伦敦。

通过持续的航空侦察，英国很快又发现另外 26 个场地。在几周的时间内，发现的场地数量已经增加到 96 个。德国人究竟想用这些做什么呢？科学家们不相信这些场地会用来发射火箭，因为这需要重型卸货装置，但没有证据显示这种卸货装置已被安装到位。另外，这些场地也没有设在铁路附近，在科学家们看来，这样无法将火箭运到发射场。他们总结道，这更像是德国人在研发某种无人驾驶的炸弹，从而可以在火箭攻击开始之前或过程当中，对伦敦发动进攻。这些科学家的观点印证了伦敦在 7 月 25 日收到的一条情报——其获取渠道被谨慎地描述为“外交来源”。情报明确指出，这两种武器分别是火箭和无人驾驶飞行器，它们都在佩内明德研发。

揭秘 V1

康斯坦丝·巴宾顿·史密斯是迈德曼汉姆能力最强的判读人员，肯德尔让她重新检查了英国皇家空军在佩内明德拍摄的所有照片，看她能否发现任何看起来像超小型飞行器的物体——它可能比巴宾顿·史密斯在佩内明德机场柏油跑道上发现的那些排列整齐、仍处于试验阶段的 Me163 火箭战斗机还要小。到 11 月底，她找到大量有用的材料。

巴宾顿·史密斯只利用立体取景框和钟表匠的徕茨 [4] 放大镜，就在这些场地中的德国建筑物外围发现了某些东西，她推测可能是某种正在测试的发动机。从她正在研究的照片来看，这是一个十字形武器，在照片上的长度不到 1 毫米，幸亏该物体白色的反光轮廓在柏油跑道上投下阴影，这才能让人看见。实际上，巴宾顿·史密斯发现的正是一枚飞

这两张照片十分引人注目，是由美国陆军航空队一架 F5 飞机[5]于 1944 年 7 月 4 日拍摄的。照片中，一架霍克“暴风”战斗机[6]正在英国乡村地带紧追一枚飞行炸弹。该照片可能是在肯特郡拍摄的。当时，盟军只有诸如“暴风”这样少数几款飞机，速度足以追上并摧毁一枚在空中飞行的 V1 飞行炸弹。一旦进入英国的防御范围，超过十分之一的 V1 飞行炸弹会被战斗机击落到海里，剩下的飞行炸弹一旦穿越英吉利海峡，一半以上都会被战斗机、防空炮火或气球阻拦网击落。伦敦的 880 台高射炮都被转移到离南部海岸更近的地方，这样就可以将 V1 飞行炸弹击落到相对安全且空旷的乡村地带，而不是击落在首都内部。

行炸弹。

现在，判读人员终于知道他们正在寻找的是什么东西了，后面的进展便十分迅速。他们在佩内明德拍摄的其他照片中也发现了类似的小型飞行器。11 月 26 日，他们又开展了一次摄影侦察活动。这时他们发现，在齐诺维茨一线，也就是距离佩内明德几英里远的波罗的海沿岸，已经逐渐建起一些与法国正在建造的“滑雪场”类似的场地。这些场地的特点是，看起来很像面向大海的钢铁轨道。判读人员使用立体取景器进行立体测量，并计算出这些轨道向上倾斜大约 10 度，长 125 英尺（38 米）。

同样的轨道很快在佩内明德被发现。更有甚者，巴宾顿·史密斯在其中一条轨道的底端发现了一架迷你飞行器，这就是准备发射、进行测试飞行的 V1 飞行炸弹。现在，拼图已经完整了。

丘吉尔、桑迪斯以及他们手下的每个人，都认为迈德曼汉姆的工作价值巨大。一个意料之外的来源为这些新发现提供了支持性证据。8 月 22 日，一个神秘的物体从天而降，落到已被占领的丹麦境内，一个叫作博恩霍尔姆岛的卷心菜田里。丹麦高级警官汉森警司和丹麦海军克里斯蒂安森少校，在德国人之前赶到现场，共同对此展开调查，克里斯蒂安森对残骸进行了拍照。这个不明物体看起来像是一架迷你飞行器，没有驾驶舱，器身下方还捆着一根神秘的管子，该物体附近有一个圆柱体，似乎是这架飞行器的动力装置。它仍然“是温热的，尽管已经坠毁了一个小时”。

在器身内部，有一些缠满电线的奇怪球体，似乎是某种导向装置，“其操作阀里带有压缩空气，可以操作飞行器的方向舵”。丹麦人将这些照片偷偷带回哥本哈根，接着又带到中立的瑞典，这些照片被送往英国驻瑞典使馆，以便从那里将照片继续送往伦敦，然后通过秘密情报局传

ROCKET

1943 年 6 月，在佩内明德，V2 火箭弹在试验架 I 和试验架 VII 上蓄势待发。从这张带有标注的航空侦察照片可以看出，皇家空军迈德曼汉姆中心的判读人员每天需要处理的材料的质量并不算高。由此可知，当时的确很难提出一个令人信服的、有关德国人真正企图的情况综述。正如康斯坦丝·巴宾顿·史密斯所说，这就像是“将 2 到 3 块拼图胡乱拼凑在一起”。

给桑迪斯和他的委员会。

生产延误

盟军只能直接攻击“复仇武器”的生产活动，此外别无他法。佩内明德空袭之后，德国人将A4火箭研发工作转移到位于波兰布利兹纳的一个新场地，刚好位于盟军轰炸范围以外，此举却没有阻止波兰救国军的游击队找到那些已经偏离了路线并且坠毁、但却没有爆炸的导弹。波兰人藏好这些火箭，不让德国巡逻部队找到它们，然后对这些火箭进行拆卸。1944年7月，皇家空军派出一架“达科他”飞机来运走这些碎片，后来到达意大利的布林迪西，然后返回英国让专家进行研究。

实际上，在德国中部的诺德豪森附近科恩斯坦山下方，德国人建立了一个大型地下工厂群。早在几个月以前，德国人就决定在这里开始大规模生产A4火箭弹。希特勒任命希姆莱负责A4的生产活动，希姆莱将这项工作交由纳粹党卫军的准将汉斯·卡姆勒指挥。数千名集中营囚犯——他们大部分都是波兰人、苏联人和法国人，被作为强制劳工带往该地下工厂的地道里。“不要在意人力成本，”卡姆勒告诉手下的党卫军监工们，“这项工作必须继续推进，而且要尽可能在最短的时间里完成。”尽管皇家空军或美国陆军航空队的空中侦察已经找到该工厂群的位置，但仍然很难对其进行轰炸。

V1的生产场地一直都没有遭受轰炸，直至1944年6月20日，137架B17轰炸机空袭了位于法勒斯雷本的大众汽车公司（大众已被选为进行大规模生产的地方，因为费斯勒公司制造的飞行炸弹数量太少，无法满足纳粹空军的需求）工厂的导弹组装车间。9天后，一组B24轰炸机再次发动进攻，并取得了巨大的成功。

但盟军不知道的是，纳粹空军最大的敌人其实是他们自己，因为他们决定快速赶工，在没有完成原型机所有试验的情况下，就开始大批量生产这种神奇的武器。对德国来说，结果是灾难性的。设计缺陷使得大众工厂批量炮制的首批2000枚V1飞行炸弹最终报废。后来，德国花了数个月的时间来纠正错误，才让飞行炸弹再次回到生产线上。

“十字弓行动”

此时，盟军能够摧毁位于法国的“滑雪场”，而进攻这些“滑雪场”的计划被称作“十字弓行动”。1943年12月16日，盟军发动第一次空袭。当时，迈德曼汉姆对每个场地中各种建筑物的特殊用途，都构建出全面的图景。长条形、高度较低的滑雪板状物体是弹仓，曲线形的物体是爆炸意外发生时的一种防爆炸保护设施，方形的建筑物都是炸弹组装设施。德国人准备好后，将组装完成的V1飞行炸弹拖到发射场，通过一个强劲的火箭推动器将其沿着斜轨猛地弹射升空，飞行炸弹的脉动喷气发动机可以接管后面的工作，这样一来，V1就可以按照既定路线飞向预定目标。

“十字弓行动”的目的是算好空袭时间，在德国人完成绝大多数建筑工程、但发射场还未做好战斗准备之前，发动这次空袭。这意味着，需要增加负责监视的常规航空侦察飞行次数。每个建筑构件在完成之时，迈德曼汉姆中心都会对其赋予相应的分值。例如，每个滑雪板状建筑物是10分，地下控制堡垒是5分，方形装配车间是10分，发射斜轨是10分，等等。如果这些建筑物看似只完成一半，就给一半的分值。如果分值达到90，就必须对该场地进行轰炸。

第一次空袭由470架英国皇家空军轰炸机实施，目标是阿布维尔附近的“滑雪场”。在圣诞节前夜，美国第8陆军航空队的第1、第2和第3轰炸联队，出动722架B17轰炸机和B24轰炸机，袭击位于加莱海峡的飞行炸弹场地，并造成了毁灭性后果。新年之初，这次进攻还延伸到瑟堡附近新发现的飞行炸弹场地；在冬去春来之际，英国皇家空军的第 2 战术空军部队、美军第 9 航空队的中型轰炸机和战斗轰炸机也加入其中。轰炸行动的结果异常显著，纳粹空军本来计划在 1944 年 4 月 20 日发动飞行炸弹攻势，轰炸伦敦，以此庆祝希特勒的生日。但到 3 月底，德国的 96 个飞行炸弹场地都遭到轰炸，其中有 88 个已经永久性瘫痪。

V1 攻势

但是，德国人仍未被打败。他们还在设计一些不太复杂的发射场地，其中许多都是从现有的农场建筑改造而来，或者通过建造，让其从空中看起来类似农场建筑。有些场地隐藏在树林中，几乎无法看见。而这里需要的全部永久性建筑，不过就是发射斜轨用到的混凝土地基。弹仓是看不到的，因为按照要求，所有运入场地的 V1 飞行炸弹都已完成组装。有一个方形的建筑物是以预制构建的方式提前造好的，这样可以在发射前最后一分钟被快速组装起来。据估计，只需要 48 个小时，就可以让这些飞行炸弹发射场做好战斗准备。

到 6 月初，已经找到 68 个新的飞行炸弹发射场的位置。到月底，这个数字已经攀升到 133 个。摄影侦察清楚地显示，德国人正处于战斗准备的最后阶段。6 月 11 日，迈德曼汉姆向盟军参谋长发出“潜水者”的代码，这就是警告他们，进攻可能迫在眉睫。判读人员再次做了正确的判断。6 月 13 日凌晨，首批 10 枚飞行炸弹升空，这其实远不是纳粹空军向希特勒所承诺的大规模进攻。5 枚 V1 飞行炸弹在发射后不久就坠地，1 枚完全失踪，可能坠入英吉利海峡的某个地方，3 枚最远飞到肯特郡和苏塞克斯郡，只有 1 枚到达伦敦。这枚飞行炸弹击中位于贝思纳尔格林区的一座铁路桥，使得附近房屋内的 6 人死亡，200 多人无家可归。它残忍地预示着即将到来的一切。

2天后，飞行炸弹攻势正式开始，德国人成功发射了超过200枚飞行炸弹。在接下来的几个月里，这个数字还在不可逆转地攀升。在这次攻势到达顶峰之际，每天都有100枚V1飞行炸弹落入伦敦，也可能是每小时或每分钟都有100枚V1飞行炸弹落入伦敦。其实，本来情况会更加糟糕的，因为德国人原本认为每24小时可以发射2000枚V1飞行炸弹，但是目前，他们最多只能发射300枚，而且不是所有的飞行炸弹都能到达预定目标。皇家空军速度最快的战斗机——尤其是著名的新式霍克“暴风”飞机，千方百计要在飞行炸弹飞行过程中（或者是位于英吉利海峡上空，或者是在苏塞克斯郡和肯特郡的郊野）将其击落。在地面上，英国防空指挥部的指挥官是弗雷德里克·派尔将军。他策划了一次对伦敦防空力量的大规模重组工作，将它们调往南部，也就是从滩头堡到多佛港之间海岸线一带

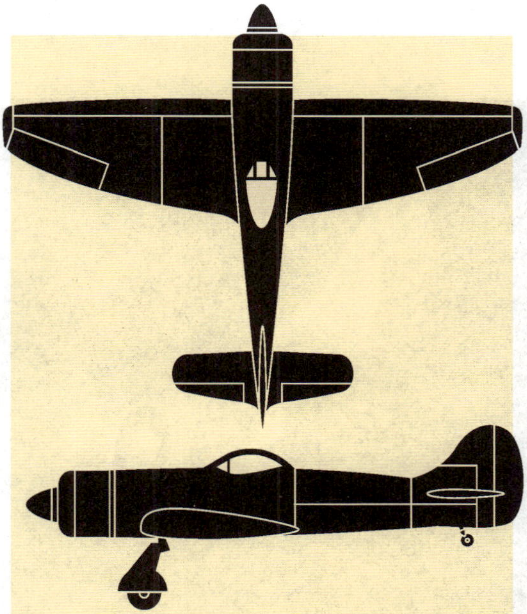

霍克“暴风”V型飞机

类型：战斗机

机组成员：1人

长度：33英尺8英寸（10.27米）

翼展：41英尺（12.49米）

速度：每小时432英里（695公里）

航程：740英里（1190公里），携带副油箱可以飞行1530英里（2462公里）

“暴风”飞机的确是霍克公司在“台风”飞机之后改进最大的战斗机。该飞机由一个新的半椭圆形的机翼、“台风”飞机的机身和一个萨布尔IIA型发动机组合而成。1944年1月，首批“暴风”飞机加入英国战斗机飞行中队，它们后来证明自己是皇家空军在低海拔和中海拔高度上飞行速度最快的战斗机。从1944年6月第一枚V1飞行炸弹发射到9月初这段时间，“暴风”的飞行员共摧毁了638枚飞行炸弹。

照片中是一架“暴风”V系列II型飞机。1944年11月25日，它正在位于斯劳[7]城外兰利村的霍克工厂试飞。试飞的飞行员威廉·“比尔”·亨布尔正在驾驶舱操作操纵杆。到这时，“暴风”飞机的主要用途已被重新定义，就是负责在敌防线后方的纵深处开展武装侦察行动。事实证明，这款飞机开展的行动非常成功，仅在当年12月，“暴风”的飞行员就击落了52架纳粹空军战斗机，摧毁了89列火车。

的地方。7 月 19 日，这些调动完成之后，他将 412 门重型高射炮、572 门轻型高射炮、168 门双管自动高射炮和 246 架 20 毫米口径机枪部署到位，准备随时开火。到 8 月第二周的周末为止，这些火炮击落了来袭 V1 飞行炸弹中的大约 40%。

总而言之，共计有 2340 枚 V1 飞行炸弹击中伦敦，造成 6000 多名平民死亡，18000 人受伤，750000 座房屋被损坏或摧毁。虽然伦敦平民的士气因为德国异常冷血的持续攻势而受挫，但却远远没有溃散。而且，进攻的盟军部队在突破诺曼底滩头后，不断向着法国内部推进，伦敦的居民已经可以看到战争的结局了。到 9 月底，大多数 V1 飞行炸弹发射场已经被摧毁，飞行炸弹攻势慢慢走向结束。一旦法国解放，这些飞行炸弹就无法再飞到伦敦。于是，德国人将目标转移到安特卫普，后来又转移到列日市。尽管德国人也曾试过让 HeIII 轰炸机飞越北海上空，再由它来发射 V1 飞行炸弹，但尝试次数寥寥无几。

毫无设防

德国人还有最后一招。9 月 8 日，第一枚 A4 火箭弹——现在重新命名为 V2，向着伦敦发射，落在奇西克区，造成 3 人死亡，17 人受伤，其中有些人受的是重伤。盟军还未准备好应对 V2 火箭弹进攻的防御措施，阻止它们的唯一方法就是找到发射场，但事实证明，这些发射场几乎无法被找到。V2 火箭弹具有高度机动性，可以从任何地方发射，不需要一个永久性的发射场地，附近的公路或林间的一块空地就足够了。它也不需要通过铁路运输，可以在发射前用一辆易于隐藏的机动运输车来运送。盟军航空情报能够证实的一点就是，正在发射的这些 V2 来自荷兰，更有可能在海牙或海牙附近。1945 年 2 月 26 日，3 架执行摄影侦察任务的“蚊”式飞机偶然看到一枚正在准备发射的 V2 火箭弹，它的旁边摆放着燃料箱，还停靠着运输车和其他支援车辆。

总共有2115枚V2火箭弹被用来对伦敦发动进攻，最后一枚于1945年3月27日落在肯特郡的奥平顿镇。德国成功发射的火箭弹中，有一半都落在伦敦，共造成2054人死亡，7000人受重伤。约三分之一的V2火箭弹在飞行中爆炸，可能是因为在火箭弹测试项目完成之前，希姆莱就下令将其部署到位。另外，德国也缺少发射所需的专门燃料，这使得能够发射的火箭弹数量锐减。但是，火箭弹的部署标志着一场战争革命的开始，后来发生的事情也能证明一点。

注释

[1] "九头蛇行动"，是英国皇家空军于1943年8月17日至18日夜间，针对德国佩内明德陆军研究中心发动的空袭。

[2] 波兰地下国家，是对二战期间波兰国内所有军事或民间抵抗组织的总称，这些组织都忠诚于流亡在伦敦的波兰共和国政府。

[3] 即V1飞行炸弹在法国的发射场地。

[4] 徕茨工厂，是德国著名的光学设备生产厂。

[5] F5飞机，是洛克希德公司生产的P38"闪电"飞机的一款改版。

[6] 霍克"暴风"战斗机，是霍克飞机有限公司为皇家空军研发的一款战斗机。

[7] 斯劳，是英格兰东南伯克郡的一个大城镇。

第 27 章
点燃东京

1945 年 3 月 9 日，363 架波音 B29“超级空中堡垒”执行了整场战争中最致命的一次空袭。它们以狂风暴雨之势，对日本首都东京投下一吨又一吨的燃烧弹。这是一次低空进攻，“超级空中堡垒”从约 5000 英尺（1524 米）的高度实施轰炸。从美国的角度来看，这是一次巨大的成功。这次空袭引发了一次火焰旋风，使得 10 万人丧生，100 多万人无家可归，并将该市四分之一的地方夷为平地，死亡人数甚至超过 6 个月后对广岛和长崎投下原子弹所造成的死亡人数。

这次空袭代号为“会议室行动”，是一次猛烈的空中突袭。到 7 月底，美军最高指挥部曾总结称，日本本土已没有值得攻击的城市，从而印证了这次突袭的破坏性之大。后来，B29 继续针对日本其他大城市发动一次又一次的进攻，名古屋、大阪和神户遭到的闪电战尤其严重，名古屋仅 1 周内就遭受了 2 次打击。美国的飞机还对那些从未遭受任何打击的少数几个城市投放传单，警告居民在无可避免的进攻发生之前赶快逃走。到 8 月份战争结束之时，日本已有 60 多个城市变成废墟，只有东京这个古老的帝都以及其他 4 个城市幸免于难。

波音B29“超级空中堡垒”

类型： 远程战略轰炸机

机组成员： 11人

长度： 99英尺（30.18米）

翼展： 141英尺3英寸（43.06米）

速度： 每小时357英里（574公里），巡航速度为每小时220英里（350公里）

航程： 3250英里（5230公里）

“超级空中堡垒”是当时最先进的飞机，有搭载机组成员的密封驾驶室、电子火控系统、遥控机枪炮塔和许多其他的技术创新。波音公司生产了2766架此款大型飞机，主要在太平洋战区服役。1944年底，美国开始对日本主岛发动空袭行动，此后又有1000多架“超级空中堡垒”升空，并活跃在战斗的最前沿。

跳岛作战和“超级空中堡垒”轰炸机

1942年的“杜立特空袭”之后，2年多的时间里日本都没有遭受任何空袭。出现这个空当的原因很简单，美国陆军航空队的主力战略轰炸机B17“空中堡垒”无法在满载炸弹的情况下飞抵日本，再在油料耗尽前返回。当美军在太平洋中部逐步推进之际（其使用的战略被恰如其名地称作“跳岛作战”），作战目的就是打开日本本岛的大门，为空袭做好准备。

1944年夏末，马里亚纳群岛解放后，这个目标就已经实现了。美军和6月份时有所不同的是，其轰炸机是从关岛、塞班岛和天宁岛上大量新建的空军基地起飞。这些地方距离东京南部仅1500英里（2414公里），这就意味着日本本岛目前已经进入美军轰炸范围内。

美军已经挑选好可以用于实施空袭的轰炸机，就是巨型飞机B29“超级空中堡垒”，这也是美国飞机制造厂到目前为止可以生产出的最大、最重也最昂贵的轰炸机。

但它的研发历程充满困难，主要是因为这已经是现有军事航空技术的极限。它的机身非常复杂，与波音公司之前建造的飞机都完全不同，4 个星形发动机[1]，即巨型的赖特 R3550 双倍旋风发动机，很容易因为温度过高而在空中起火，它的推进器也被证明存在问题。但这款飞机拥有革命性的机舱加压系统，比之前生产的所有飞机都更大，更复杂。B29 的实用升限能否按计划达到 40000 英尺（12192 米）也十分关键。该飞机用作防御武器的机枪是全自动的，可以用遥控方式开火，机枪手能够在机首、机尾以及机身中部，坐在装着有机玻璃的枪炮瞄准位上同时操作几个炮塔。

1942 年 8 月，B29 的原型机首飞。1943 年 7 月，这款飞机开始大规模投入生产。但 6 个月后，波音公司只生产出 97 架，其中仅有 16 架适合飞行。问题在于，波音公司为确保这款轰炸机能够投入战斗而承受着巨大的压力。该公司对该机型的设计改动过多，不得不建立专门的工厂，对离开生产线的 B29 进行改造。结果，解决所有被发现的问题就花去长达数月的宝贵时间。

“会议室行动”

根据任务需求，负责进攻东京的 B29 都接受了进一步改装。负责这次行动的柯蒂斯·李梅将军决定大幅度调整战术，不再让这些轰炸机继续开展日间高海拔飞行，对日本境内特定目标实施精确打击，而是让它们在夜间低海拔飞行，发动区域打击。他的目标是点燃日本城市中密集分布的木屋和建筑物（这是日本城市的特点），引发一场烈火，使其最终演化为一次毁灭性的火焰风暴。

到战争的这个阶段，日本空防系统实际上相当于没有，这些波音公司生产的飞机都被卸掉了防御装备，只保留了机尾的炮塔，机组人员的数量也被减到符合飞机飞行条件的最低人数。这就意味着可以增加

1945年6月1日，一架B29“超级空中堡垒”在日本大阪巡航。当时正值美国针对该市发动第二轮大规模空袭之际。接下来，美国又于6月6日、6月7日、6月15日、6月26日、7月15日、7月24日，以及战争最后一天，即8月14日接连发动空袭。美国的第一轮空袭是在3月13日发动的，后面的空袭均照此执行。大阪约有8.1—10平方英里（约等于21平方公里）的地方被摧毁。这次损失是由多组M69燃烧弹造成的，每架B29飞机都携带了约1400枚此类燃烧弹。

燃烧弹轰炸

这是美国陆军航空队制作的合成地图，它显示的是1945年，柯蒂斯·李梅将军的B29轰炸机发动燃烧弹轰炸战役开始后，日本最重要城市遭受攻击的情况。红色部分显示的是每座城市在经历突袭后被夷为平地的区域。负责指挥第20陆军航空队的李梅将军决定采用这种新战术，因为事实证明，对日本特定目标的高空精确轰炸是失败的，所以他认为，从5000到8000英尺（1524到2438米）的高度范围对整个城市实施区域轰炸才是解决之道。针对东京、神户、大阪和名古屋的首轮突袭，证明李梅是正确的。每座城市的大片区域都被烧毁。

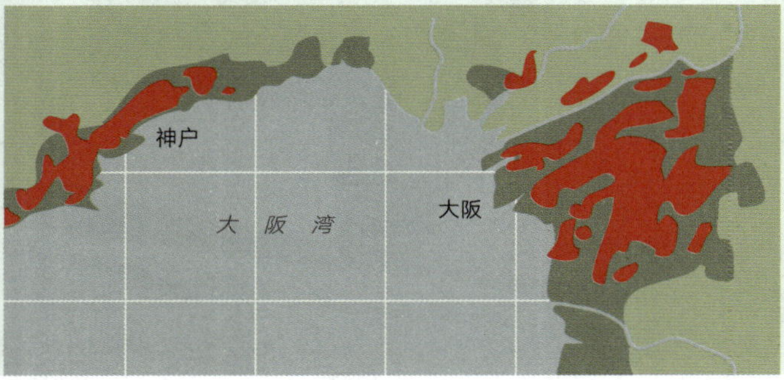

65%的炸弹容量。每架“超级空中堡垒”现在都能携带超过7吨重的炸弹，这些炸弹包括致命的白磷弹和凝固汽油燃烧弹。凝固汽油燃烧弹是哈佛大学科学家不久前研发出来的，是一款新型的汽油动力燃料胶化混合物。后来证明这款炸弹的效果显著，令人不寒而栗。李梅现在已经是第20陆军航空队的总指挥，他告诉执行任务的机组成员，他们将要“为日本人带去他们所见到的最大鞭炮”。

率先出动的进攻飞机作为“探路者”，于午夜时分到达东京。它们的任务是用一个燃烧的“X”形来标记目标区域，也就是位于市中心的下町，引导那些飞行高度在约6000英尺（1828.8米）的主要波次的轰炸机实施轰炸。随后的空袭行动持续了3个小时，大约有2000

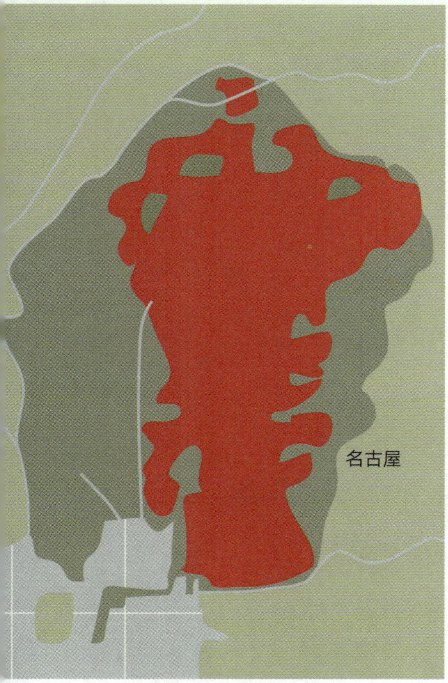

吨燃烧弹被投放到这个倒霉的城市。第二波次的 B29 靠近时，可以看到火焰从 150 英里（241 公里）以外的地方直冲云霄。

在天空播撒火种

地面上的日本人也未能逃过此劫。东京消防队人手不足，训练不足，装备不足，因此完全乱了方寸。大多数的适龄男子都被征召入伍，所以只剩下女性、儿童和老年人，无望地挣扎着对抗这些火焰。B29 很快就点燃了一场熊熊大火，这场火灾在时速 30 节大风的煽动下，席卷了整个城市。到黎明时分，16 平方英里（41.4 平方公里）的地区都被烧为灰烬。

痛苦不堪的平民挣扎着想要逃离这个人间地狱，但大多数人都未能成功逃脱，火墙阻挡了成千上万想要逃生的人。这场火焰风暴的热度过高，将东京的河流和运河里的水都煮沸了。“在黑色的隅田川，”一位医生写道，“不计其数的尸体漂浮起来，穿着衣服的尸体，赤裸的尸体，所有都黑如焦炭。恍若虚幻一般。”在某些地方，温度最高可以达到 1800 摄氏度。

另一名目击者石川光洋既是警察，同时也是一名摄影师。他这样描述街道上的情景 :“燃烧的家具碎片在高温中爆炸，人们都像火柴一样被点燃，木头和纸造的房屋也在火焰中爆炸。因为风的缘故，很多地方都升起巨大炽热的涡流，这些涡流不停旋转，然后将所有的房屋都吸入巨型火焰旋涡中。”连美国的轰炸机机组成员都受到影响，在空袭最后阶段加入进来实施轰炸的 B29 机组成员报告称，在他们飞越这座燃烧

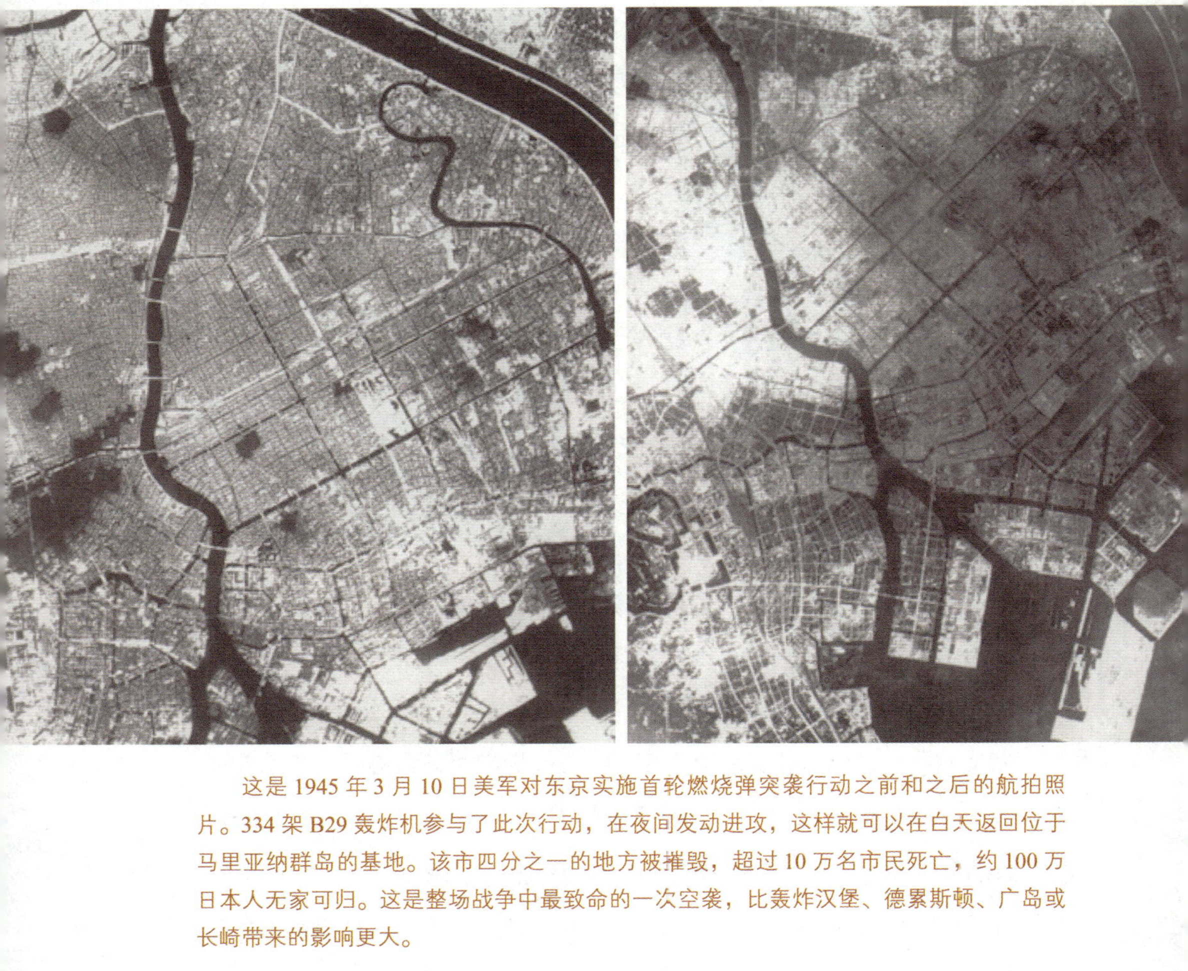

这是1945年3月10日美军对东京实施首轮燃烧弹突袭行动之前和之后的航拍照片。334架B29轰炸机参与了此次行动，在夜间发动进攻，这样就可以在白天返回位于马里亚纳群岛的基地。该市四分之一的地方被摧毁，超过10万名市民死亡，约100万日本人无家可归。这是整场战争中最致命的一次空袭，比轰炸汉堡、德累斯顿、广岛或长崎带来的影响更大。

的首都城市上空时，能够闻到烧焦肉体散发出的臭味，因此许多成员戴上了氧气面罩，以防臭气造成身体不适。

罗伯特·吉兰是法国新闻记者，1938年就来到日本，整个战争期间都待在那里。从第一批B29准备好实施轰炸、该市空袭警报刺破夜空的那一刻起，他生动地记录下这次大规模突袭。

“它们立刻在整个天空播撒火焰，”他写道，“黑暗中到处都闪耀着火光，就像圣诞树似的，先是将其火焰装饰品高举在夜空中，然后变成锯齿形的火焰花束，呼啸着落回地面。在空袭开始后不到 15 分钟的时间里，火焰在风的抽打下，开始切割这座密集的木质城市。”

吉兰居住的区域不是唯一遭受直接进攻的地方，他决定不去寻找避难所。“毫无疑问，在这样一次空袭中，如果盲目地蜷缩在地下，”他说道，“你可能会在还不知道发生了什么的情况下，就被活生生地烤熟。”相反，他竭尽全力地观察着正在发生的一切。在多个波次的 B29 轰炸机加入进来时，他仍在观察，不断加剧以至于疯狂的日本防空炮火似乎也无法让他动摇。

“强烈的光线驱散了黑暗，在天空各处都可以看到 B29。它们飞得很低或在中等高度，处于不同的水平线上，透过城市中不断升起的倾斜烟柱，可以看到它们像刀片一样锋利、修长且闪闪发光的机翼，突然之间，反射出下方火炉中的火焰。黑色的飞机轮廓滑过炽热的天空，然后再次出现，映在黑色的苍穹之顶，探照灯将耀眼的蓝色光束喷向一望无际的天际，就像流星一样。我居所附近园圃里的日本人，全都走出家门或从门口的孔眼向外窥探，对着这宏大、具有戏剧性的场景发出艳羡的嚎叫——这就是典型的日本人。”

可怕的后果

承受着轰炸打击的日本人根本没有心情羡慕任何事物。“数百人不再奋力逃生或爬入可以作为避难所的洞中。他们烧焦的尸体在空袭之后被人发现，”吉兰这样记录道，“无论哪里有运河，人们都会拼命扎入水中……后来发现已经死亡的数千人，不是因为溺水，而是因为炽热的空气和浓烟而窒息。在其他地方，水变得非常热，这些不幸的浴水者都被活生生地烫死了。”

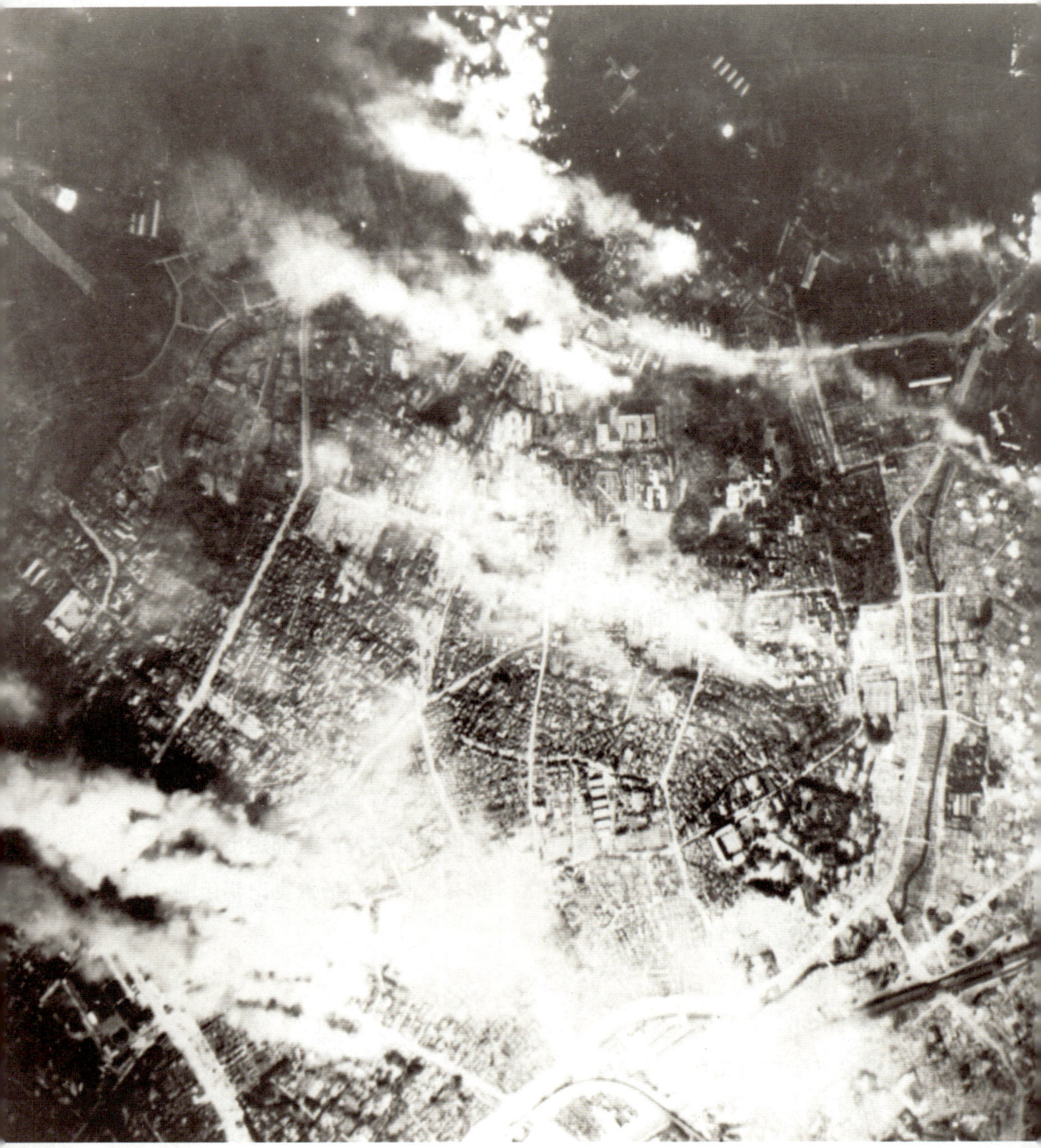

这是东京的航拍照片。1945年5月26日夜间，李梅的B29飞机对东京实施轰炸。520架“超级空中堡垒”参加此次突袭，它们的目标是这座日本帝国皇城最南侧的区域。这些飞机投下3500到4000吨的燃烧弹，将下方的城市变成B29飞行员口中所描述的“一片可怕的火海”。

“在浅草和本所，”吉兰继续写道，“人们蜂拥冲上桥梁，但钢铁制成的桥体开始慢慢变热，紧紧握住滚烫栏杆的人群最后只能松开，跳入水中，然后在湍急的河水中丧命。数千人挤在偶田川两岸的公园和花园中。因为惊慌，又有更多的人挤进这片狭窄的地域，前面的人无奈地被挤进河里，一波又一波的人跌倒在地，发出尖叫，然后消失在深深的河水中。”他们都是溺死的。

虽然空袭终于结束，但轰炸机引起的火灾继续燃烧了4天。“空袭解除的警报在凌晨5时左右响起……”吉兰在最后写道，“我与某个检查过现场的人士谈话……这位知情者告诉我，最糟糕的是他每骑几英尺就必须从自行车上下来，跨过四散在街道上的不计其数的尸体。微风吹动，有些尸体最后变成灰烬，就像沙尘一样被吹散。在许多地区，成堆焚烧后的尸体阻碍了通道。”

事情还没有结束。5月23日，520架“超级空中堡垒”又对东京投下4500吨炸弹，摧毁了该市的商业中心、铁路调车场和银座娱乐区。两天后，502架B29又投下4000吨炸弹。李梅吹嘘道，美国的轰炸机“将他们（日本人）打回到石器时代”。8月10日，也就是对广岛投下第一颗原子弹的4天后以及日本投降的一周前，这座城市最后一次遭到轰炸。彼时，东京有50%的地方都变成了废墟。

注释

[1] 星形发动机，是一种气缸环绕曲轴排列的往复式内燃机。

第 28 章

广岛和长崎

1945 年 8 月 6 日，世界永远地改变了。美国的一架 B29 “超级空中堡垒” 轰炸机在日本广岛投下第一颗战时部署的原子弹。由此造成的爆炸毁灭了该市 80% 的地方，据估计总共有 80000 人死亡。成千上万人后来会因暴露在核辐射之下而死亡。

原子战争的时代已经到来。3 天后，另外一架 B29 对长崎投下第二颗原子弹。这颗原子弹的威力要比投在广岛的那颗大 10 倍。这一次，该市几乎所有工业区都被摧毁，约 74000 名日本人死亡。讽刺的是，长崎本来并不是这次任务的原定目标，美国的目的是要轰炸小仓，但当 B29 达到小仓时发现，由于附近的八幡市在前一天遭受了燃烧弹袭击，该市还笼罩在烟雾中。

“艾诺拉·盖” 号的飞行

袭击广岛的任务在凌晨 2 时 45 分启动，一架 B29 从位于太平洋北部马里亚纳群岛的天宁岛起飞，当时距离日本南部 1500 英里（2414 公里）。该飞机只携带了一枚炸弹，重达 9000 磅（4082 公斤）。炸弹代号是 “小男孩”，直径 28 英寸（71 厘米），长 10 英尺（3 米）。轰炸机的指挥官保罗·蒂贝茨上校，用自己母亲的名字为这架飞机命名，将其称为“艾诺拉·盖”。在快要起飞执行任务之前，他找人将这个名字用漆刷在机身的驾驶舱下方。

起飞4个小时后，蒂贝茨才告诉他的机组成员飞机上携带的究竟是什么炸弹。但他还有另外一个不能说的秘密，这让他备受煎熬。在登机之前，有人给他一打氰化物胶囊，这是准备发给机组成员的。如果B29轰炸机被击落，他们必须自杀。蒂贝茨受命处决任何拒绝吞服胶囊的人——绝对不让日本人抓到活口。

轰炸广岛和长崎的飞行路线

B29“超级空中堡垒”是美国唯一一款可以搭载早期原子弹飞往广岛和长崎的军用飞机。在美国第509混成轰炸大队保罗·蒂贝茨上校的指挥下，“艾诺拉·盖”号执行了攻击广岛的任务。在第393航空中队查理斯·斯威尼少校的指挥下，“博克斯卡”号攻击了长崎。因为能见度差，斯威尼放弃了原本选定的目标小仓市，转而轰炸长崎。

第一颗原子弹投放到广岛之前和片刻之后，护卫蒂贝茨 B29 轰炸机的 2 架飞机中的一架，从空中拍摄到该市的情景。蒂贝茨飞越目标上空投放炸弹时，能见度非常好。57秒后，炸弹在规定高度位置的一家医疗中心上空爆炸。原来的轰炸目标点是相生桥，但后来炸弹被风吹离了原本的路线。“飞机里充斥着白光，”蒂贝茨回忆道，“第一轮冲击波也波及了我们。我们距离原子弹爆炸点的斜距是 11.5 英里（18.5 公里），但整架飞机还是因为爆炸冲击，发出爆裂和沙沙的声音。”

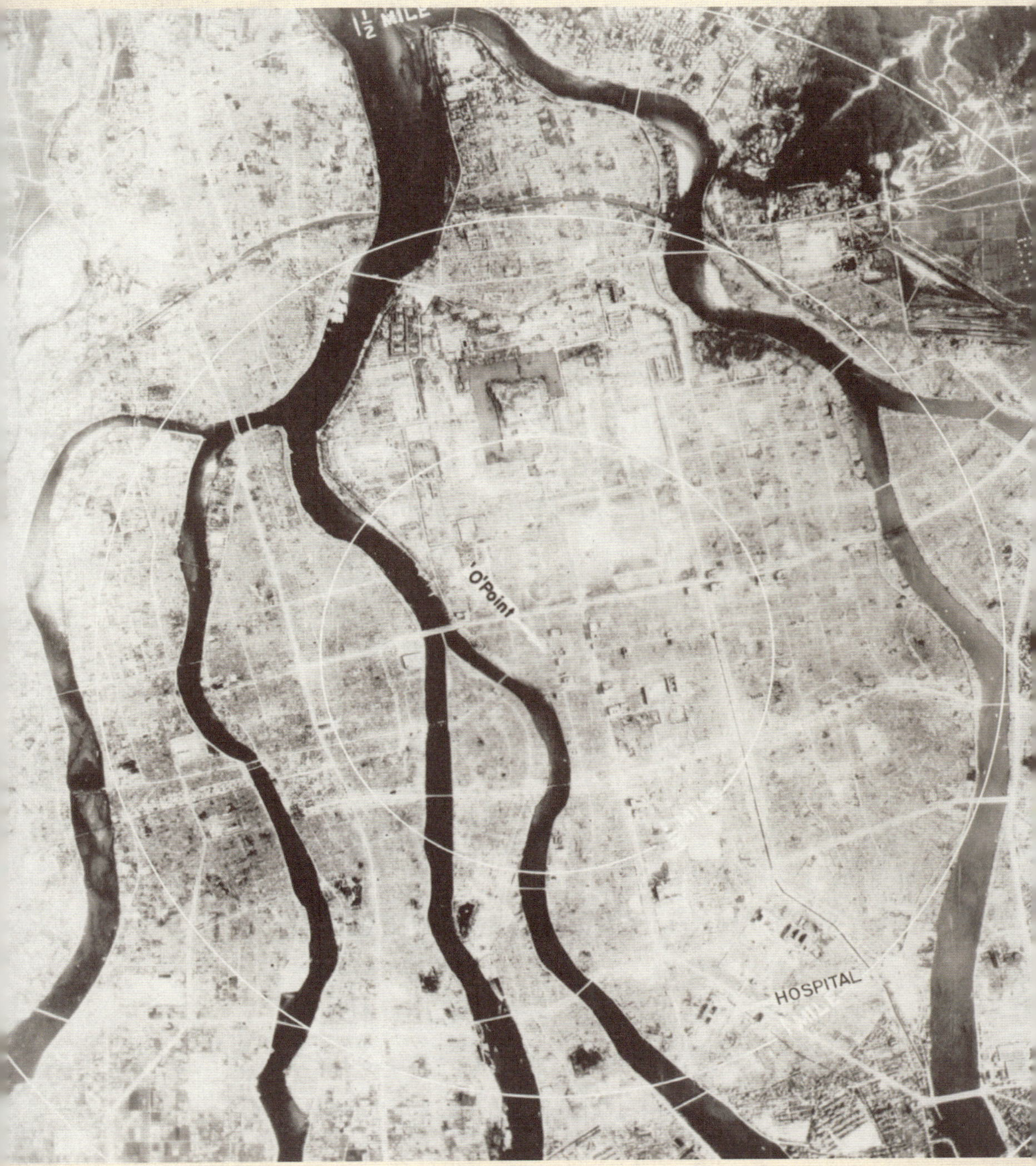
1 1/2 MILE
'O'Point
HOSPITAL

幸运的是，蒂贝茨及其机组成员飞行得很顺利，他后来将其描述为一段“轻松的旅程”。“艾诺拉·盖”号成功地与其他 2 架护卫飞机在硫磺岛汇合，并得到侦察飞行的无线电电报确认，得知广岛的天气晴朗，于是 3 架飞机继续向目标飞去。B29 轰炸机只比计划晚 17 秒到达广岛。飞机的投弹手托马斯·费尔比少校发现目标，也就是位于该市市中心位置的显眼的 T 字型相生桥。蒂贝茨让“艾诺拉·盖”号平稳地保持在 31600 英尺（9632 米）的高度上，费尔比则投下这枚炸弹。蒂贝茨透过机首的有机玻璃窗看着炸弹下落，发现它只是短暂地盘旋了一下，然后就开始加速坠落。57 秒后，它在 1890 英尺（576 米）的高度上、距离目标几百英尺远的地方爆炸。

“小男孩”爆炸

费尔比刚一投下炸弹，B29 就突然向前摇晃了一下。蒂贝茨做了一个急转弯，并将飞机下降至 1700 英尺（518 米）的高度，然后以尽可能快的速度飞离目标区域，目的是将“艾诺拉·盖”号被炸弹爆炸冲击波损坏的风险降到最低。在“小男孩”

在爆炸后的几毫秒，一个等离子体火球开始成型，然后一团浓云升入高空。广岛市约 7 万至 8 万名日本人很快死于首次爆炸，半径 1 英里（1.6 公里）的区域被炸为废墟，广岛剩下的大部分地区很快便燃起大火。蒂贝茨写道：“一团蘑菇状的可怕浓云迅速升入高空，高得不可思议，整座城市被那团浓云所淹没。”

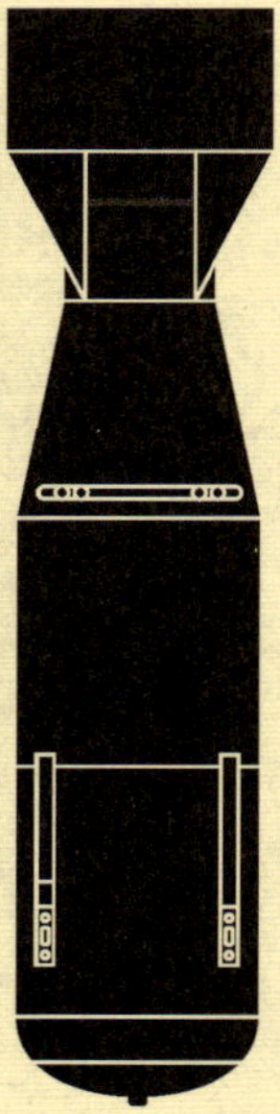

“小男孩”原子弹

类型： 核武器

重量： 9000磅（4082公斤）

长度： 10英尺（3米）

直径： 28英寸（71厘米）

填充料： 铀235

爆炸当量： 16千吨

“小男孩”是1945年8月6日投放在广岛上的原子弹的代号。这是第一枚作为武器部署的原子弹。洛斯阿拉莫斯实验室的科学家和工程师还生产了另外2枚原子弹：“胖子”和“瘦子”。“胖子”是一枚钚弹，于8月9日被投放在长崎市，“瘦子”则是失败品。

爆炸之时，他已经飞到9英里（14.5公里）之外。尽管如此，他们的B29还是像节日里抛撒的彩纸屑一样在空中不停摇晃，其中一位机组成员说，感觉就像“一个巨人抡起电线杆抽打飞机”。尽管他们被告知在投下炸弹之前必须戴上防护墨镜，但这次爆炸的烈焰还是过于明亮，有些机组成员担心自己可能已经失明。费尔比回忆道：“无法用语言去形容这些光芒有多亮，太阳都无法与其比肩。”蒂贝茨告诉机组成员：“伙计们，你们刚刚投下历史上第一枚原子弹。”

只有坐在机尾炮塔处的参谋军士鲍勃·卡洛亲眼看到这枚原子弹的爆炸情况，其他人都不得不等到蒂贝茨完成所有规避性机动动作之后，才看到炸弹的效果。卡洛将他所看到的一切描述为“对地狱的窥视”，他说：“一条烟柱快速升起。它有着炽热的红色内核……四处而起的火势，就像从一个巨大的炭床中射出的火焰。我开始计算起火的地方，1个、2个、3个、4个、5个、14个、15个……没有办法，数不过来。”

卡伦继续说道，“来了，蘑菇云……它是以这种方式出现的，就像一大团冒着气泡的糖浆。蘑菇云四散开来，可能有一英里或两英里宽，半英里高。它越升越高，几乎与我们的飞机同高，然后还在继续爬升。它非常黑，云层带着有些发紫的色调。蘑菇云的底部看起来就像一块火焰喷射形成的浓重的高空阴云。那座城市应该就在它下方。火焰和烟雾翻滚着、旋转着进入山脉间。山脉也在浓烟中消失不见。”

对此，蒂贝茨的观点相同。他在自己的传记《蒂贝茨的故事》中写道：“巨大的紫色蘑菇云……已经升到 40000 英里（12192 米）的高度，比我们所处的海拔高度还高出 3 英里（4.8 公里）。它仍然沸腾着向上蹿升，就像某种活物一样。如果从我们下方的地面来看，景象更令人生畏。火焰在大量翻滚的浓烟中到处喷射，看起来像沸腾的焦油。”

地面情景

此时，蒂贝茨及其机组成员几乎已经看不到地面正在发生的情况。B29 副驾驶员罗伯特·路易斯上尉记录道：“2 分钟前，我们可以清晰看到城市的面貌，但此时已经看不到这座城市。我们只能看到浓烟和火焰爬上山坡。”他们没有看到的是，广岛剩下的地方还在燃烧，该市三分之二的地方都被摧毁。距离爆炸点 3 英里（4.8 公里）的范围内，90000 座建筑物中有 60000 座都被毁坏。

那些在毫无防备的情况下被爆炸困住的人，同样经历了悲惨的遭遇。在轰炸中幸存下来的日本医生八弥道彦详细描述了这段经历：

“突然间闪过的一道强光让我大吃一惊，然后又是一道强光。人们很难记得细小的事情，但我却清楚地记得花园里的一盏石灯笼突然被点亮，亮得耀眼。我在思考，这道光线是照明弹带来的，还是路过的无轨电车发出的火花？

“花园的阴影消失了。片刻之前，外面的景象还是如此明亮和耀眼，现在又变得黑暗和模糊。透过旋转的沙尘，我勉强辨认出支撑房屋一角的一根木柱。它已经严重倾斜，屋顶也危险地出现了下陷。

“我本能地开始移动，想要逃出去，但瓦砾和落下来的木料挡住了去路。我谨慎地挑选道路，成功地来到走廊，然后进入花园。我突然感到一阵虚弱，所以停下来恢复体力。然后我惊讶地发现自己浑身赤裸。真奇怪！我的内裤和内衣呢？

“我身体的右侧全都被划破，还在流血。我右边大腿一个破损的伤口中伸出了一块大大的碎片。有种温暖的东西慢慢流入我嘴里。我张大嘴巴，小心翼翼地触摸脸颊，发现双颊都被撕裂。我的脖子里插进了一块很大的玻璃碎片，我强行将其取出，取出后我吃惊不已，开始研究这块碎片和我沾满鲜血的手掌。”

八弥紧接着想到自己的妻子。“突然之间，我完全陷入惊恐之中，开始呼喊她：‘八重子，你在哪里？’然后看到她抱着胳膊肘出现在房屋的废墟中，面色惨白，受惊过度，衣服撕裂，沾满鲜血。看到她，我终于放下心来。我自己惊慌的心情也平复了，于是开始安慰她。‘我们会没事的，’我叫道，‘我们尽快离开这里吧。’

“她点点头。我向她打手势，让她跟着我。”

八弥和他的妻子都是幸运的，但成千上万的其他人却没有这么幸运。一个无名的幸存者描述了该市其他地方的惨烈情景：“人的外表都……他们的皮肤都被烧得漆黑……都没有头发，因为头发已经被烧掉，一眼看去，你也不知道看到的是他们的正面还是背面……他们都将胳膊抱在胸前……他们的皮肤，不仅仅是手上的，也包括脸上和身体上的皮肤，都垂下来……如果只有一两个这样的人，也许我不会有这么深刻的印象……我所走过的地方都能看到这样的人……他们中的许多人都死在路上，我的脑海中仍然会浮现他们的样子，就像行走的幽灵。”

第二枚原子弹

到这时，“艾诺拉·盖”号已经返航。机组成员吃着三明治，没人说话。其中一个人后来说，他们似乎是因为自己犯下的暴行而震惊不已。飞机落地后，迎接他们的是在跑道两旁列队欢呼的军人，另外一位机组成员说，“我一辈子都没有见过这么多的陆军将军和海军将军”。

每个人都相信，成功轰炸广岛会让日本投降，但东京却陷入完全的沉默。8月9日，另外一架B29升空，飞往日本。该轰炸机携带的是“胖子”，也就是第二枚原子弹。这次飞行是由查理斯·斯威尼指挥，他曾经驾驶一架“超级空中堡垒”，陪同蒂贝茨飞往广岛。

中午11时02分，斯威尼在长崎上空1650英尺（502米）处投下了“胖子”。该市大约40%的地方被摧毁，约70000人死亡，或者是在爆炸中死亡，或者是年底之前因

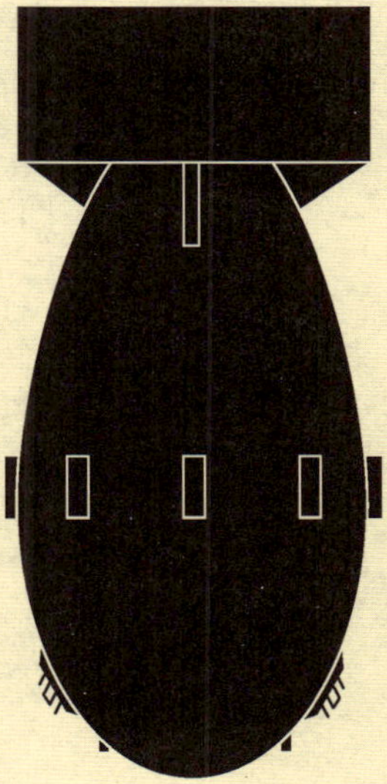

“胖子”原子弹

类型： 核武器

重量： 10300磅（4670公斤）

长度： 128英寸（3.3米）

直径： 60英寸（1.5米）

填充料： 钚

爆炸当量： 21千吨

与使用铀235的“小男孩”不同，“胖子”使用的是钚，这是一枚威力更强、更加先进的核武器，威力是“小男孩”的10倍多。参与曼哈顿计划的许多物理学家都认为，这个核装置不可能正常运行，只有赛斯·内德梅耶[1]对其信心十足，这才使其得以保留。

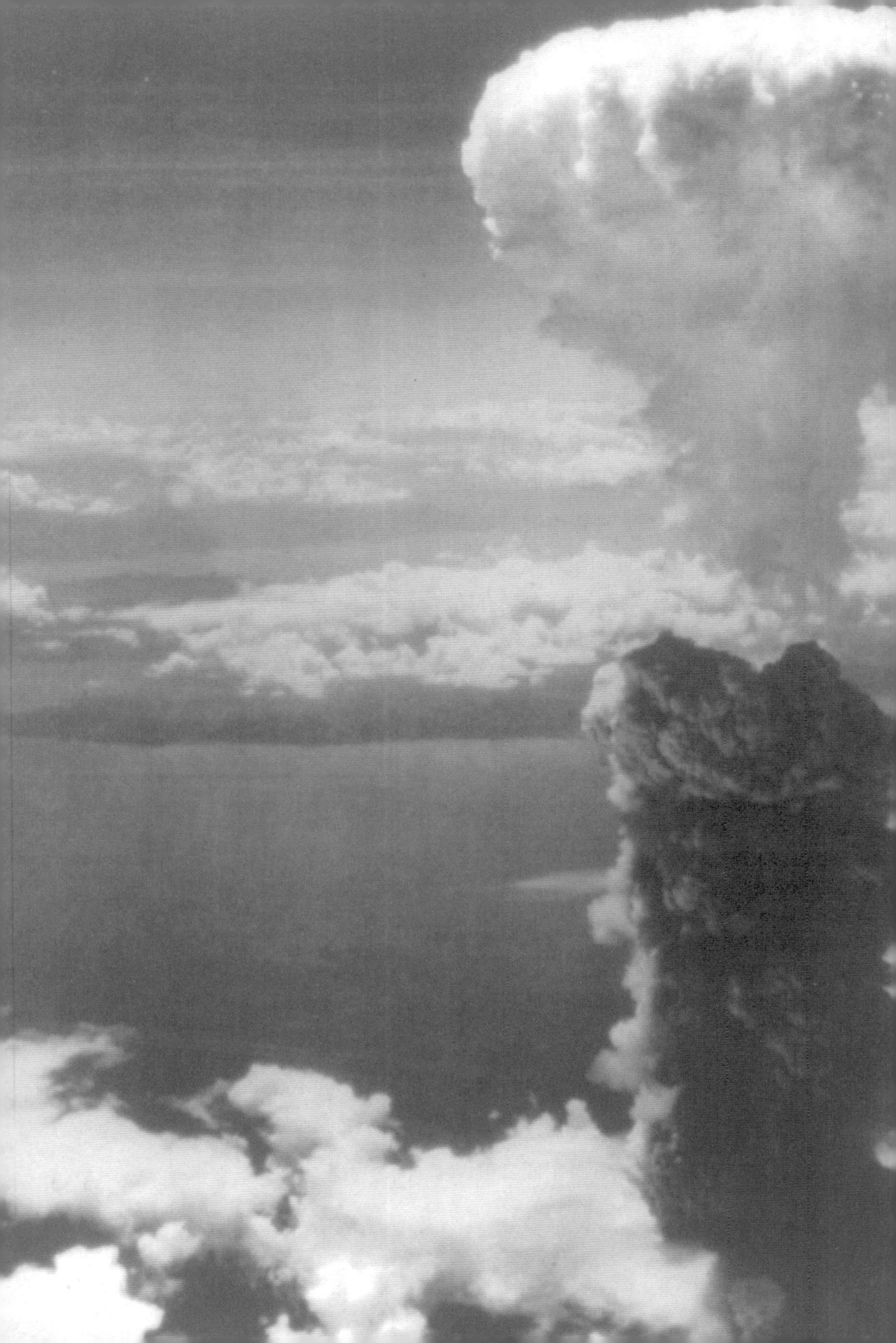

长崎市遭受原子弹攻击后，一个完全成形的蘑菇云在该市上空升起。斯威尼在浦上峡谷上空的云层缺口处投下这枚炸弹，使得长崎市的主要地区躲过了爆炸所造成的伤害。但是，该市有 4 万至 7 万名居民迅速死亡。爆炸产生的热量导致高温 3900 摄氏度（7052 华氏度），引发的大风最高时速可达 600 英里（965 公里）。斯威尼后来返航，但是因为他改变攻击目标时花了一些时间，因此所驾驶的 B29 飞机燃料用尽，被迫在冲绳着陆。

为辐射生病而死。幸存者松本浦田藤枝回忆道：“房屋前的南瓜地被炸平。整片浓密的作物中什么也没有留下来，除了种南瓜的地方有一颗女人头……这个女人40岁左右……大张的嘴巴里闪耀着一颗金牙。一绺烧焦的头发从她左侧太阳穴垂到脸颊上，悬挂在嘴巴上方。她的眼皮大张，能够看到眼睛被烧掉后留下的黑洞……她可能直接看到了闪光，所以眼球被烧掉了。”

投放第三枚原子弹的准备工作正在进行中，但事实证明完全没有必要。8月14日，日本投降。但在日本投降之前，对日本投下第三枚原子弹的决定已经在美国高层引发了极大的争议。有些曾参加曼哈顿计划、制造原子弹的物理学家都表示反对，认为在选择一个城市投放原子弹之前，日本领导层已经有机会亲眼见证原子弹可怕的威力。其他赞同这一决定的人则认为，如果日本拒绝考虑和平条款，美国被迫对日本本岛发动进攻，那么可能会给美国造成50万到100万人的伤亡，美国没有其他选择。

最后的决定权落在当时还是美国副总统的哈利·杜鲁门身上——当年年初，罗斯福总统去世后，他成功继任总统之位。他认为没有其他方案可供选择，只有授权继续对日本实施原子弹轰炸。在长崎核爆之后，他告诉美国人民：他已经下令使用原子弹，因为这样可以“减少战争的痛苦，挽救无数年轻美国人的性命”，他至死都坚信这一点。

注释

[1] 赛斯·内德梅耶（1907—1988），美国物理学家。二战期间，他在洛斯阿拉莫斯国家实验室参与完成曼哈顿计划的工作期间，发明了内爆式核武器。

参考文献

Babington Smith, Constance
Evidence in Camera
Sutton Publishing

Ralph Barker and Sidney Cotton
Aviator Extraordinary
Chatto & Windus

Bishop, Patrick
Bomber Boys: Fighting Back
Harper Perennial

Bishop, Patrick
Fighter Boys: Saving Britain
Harper Perennial

Clarke, Nigel C.
Adolf's British Holiday Snaps
Fonthill

Cumins, Keith
Cataclysm: The War on the Eastern Front
Helion

Downing, Taylor
Spies in the Sky
Little, Brown

Evans, Sir Richard
The Third Reich at War
Penguin

Glines, Carrol V.
The Doolittle Raid
Jove

Hastings, Sir Max
Bomber Command
Pan

Hastings, Sir Max
Nemesis: The Battle of Japan
Harper Perennial

Hersey, John
Hiroshima
Penguin

Holland, James
Dam Busters: The Race to Smash the Dams
Corgi

Holland, James
Fortress Malta: An Island under Siege
Cassell

Holland, James
The Battle of Britain
Corgi

Hooton, E. R.
The Luftwaffe
Ian Allen

Horne, Alastair
To Lose a Battle
Penguin
Jones, R. V.
Most Secret War
Penguin

Irons, Roy
Hitler's Terror Weapons
Collins

Irons, Roy
The Pointless Offensive
Pen & Sword Aviation

Irving, David
Goering
Macmillan

Irving, David
The Rise and Fall of the Luftwaffe
Focal Point

Irving, David
Nuremberg: The Last Battle
Focal Point

Kerr, E. Bartlett
Flames over Tokyo
Donald I. Fine

Middlebrook, Martin
The Berlin Raids
Cassell

Middlebrook, Martin
Firestorm Hamburg
Pen & Sword

Middlebrook, Martin
The Nuremberg Raid
Pen & Sword

Middlebrook, Martin
The Peenemünde Raid
Pen & Sword

Middlebrook, Martin
The Schweinfurt-Regensburg Mission
Pen & Sword

Middlebrook, Martin
The Sinking of the Prince of Wales and Repulse
Pen & Sword

Nesbit, Roy Conyers
Eyes of the RAF
Bramley Books
Overy, Richard
The Bombing War: Europe 1939–45
Allen Lane

Overy, Richard
The Bombers and the Bombed
Viking

Porch, Douglas
Hitler's Mediterranean Gamble
Weidenfeld & Nicolson

Price, Alfred
Targeting the Reich
Greenhill Books

Roosevelt, Elliott
As He Saw It
Duell, Sloan and Pearce

Shores, Christopher
Great Air Battles of World War II
Grub Street

Speer, Albert
Inside the Third Reich
Weidenfeld & Nicolson
Staerck, Chris (ed)
Allied Photo Reconnaissance of World War II
Thunder Bay Press
Stanley, Colonel Roy M.

World War II Photo Intelligence
Scribner
Stanley, Colonel Roy M.

V Weapons Hunt: Defeating German Secret
Weapons
Pen & Sword

Thomas, Geoffrey J.
Eyes for the Phoenix
Hikoki Publications

Wilson, Kevin
Bomber Boys: The Ruhr, the Dambusters and Bloody Berlin
Phoenix

译名对照表

人名	
Adrian Warburton	阿德里安·沃伯顿
Albert Kesselring	阿尔贝特·凯塞林
Albert Speer	阿尔伯特·施佩尔
Alexander Samsonov	亚历山大·萨姆索诺夫
Alexander Seversky	亚历山大·舍维尔斯基
Alfred Jodl	阿尔弗雷德·约德尔
Alfredo Guzzoni	阿尔弗雷多·古左尼
Andrew Cunningham	安德鲁·坎宁安
Archibald Sinclair	阿奇博尔德·辛克莱
Archibald Wavell	阿奇博尔德·韦维尔
Archie J. Old Jr.	小阿奇·奥尔德
Arthur Barratt	阿瑟·巴勒特
Arthur Harris	阿瑟·哈里斯
Arthur Percival	阿瑟·帕西瓦尔
Barnes Wallis	巴恩斯·沃利斯
Baron von Richthofen	冯·里希特霍芬男爵
Basil Liddell Hart	巴兹尔·利德尔·哈特
Bernard Freyberg	伯纳德·弗赖伯格
Billy Mitchell	比利·米切尔
Bob Caron	鲍勃·卡伦
Budd J. Peaslee	巴德·皮斯利
Carl Spaatz	卡尔·斯帕茨
Charles Edmonds	查尔斯·埃德蒙兹
Charles Portal	查尔斯·波特尔
Charles W. Sweeney	查理斯·斯威尼
Chester Nimitz	切斯特·尼米兹
Chuichi Nagumo	南云忠一
Count Ferdinand von Zeppelin	斐迪南·冯·齐柏林伯爵
Curtis LeMay	柯蒂斯·李梅
Cyril Newall	西里尔·纽沃尔
David Brachi	戴维·布拉奇
David Linton	戴维·林顿
Desmond Morton	德斯蒙德·莫顿
Dietrich von Choltitz	迪特里希·冯·肖尔蒂茨
Domenico Cavagnari	多梅尼科·卡瓦那里
Donald Duncan	唐纳德·邓肯
Douglas Kendall	道格拉斯·肯德尔
Duncan Sandys	邓肯·桑迪斯
Dwight D. Eisenhower	德怀特·艾森豪威尔
Edgar Ludlow Hewitt	埃德加·勒德洛-休伊特
Edmund Allenby	埃德蒙·艾伦比
Edward Ellington	爱德华·埃林顿
Elliott Roosevelt	艾略特·罗斯福
Erhard Milch	埃哈德·米尔希
Erich Hoepner	埃里希·赫普纳
Erich Raeder	埃里希·雷德尔
Ernest King	欧内斯特·金
Ernst Heinkel	恩斯特·亨克尔
Ernst Udet	恩斯特·乌德特
Erwin Rommel	埃尔温·隆美尔

Eugene Marie Edmond Pepin	尤金·马里·埃德蒙·派平
Everett Glen Hanes	埃弗里特·格伦·黑尼斯
Ewald von Kleist-Schmenzin	埃瓦尔德·冯·克莱斯特–施梅兹
Ferdinand Foch	斐迪南·福煦
Ferris Newton	费理斯·牛顿
Francis Low	弗朗西斯·洛
François d'Astier de la Vigerie	弗朗索瓦·达斯捷·德·拉·维热里耶
Frank Fletcher	弗兰克·弗莱彻
Frank Whittle	弗兰克·惠特尔
Franz Halder	弗朗茨·哈尔德
Frederick Pile	弗雷德里克·派尔
Frederick Winterbotham	弗雷德里克·温特博特姆
Fritz Gosslar	弗里茨·高斯勒
Gaspard Félix Tournachon	加斯帕德·费利克斯·图尔纳雄
Geoffrey Deeley	杰弗里·迪利
Geoffrey Dimbleby	杰弗里·丁布尔比
Geoffrey Stone	杰弗里·斯通
Gerd von Rundstedt	格尔德·冯·伦德施泰特
Gerry Frey	格里·弗雷
Giroud de Villette	吉鲁·德·维莱特
Gordon Green	戈登·格林
Günther Lütjens	刚瑟·吕特晏斯
Guy Gibson	盖伊·吉布森
Hans Jeschonnek	汉斯·耶顺内克
Hans Kammler	汉斯·卡姆勒
Hap Arnold	哈珀·阿诺德
Harold Alexander	哈罗德·亚历山大
Harvey C. Brown Jr	小哈维·布朗
Heinz Guderian	海因茨·古德里安
Heinz Wodarczyk	海因茨·沃达兹亚克
Henry Royce	亨利·罗伊斯
Herman William Goering	赫尔曼·威廉·戈林
Hugh Hamshaw-Thomas	休·哈姆肖–托马斯
Hugh Trenchard	休·特伦查德
Ira Eaker	艾拉·埃克

Isoruko Yamamoto	山本五十六
Italo Balbo	伊塔诺·巴尔博
James Doolittle	詹姆斯·杜立特
James Howard	詹姆斯·霍华德
James Winant	詹姆斯·怀南特
Jean-François-Pilâtre de Rozier	让–弗朗斯瓦·皮里亚特·德·罗齐尔
Jean-Pierre Blanchard	让–皮埃尔·布兰查德
Johann Johannsen	琼·约翰森
John Cunningham	约翰·坎宁安
John McCarthy	约翰·麦卡锡
John Tovey	约翰·托维
Josef 'Beppo' Schmid	约瑟夫·"贝波"·施密德
Josef 'Pips' Priller	约瑟夫·"皮普斯"·普瑞勒
Josef Grohe	约瑟夫·格罗厄
Josef Kammhuber	约瑟夫·卡姆胡贝尔
Joseph Vuillemin	约瑟夫·维耶曼
Karl Dönitz	卡尔·邓尼茨
Karl Kaufmann	卡尔·考夫曼
Kurt Student	库尔特·施图登特
Kurt Tank	库尔特·汤克
Leefe-Robinson	利夫–罗宾逊
Leo Geyr von Schweppenburg	莱奥·盖尔·冯·希维本堡
Leslie Manser	莱斯利·曼瑟
Lord Cherwell	彻韦尔勋爵
Malcolm McAlpine	马尔科姆·麦卡尔平
Marc Mitscher	马克·米切尔
Mark Clark	马克·克拉克
Maurice Gustave Gamelin	莫里斯·居斯塔夫·甘末林
Maurice V. 'Shorty' Longbottom	莫里斯·"肖蒂"·隆巴顿
Minoru Genda	源田实
Mitsuo Fuchida	渊田美津雄
Neville Chamberlain	内维尔·张伯伦
Omar Bradley	奥马尔·布拉德利
Paul von Hindenburg	保罗·冯·兴登堡

Paul W. Tibbets	保罗·蒂贝茨
Pavel Rychagov	帕维尔·雷恰戈夫
Pavel Zhigarev	帕维尔·日加列夫
Peter Strasser	彼得·斯特拉瑟
Pietro Badoglio	彼得罗·巴多利奥
Raymond Spruance	雷蒙德·斯普鲁恩斯
Robert B.Williams	罗伯特·威廉姆斯
Robert Lewis	罗伯特·路易斯
Robert Menzies	罗伯特·孟席斯
Rodolfo Graziani	鲁道夫·格拉齐亚尼
Roy Nockolds	罗伊·诺克尔德斯
Seth Neddermeyer	赛斯·内德梅耶
Sidney Cotton	西德尼·科顿
Sir Thomas Inskip	托马斯·英斯基普爵士
Terence Otway	特伦斯·奥特韦
Theodore Rowehl	西奥多·罗韦尔
Thomas W. Ferebee	托马斯·费尔比
Tom Phillips	汤姆·菲利普斯
Victor Emmanuel III	维克托·埃马努埃尔三世
Victor Laws	维克托·劳斯
Vincenzo Lunardi	文森佐·路纳尔迪
Walter Thiel	瓦尔特·蒂尔
Walter von Brockdorff-Ahlefeldt	瓦尔特·冯·布罗克多夫–阿勒费尔特
Walther von Brauchitsch	瓦尔特·冯·布劳希奇
Walther Weaver	沃尔特·韦弗
Werner von Fritsch	维尔纳·冯·弗里奇
William‘Bill’Humble	威廉·“比尔”·亨布尔
William‘Bull’Halsey	威廉·“公牛”·哈尔西
Winston Churchill	温斯顿·丘吉尔
Wolfram von Richthofen	沃尔夫拉姆·冯·里希特霍芬
地名	
Aachen	亚琛
Aleutian Islands	阿留申群岛
Alexandria	亚历山大港
Alster	阿尔斯特河

Amiens	亚眠
Anklam	安克拉姆
Antwerp	安特卫普
Anzio	安齐奥
Ardennes	阿登
Arnhem	阿纳姆
Aulnoye	欧努瓦
Avranches	阿夫朗什
Bandar Shahpur	沙普尔港
Bavarian	巴伐利亚
Beachy Head	比奇角
Benghazi	班加西
Benouville	贝努维尔
Benson	本森
Bergen	卑尔根市
Bexhill-on-Sea	贝克斯希尔
Blizna	布利兹纳
Boulogne	布伦
Boulogne-Billancourt	布伦–比扬古镇
Bremen	不来梅
Brighton	布赖顿
Brindisi	布林迪西
Brittany	布列塔尼
Brunswick	不伦瑞克
Caen Canal	卡昂运河
Cap d’Antifer	安提菲角
Cape Gris Nez	格里斯奈兹海角
Cape Matapan	马塔潘角
Cherbourg	瑟堡
Ciano	齐亚诺
Clydeside	克莱德河畔
Cochrane	科克伦
Cologne	科隆
Cotentin Peninsula	科唐坦半岛
Corsica	科西嘉岛
Courtrai	库特赖

Crüwell	克朗韦尔
Danesfield House	丹斯菲尔德之家
Demyansk	德米杨斯克
Denver	丹佛市
Diemel Dam	迪默尔河大坝
Docklands	多克兰
Dodecanese	多德卡尼斯群岛
Dortmund	多特蒙得
Douve River	杜沃河
Dover	多佛
Duisberg	杜伊斯堡
Dunkirk	敦刻尔克
Düren	迪伦
Düsseldorf	杜塞尔多夫
Dutch Harbor	荷兰港
East Anglia	东安格利亚
Eder Dam	埃德尔大坝
Emden	埃姆登
English Channel	英吉利海峡
Ennepe Dam	恩内珀大坝
Essen	埃森市
Eupen	欧本
Faeroe Islands	法罗群岛
Fallersleben	法勒斯雷本
Farnborough	法恩伯勒
Flushing	弗拉辛
Folkestone	福克斯通
Forde Island	福德岛
Fort Eben Emael	埃本埃马尔要塞
Gallipoli	加里波利
Garigliano River	加里利亚诺河
Gelsenkirchen	盖尔森基兴
Gibraltar	直布罗陀海峡
Gold Beach	黄金海滩
Grand Harbor	大港湾
Great Yarmouth	大雅茅斯

Greenland	格陵兰岛
Grimstadfjord	格里姆斯塔峡湾
Guam	关岛
Gulf of Siam	暹罗湾
Gydania	格丁尼亚港
Hal Far	哈尔法
Halberstadt	哈尔贝施塔特
Harrisburg	哈里斯堡
Henley-on-Thames	泰晤士河畔亨利镇
Heraklion	伊拉克里翁
Hickam Field	西卡姆机场
Hiroshima	广岛
Iceland	冰岛
Isle of Wight	怀特岛
Iwo Jima	硫磺岛
Johor	柔佛
Jutland	日德兰半岛
Kalvanes Bay	卡文尼斯湾
Kaso Strait	卡索海峡
Kassel	卡塞尔市
Kattegat	卡特加特海峡
Kholm	霍尔姆
Kiel	基尔市
King's Lynn	金斯林镇
Kithira	基西拉岛
Kohnstein Mountain	科恩斯坦山
Kokura	小仓
Kota Bharu	哥达巴鲁
Krefeld	克雷费尔德
Kreising	克莱辛
La Barquette	拉巴盖
Laon	拉翁
Le Havre	勒阿弗尔
Le Mans	勒芒
Le Port	勒波尔
Liège	列日

Lille	里尔
Liri Valley	利里河谷
Lister Dam	利斯特大坝
Longueau	隆戈
Lowry Field	洛瑞基地
Lübeck	吕贝克
Luzon	吕宋岛
Lyme Regis	莱姆里杰斯
Maleme	马利姆
Malta	马耳他
Marianas group of islands	马里亚纳群岛
Marienburg	马林堡
Mariensel	马瑞恩塞尔
Marlow	马尔洛
Marsala	马尔萨拉
Medmenham	迈德曼汉姆
Merderet River	梅德列河
Merville	梅维尔
Millwall	米尔沃尔
Möhne Dam	默讷河大坝
Monastery Hill	修道院山
Monte Cassino	卡西诺山
Mount Farm	农场山
Münster	明斯特
Murmansk	摩尔曼斯克
Nagasaki	长崎
Naples	那不勒斯
Nordhausen	诺德豪森
Norfolk House	诺福克府
Oahu	欧胡岛
Oranienburg	奥拉宁堡
Orpington	奥平顿
Oschersleben	奥舍斯莱本
Ostend	奥斯坦德
Paestum	帕埃斯图姆
Palermo	巴勒莫

Pas de Calais	加莱海峡
Peenemunde	佩内明德
Ploesti Oil Field	普洛耶什蒂油田
Port of Wilhelmshaven	威廉港
Pouppeville	普贝韦勒
Ramsgate	拉姆斯盖特
Ranville	朗维尔
Regensburg	雷根斯堡
Reggio di Calabria	雷焦卡拉布里亚
Rethimnon	雷西姆农
River Medway	梅德韦河
River Orne	奥恩河
Rochester	罗契斯特
Rostov	罗斯托夫
Rufiji River	鲁菲吉河
Sacramento	萨克拉门托
Saipan	塞班岛
Salerno	萨勒诺
San Francisco Bay	旧金山湾
Sardinia	撒丁岛
Sebastopol	塞巴斯托波尔
Sedan	色当
Sicily	西西里岛
Slough	斯劳
Smolensk	斯摩棱斯克
Sorpe Dam	索佩大坝
Sphakia	斯法基亚
St Bruneval	圣布鲁纳瓦尔
St Côme-du-Mont	圣康姆杜芒
St Omer	圣欧麦
Straits of Messina	墨西拿海峡
Suda Bay	苏达湾
Sword Beach	剑海滩
Tankan Bay	桶柑湾
Tiergarten	蒂尔加滕森林公园
Tinian	天宁岛

Tottenham	托特纳姆
Trafford Leigh-Mallory	特拉福德・利–马洛里
Trapani	特拉帕尼
Trappe	特拉普
Tripoli	的黎波里
Vierville-sur-Mer	滨海维耶维尔
Wake Island	威克岛
Wembley	温布利
Weymouth	韦茅斯
Wuppertal	伍珀塔尔
Yokosuka naval base	横须贺海军基地
战役与军事行动	
Baedeker Raids	贝德克尔空袭
Battle for Crete	克里特岛战役
Battle of Aboukir Bay	尼罗河河口海战
Battle of Britain	不列颠空战
Battle of Gaza	加沙战役
Battle of Hamburg	汉堡空战
Battle of Midway	中途岛战役
Battle of Neuve Chapelle	新沙佩勒战役
Battle of Stalingrad	斯大林格勒战役
Battle of the Coral Sea	珊瑚海海战
Battle of the Somme	索姆河战役
Doolittle Raid	杜立特空袭
Operation Bagration	巴格拉基昂行动
Operation Barbarossa	巴巴罗萨行动
Operation Cerberus	刻耳柏洛斯行动
Operation Chastise	惩罚行动
Operation Cobra	眼镜蛇行动
Operation Crossbow	十字弓行动
Operation Goodwood	古德伍德行动
Operation Husky	哈士奇行动
Operation Hydra	九头蛇行动
Operation Meetinghouse	会议室行动
Operation Mercury	水星行动
Operation Overlord	霸王行动

Operation Sealion	海狮行动
Operation Strangle	绞杀行动
Operation Torch	火炬行动
Schweinfurt Raids	施韦因富特空袭
机构或组织名称	
15th Panzer Grenadiers	第15装甲掷弹兵
16th Panzers	第16装甲部队
393rd Squadron	第393航空中队
5th Mountain Division	第5山地师
509th Composite Bombardment Group	美国第509混成轰炸大队
617 Squadron	第617航空中队
8th Reconnaissance Wing	美国第8航空侦察联队
Afrika Korps	非洲军团
Aircraft Operating Company	飞机运营公司
airfield-landing division	机降师
Alameda Naval Air Station	阿拉米达海军航空站
Ammoniakwerk Merseburg	阿蒙尼亚韦克–梅泽堡炼油厂
Anglo-Persian Oil Company	英伊石油公司
Argus engine works	阿格斯发动机厂
Army Air Corps	（美国）陆军航空兵
Army Group Centre	中央集团军群
Australian and New Zealand Army Corps (ANZAC)	澳新军团
Auxiliary Territorial Service (ATS)	本土辅助服务团
Bomber Command	轰炸机司令部
Britain's MI6	英国军情六处
British Advanced Air Striking Force (AASF)	英国前进空中打击部队
British Expeditionary Force (BEF)	英国远征军
British Home Fleet	英国本土舰队
British Ordnance Survey	英国地形测量局
Cabinet War Rooms	内阁战情室
Casablanca Conference	卡萨布兰卡会议

Coastal Command	海岸司令部
Combined Intelligence Committee	联合情报委员会
Deutsche Rohrenwerke	德意志罗亨韦克工厂
Fieseler aircraft company	费施勒飞机公司
Fighter Command	战斗机司令部
French Deuxième Bureau	法国总参谋部二局
Grand Fleet	大舰队
Hertz hauling business	赫兹运输公司
Heston Flight	赫斯顿飞行队
Imperial Air Service	（德国）帝国航空局
Industrial Intelligence Centre	工业情报中心
Japan's Combined Fleet	日本联合舰队
Joint Photographic Reconnaissance Committee	联合摄影侦察委员会
Klöckner aero-engine factory	克吕克内航空发动机制造厂
Kriegsmarine	纳粹海军
Messerschmitt aircraft factory	梅塞施米特飞机制造厂
National Socialist People's Welfare Organization	国家社会主义人民福利组织
National Socialist Women's League	国家社会主义妇女联盟
Naval Group West	海军西方集团军群
Neuhof power station	诺伊霍夫发电站
Operational Development Wing	作战研发联队
Panzer Group West	西部装甲集群
Panzer Lehr Division	装甲教导师
parachute division	伞兵师
paratroop shock regiment	伞兵突击团
Pratt & Whitney	普惠公司
Quebec Conference	魁北克会议
Regia Aeronautica	意大利皇家空军
Renault truck works	雷诺卡车工厂
Royal Air Force (RAF)	英国皇家空军
Royal Flying Corps (RFC)	英国皇家航空兵
Royal Naval Air Service (RNAS)	英国皇家海军航空局
Schweinfurt ball-bearing plants	施韦因富特滚轴厂
Todt Organization	托特组织
United States Army Air Force (USAAF)	美国陆军航空队
US 8th Army Air Force	美国第8陆军航空队
US Pacific Fleet	美军太平洋舰队
War Cabinet	战时内阁
Wehrmacht	（纳粹德国）国防军
Women's Auxiliary Air Force (WAAF)	空军女子辅助团
飞机	
air ambulance	空中救护飞机
Amiot	“阿米奥”轰炸机
Avro Lancaster	阿夫罗“兰开斯特”飞机
Beaufort Torpedo-bomber	“蒲福”鱼雷轰炸机
biplane	双翼飞机
Boeing B-17 Flying Fortress bomber	波音B17“空中堡垒”轰炸机
Boeing B-29 Superfortress	波音B29“超级空中堡垒”
Brewster Buffaloes	布鲁斯特“水牛”飞机
Bristol Blenheim IV	布里斯托尔“布伦海姆”IV型飞机
De Havilland DH-82B Queen Bee	哈维兰DH82B“蜂王”飞机
De Havilland Mosquitoes	哈维兰“蚊”式飞机
Douglas Dauntless dive bomber	道格拉斯“无畏”俯冲轰炸机
Douglas Devastator	道格拉斯“破坏者”鱼雷轰炸机
Douglas TBD-1 torpedo bomber	道格拉斯TBD1型鱼雷轰炸机
Fairey Swordfish I	菲尔利“剑鱼”I型飞机
Fiat CR 42 Falco“Hawk”	菲亚特CR42“鹰隼”双翼飞机
four-engine Stirling	“斯特林”四引擎飞机
Giant four-engine heavy bomber	“巨人”四引擎重型轰炸机
glider-tug	滑翔机拖曳机
Gloster Gladiator Biplane	格罗斯特“角斗士”双翼飞机

Grumman F4F Wildcat	格鲁曼F4F“野猫”战斗机
Hampdens	“汉普登”飞机
Handley Page Halifax HP 57 III	汉德利·佩奇“哈利法克斯”HP57 III型飞机
Handley Page Halifax	“哈利法克斯”轰炸机
Hawker Tempest V	霍克“暴风”V型飞机
Hurricanes	“飓风”战斗机
Ilyushin II-2 ground attack aircraft	伊留申IL2地面进攻飞机
Japanese Zero	日本“零”式战斗机
Lancaster heavy bomber	“兰开斯特”重型轰炸机
Lockheed Electra 12A	洛克希德“厄勒克特拉”12A飞机
Lockheed P-38 Lightnings	洛克希德P38“闪电”飞机
Long-range escort fighter	远程护卫战斗机
long-range strategic bomber	远程战略轰炸机
Macchi C202 Folgore	马基C202“闪电”飞机
Martin B-26 Marauder	马丁B26“掠夺者”飞机
Martin Maryland I	马丁“马里兰”I型飞机
Me-163 Rocket Fighter	Me163火箭战斗机
Mitsubishi C5M2 ‘Babs’	三菱C5M2“巴布斯”飞机
Mitsubishi G3M ‘Nell’ high-level bomber	三菱G3M“内尔”高空轰炸机
Mitsubishi GM4 ‘Betty’	三菱G4M“贝蒂”飞机
Mitsubishi Ki-46‘Dinah’	双引擎三菱Ki46“黛娜”飞机
Mitsubishi Ki-67	三菱Ki67飞机
monoplane	单翼飞机
Nakajima B5N Kate	中岛B5N“凯特”飞机
North American P-51 Mustang,	北美P51“野马”飞机
RAF Beaufort photo-reconnaissance ai rcraft	皇家空军“蒲福”摄影侦察机
Republic P-47 Thunderbolt	共和P47“雷霆”战斗机
Savoia-Marchetti SM-79 trimotor	萨瓦–马尔凯蒂SM79三引擎飞机
Sea Gladiators	“海上角斗士”飞机
Short Type 184 seaplane	肖特184型水上飞机
Spitfire	“喷火”战斗机
strategic bomber	战略轰炸机
Stuka dive-bomber	“斯图卡”俯冲轰炸机
Tempest V Series II	“暴风”V系列II型飞机
torpedo bomber	鱼雷轰炸机
Tupolev Tu-2 high-speed daylight bomber	图波列夫Tu2高速日间轰炸机
twin-engine Gotha bomber	双引擎“哥达”轰炸机
Ural bomber	乌拉轰炸机
Vickers Wellington III	维克斯“惠灵顿”III型飞机
Vought SB2U Vindicator	沃特SB2U“维护者”飞机
Westland Lysander	韦斯兰特“拉山德”飞机
Whitley	“惠特利”飞机
workhorse bomber	主力轰炸机
Zeppelin airship	“齐柏林”飞艇

武器装备	
Admiral Graf Spee	“斯佩伯爵海军上将”号
Akagi	“赤城”号
Ark Royal	“皇家方舟”号
armour-piercing bombs	穿甲弹
battleship	战列舰
Bofors gun	双管自动高射炮
bomb storage	弹仓
bombsight	投弹瞄准器
Cavour	“加富尔”号
Conte Di Cavour	“加富尔伯爵”号
Duilio	“杜里奥”号
Electra	“厄勒克特拉”号
electronic fire-control system	电子火控系统
Enola Gay	“艾诺拉·盖”号
Enterprise	“企业”号
Express	“信使”号
flare	照明弹
flat spins	水平螺旋

Freya long-distance radar	"弗雷娅"远距离探测雷达
Gneisenau	"格奈兹瑙"号
heavy cruiser	重型巡洋舰
high-explosive bomb	高爆炸弹
Hiryu	"飞龙"号
HMS Illustrious	"光辉"号航母
HMS Prince of Wales	"威尔士亲王"号
HMS Repulse	"反击"号
incendiary	燃烧弹
Indomitable	"不屈"号
Kaga	"加贺"号
launch ramp	发射斜轨
Lichtenstein radar	"利希滕斯坦"雷达
light anti-aircraft gun	轻型高射炮
light cruiser Sheffield	轻型巡洋舰"谢菲尔德"号
Littorio	"利托里奥"号
Naxos radar	"纳克索斯"雷达
Norden bomb-sight	"诺登"轰炸瞄准镜
Pocket Battleship	袖珍战列舰
pressurised wing tank	加压机翼油箱
Prinz Eugen	"欧根亲王"号
radial fins	辐射状尾翼
remote-controlled machine gun turrets	遥控机枪炮塔
Scharnhorst	"沙恩霍斯特"号
screening submarines	掩护潜艇
Shokaku	"翔鹤"号
Smoke Generator	烟雾发生器
Soryu	"苍龙"号
V1 Flying bomb	V1飞行炸弹
Vittorio Veneto	"维托里奥·维内托"号
white phosphorus	白磷弹
Würzburgs radar	"维尔茨堡"雷达
Zuikaku	"瑞鹤"号

其他	
Air Control	空中控制
air intelligence	空中情报
Air Operations Officer	空中作战官
Allison V-1710 engine	"艾利森"V1710发动机
area bombing	区域轰炸
Atlantic Wall	大西洋壁垒
battle station	作战基地
Bendix Trophy	"班迪克斯"奖杯
blanket bombing/carpet bombing	地毯式轰炸
bomb-aimer	投弹员
Bomber Barons	轰炸机男爵
Chef de Cartographie	制图负责人
collodion plates	胶棉底片
Combined Bombing Offensive	联合轰炸攻势
Congressional Medal of Honor	国会荣誉勋章
coordinated aerial photography	协同航空摄影
crash-land	紧急迫降
Daimler-Benz	戴姆勒-奔驰发动机
dead reckoning	航位推测法
Double Wasp XR-2800-21turbocharged engine	"双黄蜂"XR-2800-21涡轮增压发动机
Falaise Gap	法莱斯口袋
gelatine dry plates	明胶干底片
George Cross	乔治十字勋章
Gustav Line	古斯塔夫防线
Japanese-German Technical Exchange Agreement	《日德技术交换协议》
Knickebein	弯腿
Lend-Lease	《租借法案》
low level sweep	低空搜索
Maginot Line	马奇诺防线
Manhattan Project	曼哈顿计划
Oil Plan	石油计划

Photographic interpretation	照片判读
precision bombing	精确轰炸
pulse jet	脉动喷气发动机
radial engine	星形发动机
radio-guidance beams	无线电导航波束
Sabre IIA	萨布尔IIA型发动机
Service Ceiling	实用升限
Sidcot Flying Suit	“西德科特”飞行服
Siegfried Line	齐格菲防线
Stereo	立体照片

stereoscopic viewing	立体视图
torpedo net	防鱼雷网
Transport Plan	运输计划
Treaty of Versailles	《凡尔赛条约》
West Wall	西墙
Wild A5 Stereo Plotter	威特A5立体绘图仪
Wright R-3550 Duplex-Cyclones	赖特R3550双倍旋风发动机
X-Gerät	X波束装置
Y-Gerät	Y波束装置
Zeiss camera	蔡司相机

战舰图文史 （第1册）：从古代到1750年

[英]山姆·威利斯/著　朱鸿飞　泯然/译

本书以独特的视角，用图片和文字描绘了在征服海洋的过程中，人类武装船只的进化史，以及各种海洋强国的发展脉络。它不仅介绍了经典战舰、重要事件、关键战役、技术手段、建造图样和代表人物等细节，还囊括了航海知识、设计思想、武器装备和战术战略的沿革……第1册记录了从古代到公元1750年的海洋争霸历程。

战舰图文史 （第2册）：从1750年到1850年

[英]山姆·威利斯/著　朱鸿飞　泯然/译

本书以独特的视角，用图片和文字描绘了在征服海洋的过程中，人类武装船只的进化史，以及各种海洋强国的发展脉络。它不仅介绍了经典战舰、重要事件、关键战役、技术手段、建造图样和代表人物等细节，还囊括了航海知识、设计思想、武器装备和战术战略的沿革……第2册记录了从公元1750年到1850年的海洋争霸历程。

战舰图文史（第3册）：从1850年到1950年

[英]山姆·威利斯/著　朱鸿飞　泯然/译

本书以独特的视角，用图片和文字描绘了在征服海洋的过程中，人类武装船只的进化史，以及各种海洋强国的发展脉络。它不仅介绍了经典战舰、重要事件、关键战役、技术手段、建造图样和代表人物等细节，还囊括了航海知识、设计思想、武器装备和战术战略的沿革……第3册记录了从公元1850年到1950年的海洋争霸历程。

医学图文史：改变人类历史的7000年（精、简装）

[英]玛丽·道布森/著　苏静静/译

本书运用通俗易懂的文字和丰富的配图，以医学技术的发展为线，穿插了大量医学小百科，着重讲述了重要历史事件和人物的故事，论述了医学怎样改变人类历史的进程。这不是一本科普书，而是一部别样的世界人文史。

疾病图文史：影响世界历史的7000年（精、简装）

[英]玛丽·道布森/著　苏静静/译

本书运用通俗易懂的文字和丰富的配图，以人类疾病史为线，着重讲述了30类重大疾病背后的故事和发展脉络，论述了疾病怎样影响人类历史的进程。这是一部生动刻画人类7000年的疾病抗争史，也是世界文明的发展史。

间谍图文史：世界情报战5000年

[美]欧内斯特·弗克曼/著　李智　李世标/译

本书叙述了从古埃及到“互联网+”时代的间谍活动的历史，包括重大谍报事件的经过，间谍机构的演变，间谍技术的发展过程等，文笔生动，详略得当，语言通俗，适合大众阅读。

二战图文史：战争历程完整实录（全2册）

[英]理查德·奥弗里/著　朱鸿飞/译

本书讲述了从战前各大国的政治角力，到1939年德国对波兰的闪电战，再到1945年日本遭原子弹轰炸后投降，直至战后国际大审判及全球政治格局。全书共分上下两册，展现了一部全景式的二战图文史。

第三帝国图文史：纳粹德国浮沉实录

[英]理查德·奥弗里/著　朱鸿飞/译

本书用图片和文字还原了纳粹德国真实的命运轨迹。这部编年体史学巨著通过简洁有力的叙述，辅以大量绝密的历史图片，珍贵的私人日记、权威的官方档案等资料，把第三帝国的发展历程（1933—1945）完整立体呈现出来。

世界战役史：还原50个历史大战场

[英]吉尔斯·麦克多诺/著　巩丽娟/译

人类的历史，某种意义上也是一部战争史。本书撷取了人类战争史中著名大战场，通过精练生动的文字，珍贵的图片资料，以及随处可见的战术思维、排兵布阵等智慧火花，细节性地展现了一部波澜壮阔的世界战役史。

希特勒的私人藏书：那些影响他一生的图书

[美]提摩西·赖贝克/著　孙韬　王砚/译

本书通过潜心研究希特勒在藏书中留下的各类痕迹，批判分析其言行与读书间的内在逻辑，生动描绘了他从年轻下士到疯狂刽子手的思想轨迹。读者可以从中了解他一生收藏了什么书籍，书籍又对他产生了何种影响，甚至怎样改变命运。